DE KRONIEK VAN ONZE EEUW
1910 – 1919

De belangrijkste gebeurtenissen; de mooiste beelden

UITGEVERIJ AREOPAGUS

Auteurs en redactie

De *kroniek van onze eeuw, 1910-1919* is samengesteld door een team van historici, journalisten en politicologen. Op deelterreinen werden zij terzijde gestaan door specialisten, zoals economen, antropologen, sinologen, musicologen, biologen, technici enz.

Het team stond onder leiding van: prof. dr Peter J. Opitz (universiteit München), prof. dr Imanuel Geiss (universiteit Bremen), dr Mir A. Ferdowsi (universiteit München), dr Helmut Trischler (Deutsches Museum München), Julius Bohus (hoofd sport Münchner Hochschule).

De Nederlandse vertaling en redactie stonden onder leiding van Jaap Verschoor (Kantoor Verschoor Boekmakers, Heemstede), m.m.v. Eelco Beukers (Eelco Beukers tekst en productie, Amsterdam), Willem Erné (EML text, Utrecht) en Eric Strijbos (Strijbos Tekst en Illustratie, Utrecht).

De kroniek van onze eeuw, 1910-1919
Oorspronkelijke titel: *Unser Jahrhundert in Wort, Bild, Film und Ton*

Vertaling: Eric Strijbos (Strijbos Tekst en Illustratie, Utrecht)
Redactie Nederlandse editie: Jaap Verschoor (Kantoor Verschoor Boekmakers, Heemstede)
Bewerking en grafische productie: Studio Imago, Amersfoort
Omslagontwerp: Studio Imago, Amersfoort
Licentie van ECI, Vianen

Voorwoord

De 20e eeuw is een tijdperk van snelle veranderingen en scherpe tegenstellingen. In geen enkele voorafgaande periode hebben sommige delen van de wereld zo veel welvaart gekend, zijn de ontwikkelingen op technologisch gebied zo snel gegaan en is er op cultureel gebied zo'n intensieve uitwisseling van ideeën en inzichten geweest. Ook op sportgebied bereikte de mens ongekende prestaties; door de eeuwenoude aandrang beter te zijn dan de tegenstander, maar ook door verbeteringen in het materiaal werd het ene na het andere record gebroken.
Anderzijds beleefde de mens nog nooit zulke tragedies als in de 20e eeuw: hongersnoden, twee wereldoorlogen en tal van andere bloedige conflicten wierpen hun schaduw over deze periode. Daarnaast vormden massavernietigingswapens en vervuiling een constante bedreiging voor het bestaan.

De geschiedenis van de belangrijke 20e eeuw staat dichtbij. Deze geschiedenis is van ons allemaal. Dat is een belangrijke reden om er alles over te willen weten. In de serie *De kroniek van onze eeuw* leest u over gebeurtenissen die van groot belang zijn geweest. Over zaken die direct of indirect hun invloed hebben gehad op ieders leven.

Elk boek van de serie bestaat uit een aantal op elkaar aansluitende delen.

De inleiding (pag. 6 en 7) biedt een algemeen overzicht van het eerste decennium van deze eeuw en geeft de belangrijkste internationale ontwikkelingen aan. Hierin speelt de Eerste Wereldoorlog een allesoverheersende rol.

Daarna volgt een chronologisch overzicht waarin de belangrijkste gebeurtenissen van het decennium beknopt worden beschreven. Dit overzicht is onderverdeeld in de thema's politiek, wetenschap, cultuur en sport.

De kern van het boek bestaat uit de kroniek, beschrijvingen van ontwikkelingen en gebeurtenissen die bepalend waren voor het decennium of voor een bepaald jaar. Hiervoor zijn steeds 2 pagina's ingeruimd. In de rechterkolom van deze pagina's vindt u als regel informatie over gebeurtenissen en ontwikkelingen die direct of indirect met het hoofdthema hebben te maken. Een aantal daarvan speelt zich af buiten het in dit deel behandelde decennium.

Op pagina 8 en 9 van het boek is een wereldkaart opgenomen, met daarop de situatie zoals die aan het begin van het decennium bestond. Op pagina 148 en 149 is deze kaart nogmaals afgedrukt, maar dan met de situatie aan het eind van het decennium. Zo ziet u in één oogopslag welke veranderingen de internationale grenzen – ook al lijken die nog zo stabiel – in het decennium hebben ondergaan. In Europa valt direct op dat de grenzen in Midden-Europa in 1919 een ander verloop hebben dan in 1910. In Afrika en de Stille Zuidzee is Duitsland zijn koloniale bezittingen kwijtgeraakt. Op het Arabisch schiereiland zijn enkele nieuwe landen ontstaan.

Door deze gevarieerde wijze van presenteren geeft *De kroniek van onze eeuw* een uitstekend beeld van de zo veelzijdige 20e eeuw.

Inhoud

De oercatastrofe van de 20e eeuw – de Eerste Wereldoorlog schokt de mensheid

Het tweede decennium van de 20e eeuw werd gedomineerd door de Eerste Wereldoorlog – volgens George F. Kennan 'de oercatastrofe van onze eeuw' – de voorgeschiedenis daarvan, de verschrikking van wat er gebeurde, en de directe gevolgen ervan, samengebald in de oktoberrevolutie in Rusland (1917) en de vrede van Versailles (1919).

Al voordat hij was uitgebroken gold de naderende 'grote oorlog' ook als een wereldoorlog. Alle toenmalige grote mogendheden zouden tegelijkertijd tegen elkaar vechten: de Europese grote vijf – Frankrijk, Engeland en Rusland tegen Duitsland en Oostenrijk-Hongarije – plus het Osmaanse rijk en Italië, twee landen die sedert medio 19e eeuw nadrukkelijk deel uitmaakten van het Europese politieke concert. Nog voor 1900 kwamen de beide nieuwe niet-Europese grote mogendheden erbij, Japan en de Verenigde Staten.

De voorgeschiedenis

Ingewijden verwachtten dat de wereldoorlog over twee conflicthaarden zou kunnen gaan: het verval van het Osmaanse en/of Habsburgse rijk, ingeleid door de dood van de in 1914 al 84 jaar oude keizer Franz Joseph. Een tweede reden voor oorlog zou de verdeling van de erfenis van het uiteengevallen Osmaanse of Habsburgse rijk kunnen zijn.

Hij begon echter om een schijnbaar minder belangrijke conflicthaard, die in de jaren negentig weer op ieders lippen zou liggen – Bosnië-Herzegovina. Dat gebied lag zowel in het voorterrein van het Osmaanse rijk als in dat van het Habsburgse rijk. Maar ook het kleine, maar dynamische Servië had er zijn oog op laten vallen. Dat land wilde via Bosnië-Herzegovina de beide grote rijken de deur wijzen om zelf de erfenis te bemachtigen.

Met de Entente Cordiale tussen Engeland en Frankrijk (1904) en de Anglo-Russische overeenkomst over Afghanistan en Tibet (1907) was de coalitie tegen het drievoudig verbond van de Centrale machten afgerond tot de Triple Entente. Daarna explodeerde de Balkan, het 'kruitvat van Europa', in de beide Balkanoorlogen van 1912-1913: de in een bondgenootschap met elkaar verbonden kleinere Balkanlanden: Servië, Montenegro, Bulgarije en Griekenland – de erfgenamen van het Osmaanse rijk – verdrongen de Turken uit Europa. Vervolgens kregen de Balkanlanden het aan de stok met Bulgarije. De grote twistappel was Macedonië, dat de Serven en de Grieken onder elkaar verdeelden. Daarnaast stond Albanië, voor Servië de toegang tot de Adriatische Zee, in het conflict centraal. Met massamoorden en 'etnische zuiveringen' schiepen de Balkanvolken nieuwe precedenten, waarop de 'Pan-germanen' zich in de Eerste Wereldoorlog beriepen om hun 'etnische schoonveegacties' in veroverde en te annexeren gebieden te rechtvaardigen.

De Eerste Wereldoorlog, 1914-1918

Na de aanslag in Sarajevo (28 juni 1914) – uitgevoerd door jonge Bosnische Serven, maar voorbereid en gepland door de Servische militaire inlichtingendienst – zette de julicrisis van 1914 het automatisme van bondgenootschappen en mobilisaties in werking. Het domino-effect, zoals dat sinds 1965 en de Amerikaanse oorlog in Vietnam heet, werd echter door Duitsland op gang gebracht: het drong bij Oostenrijk-Hongarije aan op een plaatselijke oorlog tegen Servië, nam zo een continentale oorlog (Duitsland en Oostenrijk-Hongarije tegen Rusland) op de koop toe en deed niets constructiefs om te verhinderen dat Engeland aan de oorlog ging deelnemen.

In de bewapeningswedloop te land en ter zee hadden de grote mogendheden zich al voorbereid op de 'grote oorlog'. Hun strijdplannen berustten allemaal op offensieven tegen hun belangrijkste vijand(en): al die plannen zouden vroeg of laat mislukken.

Het Duitse plan-Schlieffen voorzag in een reeks van bliksemoffensieven – eerst moest Frankrijk in zes weken door schending van de Belgische neutraliteit en omsingeling van Parijs vanuit het westen worden uitgeschakeld, aansluitend Rusland en Polen. Tegen Kerstmis 1914 moest de oorlog zijn afgelopen. De Duitsers overwonnen weliswaar de beide in Oost-Pruisen binnengedrongen Russische legers, maar het Duitse offensief in het westen liep ondertussen dood aan de Marne, onder andere doordat de Duitse linies te ver waren uitgerekt en door gebrekkige coördinatie door de opperste legerleiding onder kolonel-generaal Helmuth von Moltke. Op het 'wonder van de Marne', zoals de Fransen het vastlopen van de Duitse opmars noemen, volgde de loopgravenoorlog in het westen, terwijl het oostfront in beweging bleef. Over het geheel beschouwd waren de Duitsers bezig funeste Pyrrusoverwinningen te behalen tegen de uiteindelijk toch doorslaggevende numerieke overmacht van de geallieerden. Toch streefde de leiding van het rijk verdergaande expansieve oorlogsdoelen na, om door annexatie en indirecte heerschappij over vazalstaten de continentale suprematie van Duitsland af te dwingen. Vertwijfelde zeeslagen om uit de Engelse houdgreep te ontsnappen liepen op een mislukking uit in de Slag in het Skagerrak en in de onbeperkte duikbootoorlog van 1917. Puur numeriek waren de verliezen van de Britse vloot aan schepen en manschappen in de Slag in het Skagerrak hoger dan die van de Duitsers, zelfs in een verhouding van 2:1. De Duitse vloot moest de zeeslag echter tweemaal afbreken om zich te redden voor dreigende vernietiging.

Daarna opende Duitsland de onbeperkte duikbootoorlog (op 1 februari 1917), maar betrok daardoor de laatste neutrale grote mogendheid, de Verenigde Staten, bij de oorlog. Het Amerikaanse kwantitatieve en kwalitatieve overwicht gaf de doorslag tegen de gezamenlijke Centrale mogendheden.

Revoluties en de 'dolkstootlegende'

Ondertussen was het tsaristische Rusland bij de februarirevolutie van 1917 onder de last van de oorlog bezweken. De bolsjewieken onder Lenin, gefinancierd en politiek gesteund door het keizerlijke Duitsland, maakten gebruik van de op de februarirevolutie volgende chaos om met de oktoberrevolutie de overwinning te behalen. Het succes van deze coup was in belangrijk mate te danken aan het organisatietalent van Leo Trotski. Militair was de Russische terugtrekking uit de oorlog gunstig voor het Duitse rijk; in politieke zin echter verspreidde de revolutionaire oorlogsmoeheid zich vanuit het oosten ook naar Duitsland.

Na de capitulatie van de Duitse bondgenoten in september 1918 (Bulgarije, het Osmaanse rijk, Oostenrijk-Hongarije) dreigde er in het oosten een te uitgerekt Duits front te ontstaan, terwijl de geallieerden in het westen de Duitse legers al bijna tot de rijksgrens hadden teruggedrongen: met de capitulatie van Oostenrijk-Hongarije kregen de geallieerden vrije doortocht naar Beieren en Saksen.

De zogenaamde 'dolkstoot' in de rug van 'het nooit op het slagveld overwonnen Duitse leger' was een mythe: de novemberrevolutie van 1918 was de begrijpelijke reactie van een oorlogsmoe, uitgeput volk. De militaire nederlaag werkte dubbel traumatisch omdat ze als een donderslag bij heldere hemel kwam en een scherpe tegenstelling vormde met de hoog gegrepen Duitse oorlogsdoelen. Tot het laatst had de Duitse oorlogspropaganda verkondigd dat de overwinning voor de deur stond en de ernst van de situatie verzwegen. De val van de monarchie, de vlucht van keizer Wilhelm II naar Nederland en het uitroepen van de republiek op 9 november 1918 was als consequentie van een zware nederlaag de gewoonste zaak van de wereldgeschiedenis. Daarbij had men geen 'dolkstoot' nodig van boosaardige 'novembermisdadigers' (sociaal-democraten, joden, pacifisten en communisten), anders dan later de nazi-propaganda beweerde.

Versailles en zijn bepalingen

In Duitsland werd het traumatische effect van de nederlaag versterkt door het vredesverdrag van Versailles. De Duitsers hadden gehoopt op een milde vrede. In feite waren de voorwaarden een compromis tussen verregaande delingsplannen van de overwinnaars, ook nog in 1919, en de illusoire verwachtingen van de Duitsers. De relatieve terughoudendheid van de geallieerden valt te verklaren uit de geboorte van Sovjet-Rusland, dat zich in de Russische burgeroorlog en tegen de westerse interventie wist te handhaven. Te zware vredesvoorwaarden zouden de Duitsers vertwijfeld in de richting van een communistische revolutie kunnen drijven, om verenigd in een bondgenootschap met Sovjet-Rusland het verdrag van Versailles af te wijzen.
Het nationalistisch-revolutionaire Turkije bewandelde van 1920 tot 1922 inderdaad deze weg: de vrede van Sèvres, die onder andere voorzag in autonomie voor de Armeniërs en de Koerden, werd door het nieuwe Turkije met steun van de jonge Sovjet-Unie aan flarden gescheurd. Pas bij de vrede van Lausanne in 1923 werden definitieve, voor Turkije gunstiger afspraken gemaakt.

Duitsland verloor in Versailles zijn koloniën en grensgebieden met een overwegend niet-Duitstalige bevolking; dat laatste verliep voor een deel via volksstemmingen. Het verlies van de vloot, het verbod op moderne zware wapens en de inkrimping van het beroepsleger tot 100.000 man deden pijn, en helemaal artikel 231 van het vredesverdrag, dat de verantwoording voor het uitbreken van de oorlog in 1914 geheel bij de Duitsers legde. Het artikel vormde de juridische grondslag voor de eis op herstelbetalingen. Deze hadden aanvankelijk een open einde, kregen pas in 1922 een bovengrens en werden tot 1932 steeds verder gereduceerd.

Andere verdragen van vlak na de oorlog – afgesloten in diverse Parijse voorsteden – regelden de vredesvoorwaarden met Oostenrijk (verdrag van Saint-Germain), Hongarije (Trianon), Bulgarije (Neuilly) en het Osmaanse rijk (Sèvres, 1920). Het hardst getroffen werd Hongarije, dat tweederde van zijn grondgebied en de helft van de Hongaarse bevolking verloor. Het grootste gedeelte viel Roemenië toe, twee andere grote delen gingen over naar Tsjecho-Slowakije en Joegoslavië. Het *Anschluss*-verbod voor Oostenrijk moest voorkomen dat na de Duitse nederlaag het rijk in het midden van Europa opnieuw als een reus zou ontstaan.

Imanuel Geiss

Prof. dr Imanuel Geiss (1931) studeerde van 1955-1959 geschiedenis, Anglistiek en politicologie en is sinds 1973 hoogleraar nieuwe geschiedenis in Bremen. Daarnaast is hij gastprofessor in onder meer Tel Aviv, Gdansk, Sjanghai, Hongkong en aan het Dickinson College (VS). Geiss schreef onder meer over geschiedtheorie en over de geschiedenis van Europa.

Vervolgconflicten en zelfbeschikkingsrecht

Zo stonden de overwinnaars op de vredesconferentie voor onoplosbare problemen: het algemene conflict van de Eerste Wereldoorlog had veel regionale conflicthaarden opgezogen. Na het officiële einde van de oorlog gingen deze conflicten door (bijvoorbeeld het Grieks-Turkse en het Anglo-Ierse conflict). Ook had de wereldoorlog nieuwe conflicten ontketend, vooral om Polen. De oorlog van de drie mogendheden die Polen onder elkaar hadden verdeeld (Duitse rijk, Oostenrijk en Rusland), had het land de ruimte gegeven voor een nationale wedergeboorte. Omdat het echter zijn oude grenzen van 1772 opeiste, raakte het in conflict met het zelfbeschikkingsrecht van de volkeren en met bijna al zijn buurlanden. Om zijn nieuwe grenzen te bepalen vocht het annexatieoorlogen uit met Litouwen in het noordoosten, Tsjecho-Slowakije in het zuidwesten (om het gebied Teschen, dat opgedeeld werd) en met Rusland in het oosten.

Na de ineenstorting van de grote monarchieën Rusland, Oostenrijk-Hongarije en het Osmaanse rijk en de val van het Duitse keizerrijk was het zelfbeschikkingsrecht van de volkeren geen panacee. De meeste staten die uit de brokstukken voortkwamen waren heterogeen samengesteld. Er liet zich geen duidelijke grens trekken overeenkomstig het 'etnische' principe van de nationale zelfbeschikking, zonder nieuwe minderheden te scheppen die dan onder de knoet van de assimilatie van hun land terechtkwamen.
Bovendien herhaalde zich de ervaring dat iedere grote mogendheid na een zware nederlaag een ongunstige vredesconstellatie wil herzien, lees vernietigen. De grote verliezers van de Eerste Wereldoorlog zochten de herrijzenis met totalitaire systemen van ideologisch tegengesteld pluimage – Rusland al in 1917, Duitsland pas na de tussenfase van de republiek van Weimar. Italië en Japan hoorden formeel wel bij de overwinnende mogendheden, maar hadden het gevoel dat ze niet genoeg beloond waren voor hun oorlogsinspanningen. Ook Frankrijk, dat in de oorlog het meest geleden had, was ontevreden en eiste een maximum aan veiligheid inzake Duitsland.

Zo borg de vredesregeling van Versailles al de kiem van toekomstige oorlogen in zich, vooral de Tweede Wereldoorlog, waarvan de aanleiding de tussen Duitsland en Polen getrokken grens was (Dantzig en de Poolse corridor), maar ook het conflict in het Midden-Oosten en de oorlog in het voormalige Joegoslavië. De vredestichters faalden niet door onbekwaamheid of kwaadwillendheid, maar door de chaos die de Eerste Wereldoorlog had achtergelaten. Daarbij kwamen de tegenstrijdige politieke belangen, die met de gebruikelijke mechanismen van de traditionele machtspolitiek niet met elkaar te verzoenen waren. Ook de Volkenbond – een poging om de vrede een institutionele thuisbasis te bezorgen – kon niet voorkomen dat de conflicten voortsluimerden.

Imanuel Geiss

Soevereine Staten van de wereld

1910

Noord-Amerika
Canada
Verenigde Staten

Midden- en Zuid-Amerika
Argentinië
Bolivia
Brazilië
Chili
Costa Rica
Dominicaanse Republiek
Ecuador
El Salvador
Guatemala
Haïti
Honduras
Colombia
Cuba
Mexico
Nicaragua
Panama
Paraguay
Peru
Uruguay
Venezuela

Europa
Andorra (An.)
België (B.)
Bulgarije (Bul.)
Denemarken
Duitse rijk
Frankrijk
Griekenland
Groot-Brittannië
Italië
Liechtenstein (L.)
Luxemburg (Lux.)
Monaco (Mo.)
Montenegro (Mon.)
Nederland (NL)
Noorwegen

Oostenrijk-Hongarije
Portugal
Roemenië (Roem.)
Russische rijk
San Marino (S.)
Servië (Ser.)
Spanie

Zweden
Zwitserland

Azië/Nabije Oosten
Afghanistan (Afg.)
Bhoetan
China
Japan
Nepal
Oman
Osmaanse rijk
Perzië
Siam

Australië/Oceanië
Australië
Nieuw-Zeeland

Afrika
Abessinië
Liberia
Marokko
Unie van Zuid-Afrika

Calendarium 1910

Politiek

21-2. Egypte: Minister-president Boutros Pasja Ghali, wie een pro-Britse verhouding wordt verweten, komt om na een aanslag met een revolver.

25-2. Tibet: De dalai lama Thupten Gjatso vlucht voor de binnenrukkende Chinese troepen naar Brits-Indië.

6-5. Groot-Brittannië: Koning Edward VII sterft. Zijn opvolger is George V.

31-5. Unie van Zuid-Afrika: Door aaneensluiting van de koloniën de Kaapkolonie, Transvaal, Natal en Oranjerivier wordt de dominion van de Unie van Zuid-Afrika opgericht. De officiële talen zijn Engels en Afrikaans.

27-6. Mexico: De 'herverkiezing' van de dictator Porfirio Diaz leidt tot revolutie onder aanvoering van Emiliano Zapata en Pancho Villa.

Pancho Villa.

1-7. Spanje: Koning Alfonso XIII ondertekent een decreet dat de religieuze eed afschaft bij alle rechtshandelingen.

22-8. Korea: Japan annexeert het keizerrijk Korea onder de naam generaal-gouvernement Chosen.

5-10. Portugal: Na een opstand van vloot en leger en de vlucht van koning Emanuel II, wordt in Portugal de republiek uitgeroepen. De eerste president is de literatuurprofessor Teófilo Braga.

Wetenschap

3-2. Duitsland: Hugo Junkers begint te werken aan het eerste praktisch bruikbare, vrijdragende vliegtuig dat geheel van metaal is. Het komt er in 1915.

Hugo Junkers.

3-3. VS: In New York wordt de Rockefeller Foundation tot bevordering van de wetenschap opgericht.

28-3. Frankrijk: Henri Fabri slaagt er als eerste in op te stijgen, te vliegen en te landen met een watervliegtuig.

18-4. Duitsland: Krupp en MAN testen voor het eerst de dieselmotor bij vrachtwagens.

11-5. Heelal: De komeet van Halley scheert op relatief geringe afstand langs de aarde. Helderzienden kondigen het einde van de wereld aan.

27-5. Frankrijk: Bij het experimenteren met duikboten heeft de marine een tegenslag: de 'Pluviose' zinkt na een aanvaring met een postboot.

30-10. Groot-Brittannië: De Britse natuurkundige Ernest Rutherford ontdekt de atoomkern en het proton.

10-12. Nederland: De hoogleraar J.D. van der Waals krijgt de Nobelprijs voor natuurkunde vanwege zijn werk betreffende de toestandsvergelijking van vloeistoffen en gassen.

1910. Zwitserland: In het zoeken naar een menu met veel fruit wordt muesli ontwikkeld.

1910. VS: De Amerikaanse ingenieur Chester Beach ontwerpt de eerste elektrische mixer voor huishoudelijk gebruik.

Cultuur

14-1. Duitsland: In de manuscriptenverzameling van het Staatsarchiv in Münster worden drie liederen van de troubadour Walter von der Vogelweide ontdekt.

21-2. Groot-Brittannië: De première van het realistische drama *Justice* van John Galsworthy in Londen en Glasgow trekt veel aandacht.

11-4. Italië: De kunstenaars Umberto Boccioni, Carlo Carrà, Luigi Russolo, Giacomo Balla en Gino Severini publiceren het Manifest van de Futuristische Schilderkunst.

23-4. België: In Brussel wordt de 24e wereldtentoonstelling geopend.

Igor Strawinsky.

25-6. Frankrijk: In Parijs dansen de Ballets Russes van Sergej Diaghilev voor het eerst het ballet *De Vuurvogel* op muziek van Igor Strawinsky.

14-7. Duitsland: In het expressionistische tijdschift *Der Sturm* verschijnt de eerste uitgave van *Mörder, Hoffnung der Frauen* (Moordenaar, hoop van de vrouwen) van de Oostenrijker Oskar Kokoschka.

12-9. Denemarken: De eerste film met Asta Nielsen in de hoofdrol, *Der Abgrund* (De afgrond) van Urban Gad, gaat in Kopenhagen in première.

10-12. VS: De opera *La fianculla del West* van Giacomo Puccini wordt voor het eerst opgevoerd.

Sport

16-3. VS: Met 211,977 km/h vestigt Barney Oldfield met een Mercedez Benz van 200 pk bij Daytona Beach een snelheidsrecord op de mijl.

28-5. VS: Ralph Craig loopt met 21,2 seconden in Philadelphia een nieuw wereldrecord op de 200 m (zonder bocht).

11-6. Luxemburg: Het Internationaal Olympisch Comité (IOC) neemt voor de Olympische Spelen van Stockholm (1912) de tienkamp en zwemmen voor dames in het Olympische programma op.

13-6. VS: Carolyn Hale springt in New Milford 1,41 m, het eerste geregistreerde hoogspringrecord dames.

4-7. VS: Wereldkampioen boksen Jack Johnson verdedigt zijn titel tegen James J. Jeffries in Reno, met een knock-out in de vijftiende ronde.

5-7. Groot-Brittannië: De Nieuw-Zeelander Anthony F. Wilding wint het herenenkelspel van Wimbledon, de Engelse Dorothea Lambert-Chambers het damesenkelspel.

Dorothea Lambert-Chambers.

16-7. Frankrijk: Octave Lapize wint de Tour de France.

16-12. Hongarije: In Boedapest zwemt de Duitser Walther Bathe in 1.27,8 minuten een wereldrecord op de 100 m schoolslag.

Politiek

8-1. Monaco: De laatste absolute monarchie van Europa krijgt een grondwet.
7-3. VS: President William H. Taft kondigt een militaire interventie in Mexico aan, voor het geval dat in Mexico de revolutie uitbreekt.

William Howard Taft.

25-5. Mexico: Dictator Porfirio Diaz treedt onder druk van de revolutionairen af na 30 jaar heerschappij en vlucht.
1-7. Marokko: De Duitse kanonneerboot 'Panther' loopt binnen in de haven van Agadir. De daardoor veroorzaakte Tweede Marokkaanse crisis brengt Europa aan de rand van een oorlog.
14-9. Rusland: Minister-president Pjotr A. Stolypin wordt in Kiev met een revolver neergeschoten door een sociaal-revolutionair.
29-9. Italië: De regering in Rome verklaart de oorlog aan het Osmaanse rijk. Oorzaak zijn de Italiaanse aanspraken op Tripoli en Cyrenaica in Libië.
23-10. Griekenland: Kreta neemt het besluit om zich bij Griekenland aan te sluiten.
10-12. Nederland: De rechtsgeleerde T.M.C. Asser krijgt voor zijn pleidooien voor het instellen van een Permanent Hof van Arbitrage de Nobelprijs voor de vrede.
28-12. China: Na de overwinning van de revolutie kiest het voorlopige revolutionaire parlement de arts Soen Jat-sen tot de eerste president van de republiek.

Wetenschap

11-1. Duitsland: In Berlijn wordt de Kaiser-Wilhelm-Gesellschaft zur Forderung der Wissenschaften opgericht.
18-1. VS: De Amerikaan Eugene B. Ely landt met een dubbeldekker als eerste op het dek van een schip.
22-3. Duitsland: In Kiel loopt het eerst turbine-lijnschip ter wereld, de 'Kaiser', van stapel.
26-5. België: De internationale commissie voor 'aeronautische' kaarten besluit een kaartenboek voor 'luchtvaartschippers' samen te stellen.
30-7. Rusland: De natuurkundige Vladimir K. Zvorykin slaagt er als eerste in langs zuiver elektrische weg een televisiebeeld te verzenden.
23-9. VS: In New York vervoert de luchtvaartpionier Earl Ovington voor het eerst post door de lucht.
10-12. Zweden: De Française Marie Curie krijgt de Nobelprijs voor scheikunde.
15-12. Antarctica: De Noorse poolvorser Roald Amundsen bereikt met zijn mannen als eerste de zuidpool.
1911. Duitsland: De Hamburgse chemicus Paul Beiersdorf stelt een helderwitte huidcrème samen: Nivea.
1911. Nederland: De natuurkundige Heike Kamerlingh Onnes (1853-1926) ontdekt supergeleiding bij extreem lage temperaturen. Het zal hem in 1913 de Nobelprijs voor natuurkunde opleveren.

Heike Kamerlingh Onnes.

Cultuur

Gerhart Hauptmann.

14-1. Duitsland: Het drama *Die ratten* (De ratten) van Gerhart Hauptmann gaat in Berlijn in première. Hauptmann geldt als de grondlegger van het naturalistisch drama.
26-1. Duitsland: In Dresden wordt *Der Rosenkavalier* van Richard Strauss voor het eerst opgevoerd.
April. Italië: De expositie van futuristische schilderkunst is een groot succes.
22-5. Frankrijk: In Parijs gaat *Het martyrium van de heilige Sebastian* van Gabriele d'Annunzio in première.
21-8. Frankrijk: De Mona Lisa van Leonardo da Vinci wordt gestolen uit het Louvre.
27-8. VS: Theodore Dreiser publiceert zijn realistische roman *Jennie Gerhardt*.
14-10. Oostenrijk: De tragikomedie *Das weite Land* van Arthur Schnitzler wordt voor het eerst opgevoerd.
19-10. Italië: De 29-jarige Umberto Boccioni schildert het futuristische werk *Het straatlawaai dringt door in het huis*.
1-12. Duitsland: Max Reinhardt ensceneert in Berlijn de première van het stuk *Jedermann* van de Oostenrijkse schrijver Hugo von Hoffmansthal.
18-12. Duitsland: De tentoonstelling *Der Blaue Reiter* in München opent haar deuren.
België: De Franstalige dichter, essayist en dramaturg Maurice Maeterlinck (1862-1949) krijgt de Nobelprijs voor literatuur.

Sport

22-1. Oostenrijk: Op het wereldkampioenschap kunstschaatsen in Wenen winnen Lily Kronberger uit Hongarije (dames) en het Duits-Finse koppel Ludowika Eilers en Walter Jakobsson (paren).
3-2. Duitsland: Het wereldkampioenschap kunstschaatsen bij de heren, in Berlijn, wordt gewonnen door de Zweed Ulrich Salchow.
1-5. VS: Voor het eerst wordt de 'Indy', de 500 mijl van Indianapolis gereden.
29-6. Italië: Wielrenner Carlo Galetti (Italië) wint de Giro d'Italia.
8-7. Groot-Brittannië: Evenals in 1910 winnen Anthony F. Wilding en Dorothea Lambert-Chambers het heren- respectievelijk damesenkelspel.
14-7. Frankrijk: De Fransman Gustave Garrigou wint de Tour de France.
23-7. Finland: De eerste geregistreerde hardlooptijd van een vrouw over 100 m is de 13,8 seconden van Siina Simola.
13-8. Duitsland: De atleet Robert Pasemann vestigt in Braunschweig drie Duitse records: hoogspringen, polsstokhoogspringen en verspringen.

Robert Pasemann.

4-9. VS: Een Amerikaans estafetteteam loopt in New York een wereldrecord over 4 x 400 m: 3.18,2 minuten.
15-10. Zweden: Hugo Wieslander vestigt in Göteborg met 5516 punten het eerst wereldrecord op de tienkamp.

Calendarium 1912

Politiek

12-1. Duitsland: Bij de verkiezingen voor de Rijksdag verdubbelen de sociaal-democraten hun resultaat van 1907 en vormen de sterkste fractie.

12-2. China: Keizer Poe-ji treedt af, waarmee een eind komt aan het Chinese keizerrijk. Drie dagen later kiest de nationale vergadering in Nanking Yoean Shikai tot president van de republiek China.

22-5. Rusland: De *Pravda*, het bolsjewistische partijblad, verschijnt voor het eerst.

20-7. Cuba: Regeringstroepen slaan gesteund door Amerikaanse eenheden een opstand van kleurlingen neer.

30-7. Japan: Als opvolger van de Meiji-tenno Mutsuhito wordt diens zoon Yoshihito keizer van Japan.

Mutsuhito.

12-8. China: Soen Jat-sen sticht in Nanking de Guomindang, de Nationale Volkspartij.

8-10. Montenegro: Als eerste staat van de Balkanbond (Bulgarije, Griekenland, Montenegro, Servië) verklaart Montenegro de oorlog aan het Osmaanse rijk. De andere landen volgen spoedig.

18-10. Zwitserland: Met de ondertekening van het vredesverdrag in Ouchy bij Lausanne, eindigt de Turks-Italiaanse oorlog.

3-12. Balkan: Met uitzondering van Griekenland ondertekenen de deelnemers aan de Balkanoorlog een wapenstilstandsverdrag.

Wetenschap

27-2. Soedan: De spoorverbinding van Khartoem naar Al-Obeidh (375 km) wordt ingewijd door de Britse gouverneur-generaal Herbert Kitchener.

29-3. Antarctica: Op de terugweg van de zuidpool komen de Britse poolonderzoeker Robert Falcon Scott en zijn begeleiders om het leven.

15-4. Atlantische Oceaan: Na een botsing met een ijsberg zinkt dicht bij de bank van Newfoundland het Britse passagiersschip 'Titanic'. Er komen 1503 mensen om het leven. Alexander Behm ontwikkelt nog in hetzelfde jaar het echolood, waarmee de diepte van water bepaald kan worden.

1-8. Zwitserland: Het station Jungfraujoch van de Jungfraujoch-spoorlijn (op 3454 m hoogte) wordt in bedrijf gesteld.

9-10. Duitsland: Max von Laue ontdekt samen met andere natuurkundigen de rasterstructuur van het atoom.

1-11. Duitsland: Alfred Lothar Wegener brengt de discussie over zijn theorie van de beweging van de continenten op gang.

7-12. Egypte: In Tell el Amarna graven Duitse archeologen de werkplaats van de beeldhouwer Thoetmosis op. Dezelfde dag vinden ze de inmiddels wereldberoemde buste van Nefertete, de vrouw van farao Toetanchamon.

Nefertete.

18-12. Zwitserland: In een brief neemt Carl Gustav Jung afstand van zijn leermeester Sigmund Freud, de grondlegger van de psychoanalyse.

Cultuur

2-2. VS: Voor het Pathé-weekjournaal wordt de eerste stuntopname gemaakt: een parachutist springt van het Vrijheidsbeeld in New York.

21-2. Duitsland: Waldemar Bonsels begint aan zijn vertelling *Maja de Bij*. Dit kinderboek wordt een wereldsucces.

30-3. Duitsland: In Radebeul sterft de schrijver Karl May, bekend van de verhalen over Old Shatterhand en Winnetou.

Karl May.

30-4. Duitsland: De almanak *Der Blaue Reiter*, uitgegeven door Wassily Kandinsky en Franz Marc, wordt gepubliceerd.

29-5. Frankrijk: De première van *L'après-midi d'un faune* van Claude Debussy door de Ballets Russes eindigt in een schandaal.

4-8. Noorwegen: De 53-jarige schrijver Knut Hamsun voltooit zijn romantrilogie *De zwerver*.

23-9. VS: Mack Sennet brengt met *Cohen of Coney Island* de eerste slapstick van zijn productiefirma Keystone in productie.

25-10. Duitsland: In Stuttgart gaat de opera *Ariadne auf Naxos* van Richard Strauss in première.

15-11. Duitsland: Op zijn verjaardag krijgt de Duitse schrijver Gerhart Hauptmann de Nobelprijs voor literatuur.

1912. Rusland: De Russische lyricus en dramaturg Vladimir Majakovski publiceert de bundel *Een oorvijg voor de publieke smaak*, de almanak van de futuristen.

Sport

7-2. Nederland: Coen de Koning wint in 11:40 uur en met een gemiddelde snelheid van 16,58 km/h de tweede Elfstedentocht.

Coen de Koning.

5-5. Zweden: In Stockholm worden de vijfde Olympische Spelen geopend. De grote ster van de wedstrijden is de Amerikaan Jim Thorpe, die de vijf- en de tienkamp wint.

18-5. VS: George L. Horine springt in Stanford als eerste mens 2 m hoog.

26-5. Duitsland: De Duitse voetbalbond verbiedt schoolvoetbal en de aanwezigheid van vrouwelijk publiek bij voetbalwedstrijden.

1-6. Zwitserland: De wereldvoetbalbond FIFA bepaalt dat de keeper alleen nog in het strafschopgebied de bal met de hand mag oprapen.

8-6. VS: In Cambridge (Massachusetts) springt Marcus Wright hoger dan 4,02 m met polsstokhoogspringen – de eerste sprong boven de 4 m.

26-6. Frankrijk: De Fransman Boillot (Peugeot) wint de autorace om de Grand Prix van Frankrijk op het circuit bij Dieppe.

17-7. Zweden: De eerste Olympische winnaar bij het dressuurrijden is de Zweed Carl Bonde.

24-7. Frankrijk: Odile Defraye wint als eerste Belg de Tour de France.

22-8. Frankrijk: Oscar Egg verbetert het werelduurrecord wielrennen: 42,122 km.

29-9. Zweden: De Olympische winnaar Eric Lemming bereikt met 62,32 m het eerste officiële record speerwerpen.

Politiek

17-1. Frankrijk: Raymond Poincaré wordt als opvolger van Armand Fallières president van de republiek.

23-1. Osmaanse rijk: De beweging van de Jong-Turken onder Enver Pasja dwingt grootvizier Mehmed Kamil Pasja tot aftreden.

30-1. Balkan: Na het vastlopen van de vredesonderhandelingen laait de oorlog op de Balkan weer op.

18-3. Griekenland: Kroonprins Constantijn wordt opvolger van zijn vader George I, die in Saloniki (Thessaloniki) het slachtoffer wordt van een aanslag.

25-5. Oostenrijk: Kolonel Alfred Redl wordt door de geheime dienst, die bang is voor het schandaal van een spionageproces, gedwongen zelfmoord te plegen.

30-5. Balkan: Met de ondertekening van de Voorlopige Vrede van Londen eindigt de Eerste Balkanoorlog. Het Osmaanse rijk verliest zijn hele bezit ten westen van de lijn Enos-Midia.

29-6. Balkan: Met de aanval van het Servische leger op Bulgaarse steden begint de Tweede Balkanoorlog.

10-8. Balkan: Met het Verdrag van Boekarest komt een einde aan de Tweede Balkanoorlog.

20-9. Duitsland: Op de partijvergadering van de SPD worden Hugo Haase en Friedrich Ebert als opvolgers gekozen van de overleden partijvoorzitter August Bebel. Bebel, reeds in de jaren zestig van de 19e eeuw politiek actief, was een van de belangrijkste sociaal-democraten van Duitsland.

August Bebel.

Wetenschap

15-1. Duitsland/VS: Een nieuwe radiotoren bij Berlijn maakt de eerste draadloze verbinding van Berlijn naar New York mogelijk.

2-2. VS: In New York wordt het grootste station ter wereld geopend: het Grand Central Station.

16-4. Equatoriaal Afrika: De arts en theoloog Albert Schweitzer bouwt in Lambarene een tropenhospitaal op.

28-5. Frankrijk: Drie Fransen bereiken met een ballon voor het eerst een hoogte van meer dan 10.000 m.

16-8. VS: In de autofabrieken van Henry Ford leiden de eerste proeven met lopende band-productie tot productiestijgingen van 400 procent.

31-8. Duitsland: In Oppau wordt de ammoniakfabriek van de Badische Anilin- und Sodafabriken (BASF) in bedrijf genomen. In 1909 had de Duitse geleerde Fritz Haber de ammoniaksynthese uitgevonden.

September. Nederland: Wilhelmina kondigt het Plan Lely voor de afsluiting en gedeeltelijke drooglegging van de Zuiderzee aan.

8-9. Duitsland: Het tot dusverre grootste luchtschip, de 'L2', vertrekt voor de eerste proefvlucht. Het is 260 m lang en wordt aangedreven door vier motoren van 205 pk.

1913. Groot-Brittannië: Bertrand Russell voltooit samen met Alfred Whitehead de *Principia Mathematica*.

Bertrand Russell.

1913. VS: In New York wordt het 55 verdiepingen tellende Woolworth Building opgeleverd. Het is 232 m hoog en een kwart eeuw lang het hoogste gebouw ter wereld.

Cultuur

3-2. Duitsland: Rudolf Steiner sticht in Berlijn het Anthroposofisch Genootschap.

15-2. VS: In New York wordt de Armory Show geopend, die voor het eerst in de Verenigde Staten de Amerikaanse en Europese kunst tentoonstelt.

12-5. VS: Na een aanbod voor een rol door de Keystone Film Company begint Charlie Chaplin zijn carrière als ster-comediant van de stomme film

29-5. Frankrijk: In Parijs gaat het ballet *Le sacre du printemps* van Igor Strawinsky in première.

22-8. Duitsland: De film *Der Student von Prag* van Stellan Rye, met Paul Wegener in de hoofdrol, heeft succes bij zijn première in Berlijn.

8-11. Duitsland: Het slechts als fragment overgeleverde drama *Woyzeck* van Georg Büchner wordt in München voor het eerst opgevoerd.

10-12. Zweden: Rabindranat Tagore uit India krijgt de Nobelprijs voor literatuur. Hij is de eerste niet-Europeaan die deze prijs in ontvangst mag nemen.

1913. Frankrijk: Marcel Proust publiceert *Du côté de chez Swann*, het eerste deel van zijn romancyclus *A la recherche du temps perdu*.

Marcel Proust.

1913. Nederland: In Rotterdam wordt een begin gemaakt met de bouw van de Van Nelle-fabriek, waarvan stijl en opzet internationale aandacht trekken. Het ontwerp van de architecten Brinkmann en Van der Vlugt wordt in 1931 voltooid.

Sport

Februari. Zweden: De Oostenrijkers Helene Engelmann en Karl Mejstrik worden wereldkampioen in het kunstschaatsen voor paren. Bij de dames wint de Hongaarse Pika von Méray Horváth, bij de heren de Oostenrijker Fritz Kachler.

29-6. Frankrijk: Henri Desgranges introduceert bij de Tour de France het dragen van de gele trui. Winnaar van de Tour in dit jaar is de Belg Philippe Thys.

Philippe Thys.

5-7. Groot-Brittannië: Anthony F. Wilding en Dorothea Lambert-Chambers winnen wederom het heren- respectievelijk damesenkelspel van Wimbledon.

18-8. Zwitserland: De wereldvoetbalbond FIFA voert een nieuwe regel in bij het voetballen: bij vrije trappen moet de tegenstander een afstand van minimaal 10 yard (9,15 m) bewaren.

23-8. Duitsland: In Berlijn wordt de International Amateur Athletic Federation (IAAF) opgericht. Dat maakt het onder meer mogelijk een wereldrecord officieel te laten registreren.

19-12. VS: De Amerikaanse zwaargewicht-bokser Jack Johnson verdedigt zijn wereldtitel tegen zijn landgenoot Jim Johnson met een onbesliste partij.

Calendarium 1914

Politiek

10-3. Italië: Met het aftreden van de liberale minister-president Giovanni Giolitti eindigt de hervormingsperiode (vanaf 1903). Die leidde onder meer tot grote economische en industriële vooruitgang.

21-4. Mexico: Eenheden van de Amerikaanse marine bezetten de havenstad Vera Cruz. Op de achtergrond speelt de Amerikaanse interesse bij de exploitatie van de Mexicaanse olievelden een rol.

28-6. Oostenrijk: De moord op de troonopvolger aartshertog Franz Ferdinand in Sarajevo ontketent de Eerste Wereldoorlog.

31-7. Frankrijk: De socialistische leider Jean Jaurès, een van de populairste pacifisten van Europa, wordt in Parijs vermoord door een nationalist.

Jean Jaurès.

3-8. België: Twee dagen nadat Luxemburg bezet is, marcheren Duitse troepen België binnen.

3-8. Italië: De regering in Rome verklaart zich neutraal en weigert aan de oorlog te gaan deelnemen aan de zijde van de andere partners in het Drievoudig Verbond, Duitsland en Oostenrijk-Hongarije.

3-9. Italië: Als opvolger voor de overleden Pius X wordt Giacomo della Chiesa paus als Benedictus XV.

9-9. Frankrijk: Het 'wonder van de Marne' maakt een einde aan de Duitse opmars in Frankrijk.

29-10. Rusland: Met een aanval op de Russische Zwarte-Zeehavens gaat het Osmaanse rijk aan de oorlog deelnemen.

Wetenschap

1-1. VS: De eerste regelmatige luchtlijn ter wereld komt in Florida in bedrijf.

8-1. Groot-Brittannië: In een Londens ziekenhuis wordt voor het eerst radium gebruikt bij de behandeling van kanker.

31-3. Duitsland: Ferdinand graaf von Zeppelin bewijst met een nieuw wereld-hoogterecord (3065 m) het prestatievermogen van zijn luchtschepen.

15-4. Duitsland: De grootste drijvende kraan ter wereld (250 ton hefvermogen) komt in Wilhelmshaven in bedrijf.

2-6. Groot-Brittannië: In Londen presenteert de natuurkundige Archibald Low zijn eerste televisietoestel. Het brengt 1500 beelden per minuut over.

15-7. Zwitserland: In de Berner Alpen wordt de 14,6 km lange Lötschberg-spoortunnel geopend.

15-8. Panama: Na een bouwtijd van 30 jaar kan de scheepvaart het 81,6 km lange Panamakanaal in gebruik nemen. Het Amerikaanse stoomschip 'Ancona' vaart als eerste door het kanaal.

10-12. Zweden: De Oostenrijker Robert Bárány krijgt de Nobelprijs voor geneeskunde voor zijn werk betreffende het halfcirkelvormige kanaal in het oor; de prijs voor natuurkunde gaat naar de Duitser Max von Laue voor de ontdekking van interferenties bij röntgenstraling.

Robert Bárány.

Cultuur

1-1. Duitsland: Nadat de termijn van het auteursrecht op *Parsifal* van Wagner is verstreken, mag deze opera voortaan ook buiten Bayreuth worden uitgevoerd.

3-1. Duitsland: De film *Engelein* van Urban Gad, met in de hoofdrol Asta Nielsen, de eerste filmster, gaat in Berlijn in première.

16-1. Rusland: Na een verbanning van acht jaar wegens revolutionaire activiteiten krijgt Maxim Gorki gratie.

15-4. Duitsland: Hermann Hesse publiceert zijn roman *Rosshalde*. Hesse streefde in zijn werk naar 'geestelijke aristocratie', waarbij hij de westerse cultuur met oosterse wijsheid verbond. In de jaren zeventig bestond er grote belangstelling voor Hesses werk.

Hermann Hesse.

16-4. VS: Charlie Chaplin maakt zijn eerste avondvullende film *Tillies mislukte romance* bij Mack Sennet.

14-5. Frankrijk: In Parijs gaat het ballet *De legende van Jozef*, geënsceneerd door Sergej Diaghilev, in première.

1-10. Duitsland: De filmpionier Oskar Messter vertoont in Berlijn het eerste weekjournaal.

1914. Frankrijk: André Gide publiceert zijn roman *Les caves du Vatican*.

1914. Nederland: De schilder Leo Gestel levert met zijn serie landschappen en havengezichten van Majorca de meest gave en authentieke Nederlandse bijdrage aan het internationale kubisme.

Sport

8-2. Duitsland: Karl Ingold vestigt met zijn dubbeldekker een wereldrecord vliegduur: 16 uur en 20 minuten.

2-5. VS: De Amerikaan Edward Beeson verbetert in Berkeley het wereldrecord hoogspringen met een sprong van 2,02 m.

22-5. Rusland: Wereldkampioen schaken Emanuel Lasker uit Duitsland wint in Sint-Petersburg een schaaktoernooi vóór de Cubaan José Capablanca y Graupera.

18-6. Frankrijk: In Parijs verbetert de Zwitser Oscar Egg het wereld-uurrecord wielrennen. In één uur legt hij een afstand af van 44,247 km.

23-6. Frankrijk: Op de zestiende zitting van het IOC in Parijs wordt de Olympische vlag met de vijf ringen voor het eerst officieel gehesen.

24-6. Duitsland: Gustav Basser vliegt met de Rumpler-Taube een nieuw werelddurrecord.

4-7. Zweden: Op de 3000 m hordenloop wint de Zweed Josef Ternström in Malmö met 9.49,8 minuten.

4-7. Groot-Brittannië: In het herenenkelspel van Wimbledon wint de Australiër Norman Brookes, in het vrouwenenkelspel kan Dorothea Lambert-Chambers zich nogmaals op de eerste plaats handhaven.

16-7. Frankrijk: De Fransman Georges Carpentier verslaat in Londen de wereldkampioen boksen zwaargewicht 'Gunboat' Smith in de zesde ronde.

Georges Carpentier.

Politiek

3-5. Italië: Rome zegt het drievoudig bondgenootschap met Duitsland en Oostenrijk-Hongarije op en verklaart op 23 mei de oorlog aan de Donaumonarchie.
7-5. Atlantische Oceaan: Een Duitse duikboot brengt het Britse passagiersschip 'Lusitania' tot zinken.
10-6. Osmaanse rijk: Regeringstroepen vermoorden in de Kemachkloof 25.000 Armeniërs. Bij de vernietigingsveldtocht tegen de Armeniërs vallen in de jaren 1915-1916 ongeveer 1 miljoen dodelijke slachtoffers.
30-6. Italië: De eerste van vier slagen aan de Isonzo tussen Oostenrijkse en Italiaanse troepen begint.
9-7. Duits Zuidwest-Afrika: De Duitse koloniale troepen in het huidige Namibië capituleren bij Otawi voor de troepen van de Zuid-Afrikaanse generaal Louis Botha.
24-8. Polen: De legers van kolonel-generaal Paul von Hindenburg – de latere president van Duitsland (1925-1934) – hebben Polen veroverd. De Centrale mogendheden verdelen het land in twee bezettingszones: het Duitse generaal-gouvernement Warschau en het Oostenrijkse generaal-gouvernement Kielce.

Paul von Hindenburg.

5-10. Griekenland: Brits-Franse troepen schenden de Griekse neutraliteit door een landing bij Saloniki.
29-10. Frankrijk: Aristide Briand volgt premier René Viviani op. In tegenstelling tot veel andere Franse politici betoont Briand zich na de oorlog een groot voorvechter voor toenadering tot Duitsland.

Wetenschap

25-1. VS: Tussen New York en San Francisco wordt de eerste transcontinentale telefoonlijn in bedrijf genomen.
16-2. Frankrijk/Duitsland: Tijdens de winterslag in de Champagne gebruiken Frankrijk en Duitsland de eerste tweemotorige gevechtsvliegtuigen, de Cambron en de Rumpler. Voor het eerst worden vliegtuigbommen geproduceerd.
28-2. VS: De National Advisory Committee for Aeronautics, de voorloper van de NASA, wordt opgericht.
11-3. Duitsland: De chemische industrie begint met de grootschalige productie van kunstmatig salpeter, dat gebruikt wordt bij de vervaardiging van kogels en granaten, en bij de conservering van levensmiddelen.
22-4. België: Duitse troepen gebruiken bij Ieper voor het eerst het dodelijke chloorgas als chemisch wapen.
15-5. Duitsland: In Keulen worden voor het eerst proeven gedaan met het op grote schaal invriezen van levensmiddelen, om de voedselvoorziening voor de bevolking te kunnen waarborgen.
12-12. Duitsland: Het eerste eendekker-vliegtuig dat geheel van metaal is, de Junker J1, volbrengt zijn eerste vlucht.
1915. Nederland: Samen met Paul Scherrer ontwikkelt de Nederlandse (tot Amerikaan genaturaliseerde) scheikundige Peter Debije een procédé voor het onderzoeken van de structuur van poederkristallen.

Peter Debije.

Cultuur

1-2. VS: William Fox sticht de Fox Film Corporation, die ook actief wordt in de filmverhuur.
8-2. VS: De film *Birth of a Nation*, het epos over de Amerikaanse Burgeroorlog (1861-1865), van David Wark Griffith gaat in New York in première.
20-2. VS: Onder het motto 'Fanama-Pacific' wordt in San Francisco de 25e wereldtentoonstelling geopend.
1-7. België: Op de citadel van Namen wordt een openluchttheater geopend met een opvoering van het toneelstuk *Iphigeneia auf Aulis* van Goethe.
22-9. Duitsland: In het Berlijnse Rose-Theater wordt het toneelstuk *Die Kriegsbraut* van Hedwig Courths-Mahler voor het eerst opgevoerd.
13-11. Oostenrijk: In het Weense Johann Strauss Theater beleeft de operette *Die Csárdásfürstin* van Emmerich Kálmán een glansrijke première.
1915. Frankrijk: Met het ideaal van toenadering tussen Fransen en Duitsers voor ogen, publiceert Romain Rolland zijn boek *De vrije geest*.

Romain Rolland.

1915. Nederland: Het jachtslot Sint Hubertus op de Veluwe, een van de bekendste gebouwen van architect H.P. Berlage, wordt opgeleverd.
1915. Oostenrijk: Franz Kafka publiceert *Die Verwandlung*, een van zijn bekendste verhalen.
1915. Oostenrijk: De Weense redacteur Gustav Meyrink publiceert zijn roman *Der Golem*.

Sport

31-1. Italië: In Turijn verslaat Italië Zwitserland in een voetbalinterland met 3-1.
6-2. Australië: De Australische Fanny Durack zwemt de 100 m vrije slag in 1.16,2 minuten. Ze is houdster van het wereldrecord vrije slag 100 en 200 m, en over 400, 800 en 1500 yard.
5-4. Cuba: De Amerikaan Jack Johnson, idool van alle zwarten in de Verenigde Staten, raakt zijn titel als wereldkampioen boksen alle klassen kwijt aan Jess Willard, door een twijfelachtige knock-out in de 26e ronde.
10-4. Zwitserland: Het Internationaal Olympisch Comité (IOC) krijgt een permanente zetel in Lausanne.
15-7. Duitsland: De atletiekvereniging van Hamburg neemt het handgranaatwerpen in haar sportprogramma op.
16-7. VS: De Amerikaanse atleet Norman Taber vestigt in Cambridge (Massachussetts) een wereldrecord over de mijl, in 4.12,6 minuten.

Norman Taber.

5-8. Duitsland: Een Kondor-vliegtuig vestigt met 3280 m een nieuw hoogterecord.
7-11. Duitsland: Burgers winnen de 'Kronprinzen-Armeegepäckmarsch', een mars met volle bepakking over 30 km.

Calendarium 1916

Politiek

25-1. Montenegro: Na een bliksemveldtocht tegen Montenegro sluit Oostenrijk een wapenstilstand met dit koninkrijk.
21-2. Frankrijk: Met de aanval van het Duitse 5e Leger op de vesting Verdun begint een van de bloedigste slagen van de Eerste Wereldoorlog.
24-4. Ierland: In Dublin komen de Irish Volunteers in opstand tegen de Britse overheersers. De opstand wordt na zes dagen neergeslagen.
1-6. Noordzee: De slag in het Skagerrak tussen de Britse en de Duitse vloot eindigt onbeslist.
5-6. Osmaanse rijk: Op initiatief van de Brit T.E. Lawrence begint de opstand van de Arabieren tegen de Turken.
27-8. Roemenië: Roemenië verklaart de oorlog aan Oostenrijk-Hongarije, en een dag later doet Italië hetzelfde aan Duitsland.
29-8. Duitsland: Paul von Hindenburg volgt Erich von Falkenhayn op als chef van de generale staf. Kwartiermeester-generaal en rechterhand van von Hindenburg wordt Erich Ludendorff.

Erich Ludendorff.

5-11. Polen: Wilhelm II en Franz Joseph I proclameren het zelfstandige koninkrijk Polen. Het Poolse leger gaat aan de kant van de Centrale mogendheden deelnemen aan de oorlog.
21-11. Oostenrijk: Keizer Franz Joseph I overlijdt. Hij wordt opgevolgd door zijn achterneef Karel I.

Wetenschap

10-4. Duitsland: De Duitse chirurg Ferdinand Sauerbruch construeert een handprothese die bediend kan worden door de spieren in de armstomp van de patiënt.

Ferdinand Sauerbruch.

15-5. Duitsland: In Rodleben worden de Duitse Hydreerfabrieken opgericht, die synthetische brandstoffen produceren.
30-5. Duitsland: De Hoechst-kleurstoffabrieken beginnen met de massaproductie van acetaldehyde voor de aanmaak van azijnzuur en azijnester.
15-9. Frankrijk: Het Britse leger zet in de slag aan de Somme voor het eerst gepantserde rupsvoertuigen in: tanks.
15-9. Osmaanse rijk: Sven Hedin voltooit zijn ontdekkingsreis van zes maanden door Syrië, Mesopotamië en Arabië.
21-10. Duitsland: In Leipzig presenteert de scheikundige en Nobelprijswinnaar Wilhelm Ostwald zijn kleurenleer. Daarmee kan iedere kleur worden uitgedrukt door een getallencombinatie.
1916. Italië: De radiotechnicus Guglielmo Marconi ontwikkelt een zender voor kortegolf-straalverbindingen.
1916. Italië: De macro-econoom en socioloog Vilfredo Pareto publiceert zijn driedelige *Trattato di sociologia generale*.
1916. VS: Northram Warren produceert de eerste vloeibare nagellak: Cutex.

Cultuur

14-1. Oostenrijk: De première van de operette *Der Sterngucker* van Franz Léhar wordt door de Oostenrijkers gevierd als een cultureel hoogtepunt.
5-2. Zwitserland: In Zürich opent het Cabaret Voltaire, het ontmoetingspunt van de dadaïsten, zijn deuren.
26-4. Duitsland: In Berlijn gaat het in 1913 tot stand gekomen drama *Madame Legros* van Heinrich Mann in première.
14-9. Duitsland: De kunstenaarsvereniging *Die Münchener Secession* opent ter ere van de op 4 maart bij Verdun gesneuvelde kunstenaar Franz Marc een expositie van zijn werken.

Franz Marc.

15-11. Zwitserland: In Vevey overlijdt de Pool Henryk Sienkiewicz, auteur van *Quo Vadis?*
10-12. Zweden: De Franse schrijver Romain Rolland krijgt met terugwerkende kracht de Nobelprijs voor literatuur van 1915.
1916. België: Het boek *Pallieter* van Felix Timmermans is een groot succes. Het succes is mede te danken aan de vrolijke hoofdpersoon – een welkome afwisseling in de donkere oorlogsjaren.
1916. Nederland: Het Scheepvaartgebouw in Amsterdam komt gereed, het eerste gebouw in de stijl van de Amsterdamse School. Architect is J.M. van der Mey.
1916: VS: De Amerikaanse regisseur David Wark Griffith brengt de film *Intolerance* uit. Het thema is onverdraagzaamheid door de eeuwen heen. De kosten voor deze film, 2 miljoen dollar, zijn voor die tijd een absoluut record.

Sport

25-3. VS: In een gevecht om het wereldkampioenschap in het zwaargewicht gaan de boksers Jess Willard en Frank Moran uiteen met een 'onbeslist'. Willard blijft daardoor wereldkampioen.
27-5. VS: In Cambridge (Mass.) loopt de Amerikaan Ted Meredith met een tijd van 47,4 seconden een nieuw wereldrecord op de 440 yard (400 m).

Ted Meredith.

30-5. VS: Met de Italiaan Dario Resta wint voor de derde keer een niet-Amerikaanse coureur de 500-mijlsrace van Indianapolis.
26-8. Duitsland: Erna Murray uit Leipzig vestigt in Berlijn een wereldrecord schoolslag over 100 m: 1.36,0 minuten.
10-9. Finland: In Turku loopt de Fin Einari Anttila een wereldrecord op de 2000 m: 5.36,2 minuten.
21-11. VS: De Amerikaanse zwemmer Norman Ross behaalt op de 200 m vrije slag een nieuw wereldrecord: 2.21,6 minuten.
10-12. Duitsland: In Berlijn beslist de wereldkampioen schaken Emanuel Lasker een toernooi tegen zijn rivaal Siegbert Tarasch in zijn voordeel.

Politiek

1-2. Duitsland: Onder druk van de opperste legerleiding besluit keizer Wilhelm II de onbeperkte duikbootoorlog te hervatten.

15-3. Rusland: Opstanden leiden tot de vorming van een liberale regering onder vorst Georgi J. Lvov. Tsaar Nicolaas II treedt af en wordt gevangengezet.

6-4. VS: President Woodrow Wilson verklaart namens zijn land de oorlog aan Duitsland.

10-4. Rusland: In een geblindeerde spoorwagon reist Vladimir I. Lenin door Duitsland en Zweden naar Petrograd, waar hij op 16 april aankomt.

Vladimir I. Lenin.

19-6. Groot-Brittannië: Het Lagerhuis stemt voor vrouwenkiesrecht.

2-11. Groot-Brittannië: De Balfour-verklaring belooft de zionisten Britse hulp bij de opbouw van een 'nationaal thuis' in Palestina.

6/7-11. Rusland: De oktoberrevolutie begint. 's Nachts bezetten de Rode Gardes van Leo Trotski de machtscentra in Petrograd, een dag later neemt Lenin het voorzitterschap van de raad van Volkscommissarissen over.

4-12. Finland: De regering in Helsinki verklaart het land onafhankelijk van Rusland.

9-12. Palestina: Britse troepen bezetten Jeruzalem.

1917. Nederland: Het algemeen kiesrecht voor mannen wordt ingevoerd.

Wetenschap

8-3. Duitsland: In Berlijn overlijdt de bouwer van luchtschepen Ferdinand graaf Von Zeppelin, 78 jaar oud.

31-3. Duitsland: De bacterioloog Emil von Behring overlijdt in Marburg. Hij ontwikkelde onder meer een serum tegen tetanus.

Emil von Behring.

27-4. Duitsland: In Leuna begint de productie van vloeibare amoniak volgens het Haber-Bosch-procédé, voor de productie van kunstmest en springstoffen.

31-5. Duitsland: De scheikundige Franz Fischer ontwikkelt het procédé van cokes-aanmaak bij lage temperatuur, om benzine uit steenkolen te produceren.

1-6. VS: Geleerden presenteren een procédé waarmee men uit aardgas het onbrandbare helium kan winnen. Helium is een geschikt gas om luchtschepen mee te vullen.

4-8. Frankrijk: Lucien Lévy vraagt patent aan voor een heterodyne ontvanger.

15-8. VS: In Virginia vindt het eerste draadloze radiocontact plaats tussen vliegtuigen en een grondstation.

29-8. Duitsland: Op de beurs van Leipzig worden voor het eerst schoenzolen, ondergoed, kleding en tafelkleden van de surrogaatstof papier gepresenteerd. In 1917 ontwikkelen geleerden wegens gebrek aan dierlijke vetten eveneens het eerste synthetische wasmiddel, Nekal.

1917. Oostenrijk: Julius Wagner von Jauregg ontwikkelt de infectietherapie voor de behandeling van psychoses.

Cultuur

27-3. Monaco: In Monte Carlo gaat de muzikaal-lyrische komedie *La Rondine* ('De zwaluw') van Giacomo Puccini in première.

2-4. Hongarije: De componist Béla Bartók heeft zijn eerste succes met het dansspel *De uit hout gesneden prins*.

23-4. VS: *Butcher Boy*, de eerste film van de komiek Buster Keaton, gaat draaien.

11-5. Zwitserland: In Zürich gaat de opera *Turandot* van Ferruccio Busoni in première.

3-6. Duitsland: In Dresden wordt het drama *Mörder, Hoffnung der Frauen* van de Oostenrijkse dichter en schilder Oskar Kokoschka voor het eerst opgevoerd.

24-6. Frankrijk: Het absurde drama *Les mamelles de Tirésias* ('De borsten van Tiresias') van Guillaume Apollinaire wordt in Parijs voor het eerst opgevoerd.

Piet Mondriaan.

1-10. Nederland: De schilder Piet Mondriaan richt de kunstenaarsvereniging 'De Stijl' op.

13-10. Duitsland: In München wordt het toneelstuk *Jud Süss* van Lion Feuchtwanger voor het eerst opgevoerd.

31-10. Noorwegen: De roman *Zegen der aarde*, waarmee de schrijver Knut Hamsun internationaal beroemd zal worden, wordt gepubliceerd.

30-11. Duitsland: In galerie Paul Cassirer in Berlijn wordt de eerste overzichtstentoonstelling van werken van de beeldhouwer Ernst Barlach geopend

Sport

27-1. Duitsland: Het militaire oppercommando beveelt dat vrouwen alleen broeken mogen dragen bij sportbeoefening.

27-1. Nederland: De derde Elfstedentocht wordt verreden. Coen de Koning wint voor de tweede keer, op slecht ijs.

7-5. VS: De Amerikaanse Maude Devereaux vestigt in Skidmore met 5,12 m een officieus wereldrecord verspringen.

9-7. Zweden: De Zweed John Zander verbetert in Stockholm het wereldrecord op de 2000 m hardlopen. Zijn tijd: 5.31,0 minuten.

5-8. Duitsland: Bij de oorlogs-atletiekkampioenschappen van Duitsland in Berlijn wint Arthur Reinhardt de 100 en 200 m hardlopen in 11,9 respectievelijk 25,4 seconden.

5-8. Oostenrijk Bij een atletiektoernooi in Wenen loopt de Oostenrijkse Adi Bierbrauer een officieus wereldrecord op de 400 m met een tijd van 1.10,0 minuten.

25-8. Duitsland: Erna Murray uit Leipzig verbetert haar eigen wereldrecord op de 100 m schoolslag met een seconde: 1.35,0 minuten.

Erna Murray.

29-10. Duitsland: Max Heiser stelt voor de Berlijnse Turnvereniging de eerste regels voor het handbal op.

Calendarium 1918

Politiek

8-1. VS: President Woodrow Wilson presenteert in het Congres zijn 14-puntenprogramma voor de vrede.

3-3. Sovjet-Rusland: In Brest-Litovsk sluiten de Centrale mogendheden vrede met Sovjet-Rusland.

18-5. Nederlands-Indië: Met de installatie van de Volksraad wordt een eerste stap gezet naar meer Indonesische autonomie binnen het koninkrijk.

8-8. Frankrijk: Bij een stormaanval door de Entente stort het Duitse westfront ineen.

27-9. België: In Vlaanderen zetten de Belgische troepen het offensief in.

29-9. Bulgarije: De regering in Sofia ondertekent als eerste van de Centrale mogendheden een wapenstilstand met de geallieerden.

28-10. Oostenrijk-Hongarije: De Tsjechische nationale raad roept de Tsjecho-Slowaakse republiek uit.

9-11. Duitsland: Wilhelm II treedt af als Duits keizer. Philipp Scheidemann roept in Berlijn de republiek uit.

11-11. Frankrijk: In Compiègne tekenen Duitsland en de geallieerden de wapenstilstand.

12-11. Nederland: Geïnspireerd door de omwentelingen in Duitsland en Rusland roept de socialistische leider Troelstra op tot revolutie. Hij veroorzaakt paniek, maar krijgt geen bijval.

Pieter Jelles Troelstra.

16-11. Hongarije: Minister-president Mihály graaf Károlyi roept in Boedapest de Hongaarse republiek uit.

1-12. Joegoslavië: Het Koninkrijk der Serven, Kroaten en Slovenen wordt gesticht.

Wetenschap

10-1. Duitsland: Vliegtuigconstructeur Hugo Junkers vraagt patent aan voor zijn laagdekker-vliegtuig.

31-1. Duitsland: De Pruisisch-Hessische Staatsspoorwegen voeren als eerste spoorwegmaatschappij van Europa een doorlopend, automatisch remsysteem in.

1-4. Oostenrijk: Op het traject Wenen-Olmütz-Krakau-Lemberg-Kiev wordt de eerste internationale luchtpostlijn ter wereld geopend.

15-5. VS: Er komt een regelmatige luchtpostdienst tussen New York en Washington.

17-7. Italië: Blijkens onderzoek van de arts Lo Monaco is tuberculose te genezen door injecties met sacharose.

10-12. Zweden: De Duitser Max Planck krijgt de Nobelprijs voor natuurkunde. De Nobelprijs voor scheikunde gaat naar zijn landgenoot Fritz Haber.

1918. Duitsland: De cultuur- en geschiedfilosoof Oswald Spengler publiceert het eerste deel van zijn belangrijkste werk *Der Untergang des Abendlandes*.

1918. VS: Edwin Howard Armstrong ontwikkelt de eerste bruikbare ontvanger voor radio.

Edwin Howard Armstrong.

1918. VS: Henry Ellis Warren zet de eerste betrouwbare elektrische uurwerken in elkaar.

Cultuur

14-2. Sovjet-Rusland: De Juliaanse kalender wordt vervangen door de Gregoriaanse, die ook in de westerse landen geldig is. De datum in Rusland springt daarmee 13 dagen naar voren.

27-2. Zwitserland: De bijbeltragedie *Jeremias* van Stefan Zweig gaat in Zürich in première.

24-5. Hongarije: De opera *Het kasteel van hertog Blauwbaard* van Béla Bartók beleeft haar eerste uitvoering in Boedapest.

Béla Bartók.

28-9. Zwitserland: In Lausanne gaat het muziektheaterstuk *Die Geschichte vom Soldaten* van Igor Strawinsky in première.

7-11. Sovjet-Rusland: Op de eerste verjaardag van de revolutie wordt in Petrograd het eerste sovjetdrama opgevoerd: *Mysterium buffo* van Vladimir Majakovski.

30-11. Duitsland: De onder het keizerrijk verboden roman *Der Untertan* van Heinrich Mann verschijnt in Duitsland.

3-12. Duitsland: Enkele kunstenaars, onder wie Lyonel Feininger en Paul Klee, sluiten zich aaneen tot de Novembergroep, ter ondersteuning van de republiek.

14-12. VS: De sombere opera *Il Tabarro* ('De mantel') van Giacomo Puccini wordt in New York voor het eerst uitgevoerd.

1918. Nederland: De verhalenbundel *Dichtertje, De uitvreter, Titaantjes* van Nescio verschijnt. Nescio's thema is de tegenstelling tussen de zelfvoldane bourgeois en de onmaatschappelijke, onpraktische artiest (die zelf uiteindelijk ook bourgeois wordt).

Sport

18-4. Duitsland: De *Mannschaft* speelt geen interlands dit jaar. In Pruisen worden conform een ministeriële verordening op de voetbalvelden aardappels en koolrapen verbouwd ten behoeve van de voedselvoorziening.

Mei. Oostenrijk/Hongarije: Elders wordt er in dit oorlogsjaar volop gevoetbald. In Wenen verslaat Oostenrijk Zwitserland met 5-1. In Boedapest winnen de Hongaren met 2-1 van Zwitserland.

29-6. Oostenrijk: In Wenen loopt de Oostenrijkse Adi Bierbrauer in 1.10,0 minuten een nieuw wereldrecord op de 400 m.

7-8. Zweden: John Zander loopt in Stockholm in 8.33,2 minuten een nieuw wereldrecord op de 3000 m.

9-8. VS: Duke Paoa Kahanamoku vestigt op de 100 m vrije slag een wereldrecord met een tijd van 1.01,4 minuten.

Duke Paoa Kahanamoku.

25-8. Duitsland: Erna Murray haalt in Berlijn met 1:35,2 minuten een nieuw wereldrecord op de 100 m rugslag.

22-9. Zweden: De Zweed Anatole Bolin loopt in Stockholm in 2.29,1 minuten een wereldrecord op de 1000 m.

Politiek

5-1. Duitsland: In Berlijn breekt de Spartacusopstand uit, die bloedig wordt neergeslagen.

21-1. Ierland: De Sinn Féin roept de onafhankelijke republiek Ierland uit.

25-1. Frankrijk: De Parijse vredesconferentie besluit op haar tweede zitting tot de oprichting van de Volkenbond.

11-2. Duitsland: De Duitse nationale vergadering in Weimar kiest Friedrich Ebert als president.

Friedrich Ebert.

2-3. Rusland: In Moskou vindt het oprichtingscongres van de Derde Internationale (Komintern) plaats.

23-3. Italië: Benito Mussolini richt in Milaan de facistische strijdbond op (*fasci di combattimento*).

28-6. Frankrijk: De Duitse delegatie ondertekent het verdrag van Versailles. Daarmee is de Eerste Wereldoorlog officieel beëindigd.

10-9. Frankrijk: In Saint-Germain-en-Laye sluiten Oostenrijk en de geallieerden vrede.

10-10. Rusland: Geconfronteerd met de successen van het Rode Leger in de burgeroorlog, gaan de westerse machten over tot een economische blokkade tegen Rusland.

18-11. VS: De Senaat wijst ratificatie van het verdrag van Versailles af en de Verenigde Staten treden niet toe tot de Volkenbond.

1919. België: Algemeen kiesrecht voor mannen ingevoerd.

1919. Nederland: Algemeen kiesrecht voor vrouwen ingevoerd.

Wetenschap

25-6. Duitsland: Het eerste verkeersvliegtuig dat geheel van metaal is, volbrengt de eerste proefvlucht.

2/13-7. Groot-Brittannië/VS: Het Britse luchtschip R 34 steekt in beide richtingen de Atlantische Oceaan over.

9-8. Duitsland: Er komt een regelmatige verbinding met luchtschepen tussen Berlijn en Friedrichshaven.

21-9. Frankrijk/Turkije: De Orient Express tussen Parijs en Istanboel hervat de dienst.

18-10. Spanje: In Madrid wordt de metro in bedrijf gesteld.

30-10. Groot-Brittannië: In Cambridge slaagt Ernest Rutherford erin om kunstmatig een atoomkern te splitsen.

16-11. Duitsland: Hans Bredow demonstreert in Berlijn een buizenzender voor spraak en muziek.

1919. Frankrijk: Als eerste Europese autofabriek neemt Citroën de lopende band in gebruik.

1919. Nederland: Albert Plesman richt de KLM op, de oudste nog bestaande luchtvaartmaatschappij onder eigen naam.

1919. Spanje: Juan de la Cierva ontwikkelt de autogiro, de voorloper van de huidige helikopter.

1919. VS: De raketpionier Robert H. Goddard ontdekt 'een methode voor het bereiken van extreem grote hoogten': het principe van de vloeibare-brandstofraket.

Robert H. Goddard.

Cultuur

21-3. Duitsland: In Weimar richt de architect Walter Gropius het Bauhaus op. Deze school voor vormgeving heeft grote invloed op het 20e-eeuwse design.

Walter Gropius.

17-4. VS: Charlie Chaplin, Douglas Fairbanks, Mary Pickford en David Wark Griffith stichten de filmmaatschappij United Artists.

7-6. Duitsland: De Frankfurter Vereinigung für Neue Kunst organiseert de eerste grote Max-Beckmanntentoonstelling.

22-7. Groot-Brittannië: In Londen wordt het ballet *El sombrero de tres picos* van Manuel de Falla voor het eerst uitgevoerd. Decors en kostuums zijn ontworpen door Pablo Picasso.

18-9. Duitsland: In Berlijn worden de UFA-studio's geopend met de première van de speelfilm *Madame Dubarry* van Ernst Lubitsch. De studio's zijn tot hun opheffing in 1945 de grootste van Europa, ook Nederlandse acteurs als Tilly Bouwmeester en Johan Heesters zullen er werken.

10-10. Oostenrijk: De opera *Die Frau ohne Schatten* van Richard Strauss gaat in première in Wenen.

28-11. Duitsland: In Berlijn opent Max Reinhardt het door Hans Poelzig gebouwde Grosse Schauspielhaus met de *Oresteia* van Aeschylus.

1919. Frankrijk: Erik Satie componeert het symfonische drama *Socrates* en het pianowerk *Nocturnes*.

Sport

4-7. VS: Jack Dempsey wint het gevecht om de wereldtitel boksen zwaargewicht door een technische knock-out tegen titelverdediger Jess Willard.

Jack Dempsey.

14-7. Frankrijk: De Belgische wielrenner Firmin Lambot beslist de eerste naoorlogse Tour de France in zijn voordeel.

17-7. Groot-Brittannië: Op Wimbledon wint de Française Suzanne Lenglen de finale damesenkelspel van de zevenvoudige winnares Dorothea Lambert-Chambers. In het herenenkelspel wint Gerald L. Patterson uit Australië.

17-8. Duitsland: Erna Murray zwemt een nieuw wereldrecord op de 100 m schoolslag met een tijd van 1.33,2 minuten.

17-8. VS: In Indianapolis vestigt Gertrud Ederle een wereldrecord op de 800 m vrije slag met een tijd van 13.19,2 minuten.

7-10. Duitsland: Bij paardenrennen worden bij de finish voor het eerste controlecamera's gebruikt.

23-11. Italië: De Fransman André Boillot wint met een Peugeot de Targa Florio op Sicilië.

Het Mexicaanse volk brengt zijn dictator ten val

Dictator Porfirio Diaz regeerde al onafgebroken sinds 1876. Nadat hij op 27 juni 1910 zijn herverkiezing erdoor had gedrukt, kwam het in het hele land tot aan burgeroorlog grenzende onlusten.

Pancho Villa, de charismatische leider van de Mexicaanse revolutionaire beweging.

Tijdens zijn bewindsperiode had Diaz Mexico zowel voor het Amerikaanse als het Britse kapitaal opengesteld, en daarmee voor een economische opleving gezorgd. Toch stuitte zijn onbegrensde, dictatoriale macht op groeiend verzet. Een jaar nadat hij in 1910 met bedrog was herkozen, werd hij ten val gebracht. Aan zijn val gingen bloedige straatgevechten tussen soldaten en tegenstanders van het regime vooraf. Slechts met moeite slaagde Diaz erin om naar Spanje te vluchten: de trein met de ex-president erin werd onderweg overvallen door rebellen. Mexico zakte weg in de chaos van een burgeroorlog.

Ontmoeting van de revolutionaire leiders met Emiliano Zapata (zittend in het midden).

Leider van de Mexicaanse revolutie was Francisco Indalecio Madero, die uit een familie van grootgrondbezitters stamde.
Hij behoorde tot de gematigde liberalen. Hij steunde het bestaande economische systeem, maar zette zich wel in voor een verandering in de politieke en sociale verhoudingen.
De revolutionaire beweging werd in brede lagen van de bevolking gedragen. Organisaties van boeren en partizanen steunden de strijd tegen de regering. Als aanvoerders dienden Francisco 'Pancho' Villa, met zijn gevreesde Division del Norte, en Emiliano Zapata, voor wie de arme boeren uit het zuiden vochten.
Eveneens in 1911 volgde de verkiezing van Madero tot staatshoofd, die er voor korte tijd in slaagde de binnenlandse politieke toestand te kalmeren. In 1913 bracht een reactionaire groepering rond kolonel Felix Dáaz de president ten val en fusilleerde hem korte tijd later. Vanwege zijn afhankelijkheid van de Verenigde Staten werd het nieuw aangestelde staatshoofd, Victoriano Huerta, echter niet erkend door de revolutionairen onder Villa en Zapata.
In 1914 grepen de Verenigde Staten militair in de burgeroorlog in: op bevel van president Woodrow Wilson bezetten eenheden van de Amerikaanse marine de Mexicaanse havenstad Vera Cruz Llave. Huerta betoonde zich een patriot en eiste een onmiddellijke aftocht, terwijl hij dreigde met militaire vergeldingsacties. De daaropvolgende conferentie van Niagara

Falls, waarbij verscheidene Zuid-Amerikaanse staten bemiddelden, leverde de Mexicaanse president een nederlaag op. Het bleef het doel van de opstandelingen om het heersende regime ten gunste van meer democratische verhoudingen op de knieën te dwingen. In augustus 1914 marcheerde de rebellenleider Venustiano Carranza, een voormalige senator en minister van Oorlog, met zijn revolutionaire troepen Mexico City binnen. Nadat hij de macht had overgenomen, kwamen de tegenstellingen tussen de revolutionairen voor de dag en leidden tot een openlijk conflict. Nieuwe onrust was het gevolg, waarbij verscheidene keren een president werd geproclameerd. Carranza hield de overhand en werd in 1915 internationaal als staatshoofd van Mexico erkend. Twee jaar later kondigde hij een burgerlijk-democratische grondwet af, die in grote trekken vandaag de dag nog van kracht is. Deze maakte weliswaar formeel een eind aan de burgeroorlog, maar stuitte bij de aanhangers van Villa en Zapata op afwijzing. De gevechten gingen door tot in de jaren twintig.

1910

Hoogtepunten uit de geschiedenis van Mexico in de 20e eeuw

1919

Moord op Zapata
Regeringstroepen vermoordden de Mexicaanse revolutionaire held Emiliano Zapata. Deze revolutionair was in het zuiden van het land de leider van de boeren in de strijd tegen de grootgrondbezitters en zette zich in voor een landhervorming ten gunste van de kleine boeren. Opstandige boeren uit de jaren negentig zouden teruggrijpen op Zapata's roem.

Revolutionaire Zapatista's in de strijd.

1928

PRI aan de macht
De 'Partij van de Geïnstitutionaliseerde Revolutie' wordt opgericht. Ze ontleent haar legitimiteit aan de revolutie en de grondwet van 1917. De PRI omvat alle belangrijke groeperingen van het land en benoemt tot 1989 iedereen die politieke beslissingen neemt.

1928

Oliemaatschappijen onteigend
President Lázaro Cárdenas onteigent de buitenlandse oliemaatschappijen. Hij stelt de 17 Amerikaanse en Britse ondernemingen die in Mexico actief zijn, een schadeloosstelling binnen tien jaar in het vooruitzicht.

1968

Olympische Spelen in Mexico
Voor het eerst vinden er in een Latijns-Amerikaans land Olympische Spelen plaats. De bouw van representatieve sportarena's lokt in het ontwikkelingsland Mexico en in het buitenland felle protesten uit.

Vernielingen na de aardbeving van 1985.

1985

Aardbeving in Mexico City
Een zware aardbeving met een kracht van 8,1 op de schaal van Richter, alsmede hevige naschokken, eisen volgens schattingen van internationale hulporganisaties ongeveer 500 doden. Vooral Mexico City is door de bevingen getroffen.

1994

Opstand van de 'Zapatisten'
De indiaanse guerrillabeweging Nationaal Zapatistisch Bevrijdingsleger (EZLN), die vecht voor de rechten van de 12 miljoen Mexicanen van autochtone afkomst, bezet enkele steden in de Zuidoost-Mexicaanse staat Chiapas. Ettelijke honderden mensen komen bij de gevechten met regeringstroepen om het leven, voordat de beide partijen instemmen met een wapenstilstand.

Persconferentie van de indiaanse guerrillabeweging EZLN, 1994.

Het uitroepen van de republiek brengt Portugal geen rust

Na de moord op Karel I (1908) kon Emanuel II het einde van de monarchie (1910) niet voorkomen. De republiek was echter net zo onstabiel als het oude regime. Van 1911 tot 1926 waren er 20 revoluties en staatsgrepen, 8 presidenten en 44 regeringen.

De strijd tussen de radicale, gematigde en conservatieve krachten om de vorming van een republiek smeulde in Portugal al sinds het begin van de 19e eeuw. De koningsmoord op Karel I had in 1908 geen verontwaardiging teweeggebracht. Integendeel: onder invloed van revolutionaire doctrines zagen velen in de aanslag een legitiem middel om veranderingen te bereiken. De republikeinen gebruikten de moord, uitgevoerd door leden van een geheim radicaal-democratisch genootschap, voor hun eigen populistische doelen. Ze richtten een steunfonds op voor de nabestaanden van degenen die de aanslag gepleegd hadden en maakten de moordenaars tot martelaren.

Koning Karel I, die in 1907 het Portugese parlement ontbindt en minister-president João Franco dictatoriale volmachten verleent.

Onder Emanuel II telde het land in twee jaar acht regeringen – geen teken van grote stabiliteit. Ook de strijdmacht stond niet meer als één man achter de koning. De revolutie verliep echter totaal anders dan gepland. Gesteund door hun verkiezingszege in augustus 1910, wilden de republikeinen de revolutie tegelijkertijd bij verschillende regimenten laten uitbreken op 20 november. De admiraal Candido dos Reis moest het commando van de marine-eskaders overnemen en de politicus Miguel Bombarda de burgermilities leiden.

Toen Bombarda echter op 3 oktober doodgeschoten werd, verspreidde zich het gerucht dat de revolutie al eerder zou uitbreken. Daarop gaven de oorlogsschepen bij het ochtendgloren het afgesproken teken, dat echter niet werd opgemerkt. Na misverstanden tussen de revolutionairen pleegde admiraal Candido dos Reis zelfmoord, omdat hij dacht dat de revolutie mislukt was. Toen de schepen het paleis toch nog beschoten, gaf Emanuel II zonder verzet de strijd op. De inwoners van Lissabon verbroederden zich met de soldaten. Met de kreet 'Leve de republiek!' trokken de massa's naar het stadhuis. De opstandelingen riepen de republiek uit en de 20-jarige koning verliet heimelijk het land.

De toestand in Portugal was vooralsnog rustig. Plunderingen en overvallen bleven uit. 'Orde en arbeid' was het parool dat de voorlopige regering had afgekondigd. De literatuurprofessor Teófilo Fernandes Braga, een idealistische theoreticus en voorvechter van de republiek, werd gekozen als premier van een overgangsregering.

In de wens van een nieuw bestel voorzag de burgerlijke regering met een nieuwe grondwet en een reeks wetten. Ze schafte de adel en de daardoor benoemde

De Portugese koning Emanuel II, tweede zoon en opvolger van Karel I.

Eerste Kamer van het parlement af en gaf de scheiding van kerk en staat een stevige grondslag. De macht van de kerk werd ingeperkt. Andere wetten gaven arbeiders het recht op staking.

De hervormingen leidden er echter toe dat er een krachtige oppositie van rechts georiënteerde, monarchistische groeperingen ontstond. Bovendien voedden de volslagen bankroete staatsfinanciën en de economische afhankelijkheid van Groot-Brittannië de onrust. Een lange reeks stakingen legde het openbare leven lam. Daarbij kwam nog de aanhoudende partijstrijd.

De verkiezingen voor een president van de republiek deden al een onverzoenlijke rivaliteit oplaaien, maar ook binnen de republikeinse partij woedde de strijd om de macht. Weliswaar verbeterde de nieuwe republiek het onderwijs en introduceerde ze sociale verzekeringen en bescherming voor minderjarigen, maar voortdurend wisselende regeringen, vriendjespolitiek, schandalen en intriges bleven nog steeds aan de orde van de dag.

Hoogtepunten uit de geschiedenis van Portugal tot 1932

1 februari 1908
Moord op Karel I
Karel I en zijn troonopvolger Lodewijk Philips worden midden op straat door leden van een radicaal-democratische geheime organisatie neergeschoten. Het is de eerste koningsmoord in de Portugese geschiedenis. Emanuel II, de tweede zoon van Karel I, neemt het bewind over. De decennia voorafgaand aan de moord kenmerken zich door financiële crises en politieke instabiliteit van de constitutionele monarchie.

5 oktober 1910
Republiek
Na de opstand van 4 oktober wordt de republiek uitgeroepen. Emanuel II vlucht naar Gibraltar; daarmee komt een einde aan de sinds 1640 regerende dynastie Bragança. De literatuurprofessor Teófilo Fernandes Braga neemt de functie van premier over en wordt later president. De revolutie brengt echter geen stabiliteit.

Republikeinse troepen beschermen het koninklijk paleis.

9 maart 1916
Deelname aan de oorlog
Ter bescherming van zijn overzeese gebiedsdelen neemt Portugal, op aandringen van Groot-Brittannië, deel aan de Eerste Wereldoorlog. De beslissing valt onder minister-president Alfonso da Costa, die enkele regelmatig wisselende regeringen leidt. De kosten van de oorlog brengt de al aangeslagen economie van het land nog meer schade toe.

Gevechten tijdens de Portugese revolutie.

28 mei 1926
Nieuwe staatsgreep
Het onvermogen van de republikeinen om een stabiele regering te vormen, leidt tot een nieuwe coup door het leger. Generaal Manuel Gomes da Costa schaft de grondwet af en stelt een autoritair regime in. Het voornaamste probleem blijft het saneren van de staatsfinanciën.

5 juli 1932
Salazar aan het bewind
Minister van Financiën António de Oliveira Salazar wordt minister-president en bouwt een éénpartijdictatuur op. De belangrijkste doelen van de leider van de União Nacional zijn het saneren van de economie en het versterken van de buitenlandse politiek. In Salazars consequent autoritaire Estado Novo ('Nieuwe Staat') krijgt iedere klasse en groep een duidelijke plaats in de samenleving toegewezen.

António de Oliveira Salazar.

Het keizerrijk Japan annexeert Korea

Tientallen jaren vocht Japan om de hegemonie in Korea, en tegen de invloed van Rusland en China. Het dynamische eilandenrijk boekte militaire overwinningen op beide rivalen en legde daarmee de grondslag voor de annexatie van Korea in 1910.

Met de overwinning op Rusland in de oorlog van 1904-1905 kreeg Japan nieuwe betekenis. Tokio maakte vérreikende aanspraken op de macht in Korea, die werden gehonoreerd door de sterkste wereldmachten: in de zomer van 1905 erkenden de Verenigde Staten en Groot-Brittannië de Japanse hegemonie over Korea. Daarmee kreeg Tokio de vrije hand om het Koreaanse schiereiland niet alleen als rijstschuur en leverancier van bodemschatten uit te buiten, maar ook om het staatkundig in te lijven.

Blik op de Koreaanse hoofdstad Seoel aan het begin van de 20e eeuw.

Als directe aanleiding voor de machtsuitbreiding gebruikte Japan de moord op de vroegere minister-president en Japanse gouverneur-generaal van Korea, Ito Hirobumi. Die werd in oktober 1909 tijdens een treinrit naar Rusland in Harbin gedood door de Koreaan An Tsjoenggoen. Daarop besloot de regering in Tokio om de annexatie van Korea uit te voeren op 22 augustus 1910. De in het land gelegerde Japanse troepen rukten op in alle regio's en bezetten de hoofdstad Seoel.

Japanse soldaten in de Koreaanse hoofdstad Seoel.

Korea, dat zich tot dat moment Hangoek noemde, kreeg de vroegere naam Chosen ('Land van de Morgenstilte') terug. Tokio bouwde snel een efficiënt bestuurssysteem in de nieuwe kolonie op. De functie van gouverneur-generaal werd aangepast en steeds door generaals of admiraals vervuld. De gouverneur-generaal stond niet onder het gezag van de regering in Tokio, maar direct onder de tenno, de keizer. Omdat de gouverneur-generaal het opperbevel van de Japanse troepen in Korea alsmede van alle politietroepen had, trad hij op als pure militaire heerser.

Al in september 1875 waren Japanse oorlogsschepen doorgedrongen in de Koreaanse wateren – de voorspelbare beschieting door de Koreanen gebruikte Japan als aanleiding om het land binnen te vallen. Korea moest toestemmen in het Japans-Koreaans vriendschapsverdrag van 26 februari 1876 – een verdrag dat louter de onderwerping van Korea betekende, want het gaf Japan extraterritoriale rechten. De drie in het verdrag genoemde havens Poesan, Wonsan en Chemoelpo (tegenwoordig Intsjon) werden opengesteld voor de handel en Japanse goederen werden vrijgesteld van invoerheffingen.

Voortaan zag Japan Korea als een vast onderdeel van de eigen belangensfeer, dat het zich niet meer zou laten ontnemen. De betekenis van het schiereiland als leverancier van goud en rijst was daarvoor te groot. Toen Japan in 1889 na de eerste van een serie misoogsten gedwongen was om veel rijst te importeren, verboden de gouverneurs de export uit de Koreaanse rijstgebieden, omdat ook Korea een misoogst had gehad. Slechts door dreigementen kon Japan bewerkstelligen dat de graanleveranties doorgingen.

In Korea groeide het verzet tegen het plunderen van de bodemschatten. In het licht van deze problemen vatte in Tokio de opvatting post dat men onafgebroken leveranties uit Korea alleen kon waarborgen met annexatie. Dus werd Korea in november 1905 tot protectoraat verklaard, het laatste voorstadium van annexatie.

Met de annexatie in 1910 vestigde Japan zich definitief als Oost-Aziatische koloniale macht. Zijn koloniën overtroffen het oppervlak van het moederland met meer dan driekwart, en daarbij kwam nog de helft van Mantsjoerije – even groot als Japan.

Japanse bezetting van Korea tot 1945

1912

Bodeminspectie

Door de zogenaamde 'Bodeminspectie' eigent Japan zich tot 1918 meer dan de helft van het Koreaanse grondgebied toe. Terwijl de rijstrantsoenen voor de inheemse bevolking slinken, wordt de export van Koreaanse rijst naar Japan verhoogd.

1 maart 1919

Volksopstand

Na het uitroepen van de onafhankelijkheid begint een volksopstand. Drie maanden hebben de Japanse troepen nodig om de opstand neer te slaan – 8000 Koreanen komen om. Enkele opstandelingen voeren vanaf die tijd een guerrilla. In Sjanghai stichten vluchtelingen de voorlopige regering van de Republiek Korea onder Syngman Rhee, die tot 1941 in functie is.

Japanse troepen landen in Korea.

1919

Gelijkschakeling

Japan begint de politiek van de gelijkschakeling, die echter niet tot een versoepeling van de bezetting leidt. In het kader van deze politiek wordt in Korea de landstaal verboden en het Japans ingevoerd als officiële taal.

Executie van Koreaanse opstandelingen.

september 1923

Massamoord

Na een aardbeving in Tokio en Yokohama (143.000 doden) worden geruchten verspreid dat de in het land woonachtige Koreanen bronnen vergiftigd hebben, om zoveel mogelijk Japanners te doden. Met deelname van soldaten, politieagenten en volksmilities begaan de Japanners dan een massamoord, waarvan 7000 Koreanen het slachtoffer worden.

30 oktober 1929

Nieuwe opstanden

Opnieuw ontstaat er in Korea een volksbeweging tegen de Japanners, waaraan ook arbeiders en pachtboeren meedoen. In oktober 1929 komt het tot een volksopstand.

15 augustus 1945

Einde van de bezetting

Na de capitulatie van Japan in de Tweede Wereldoorlog bezetten Russische troepen Korea ten noorden en Amerikaanse troepen ten zuiden van de 38e breedtegraad. De deling leidt tot de stichting van de Volksrepubliek Korea in het noorden en de Republiek Korea in het zuiden.

Onderhandelingen over het eind van de Japanse heerschappij in Korea.

Futurisme en de moderne wereld

In februari 1910 werd in Turijn het 'Manifest van de Futuristische Schilderkunst' gepubliceerd. Dit keerde zich tegen de stijlvormen van het verleden en koesterde hoge verwachtingen van de kracht, de dynamiek en het tempo van de moderne tijd.

Het uitgangspunt van het futurisme was de publicatie van het 'Futuristisch Manifest' door Filippo Marinetti, dat op 20 februari 1909 op de voorpagina van de Parijse krant *Le Figaro* verscheen. Marinetti eiste een nieuwe kunst en een breuk met alle stijl- en denkvormen van het verleden.

Filippo Tommaso Marinetti, woordvoerder van de futuristische beweging.

Het schilderij *Raceauto* (1913) van Giacomo Balla stelt – helemaal in de geest van het futurisme – de beweging en de dynamiek van een raceauto voor.

Op dit eerste futuristische manifest volgden talrijke zogeheten 'Technische Manifesten', waarin Marinetti en zijn aanhangers het futurisme nader definieerden. Voor de literatuur deed Marinetti het voorstel van een 'Vrijheid van het woord', die afzag van leestekens, bijwoorden en bijvoeglijke naamwoorden en in plaats van voegwoorden wiskundige symbolen gebruikte.
De architect Antonio Sant'Elia ontwierp voor nieuwe stedelijke woonwijken gecompliceerde gebouwen van beton, staal en glas. Deze waren een weerspiegeling van de futuristische visioenen van de stad zoals die vooral in Amerikaanse steden uit het midden van de 20e eeuw werkelijkheid zouden worden.
Futuristische muziek maakten Francesco Balilla Pratella en Luigi Russolo. Russolo vond instrumenten uit waarop hij de geluiden van het moderne leefmilieu weergaf; zijn met jammerklachten gevulde, 'bruitistische' (van het Franse *bruit,* 'lawaai') concerten stuitten op al even luidruchtig gefluit en boegeroep vanuit de toeschouwersrijen. Het filmmanifest was afkomstig van Anton Giulio Bragaglia. Ook over de politiek liet het futurisme van zich horen: er was een 'Manifest over de Futuristische Vrouw' en een 'Futuristisch Politiek Programma'.
Hun duidelijkste expressie kregen de denkbeelden van Marinetti echter in de beeldende kunst, waar ze ook het meest een blijvende indruk achterlieten. In 1910 publiceerden Giacomo Balla, Umberto Boccioni, Carlo Carrà en Russolo twee manifesten voor de futuristische schilderkunst. Hun tentoonstellingen in Milaan (april 1911), Parijs (februari 1912) en Rome (februari en april 1914) vonden een uitbundige weerklank.
Bijzonder veel opzien baarde in 1912 het

schilderij *Dynamiek van een aangelijnde hond* van Balla, waarin hij probeerde verschillende bewegingsfasen tegelijkertijd vast te leggen. In zijn schilderij *Meisje lopend op een balkon* (1912), lost hij de ledematen op in een kleurig ritme dat is opgebouwd uit over elkaar aangebrachte vlekken. Daarbij koos hij bewust voor transparante kleuren, zodat een versmelting van figuur en omgeving ontstond. Dit beantwoordde aan de futuristische eis van 'een synthese van tijd, plaats, vorm, kleur en tint'. Dezelfde stijlmiddelen typeren ook het beroemde schilderij *Het straatlawaai dringt door in het huis* van Boccioni (1912).

In zijn manifest van 1909 had Marinetti de futuristen tien jaar de tijd gegeven om hun programma te verwezenlijken, voordat ze op hun beurt door jongere kunstenaars verdrongen zouden worden. Na nauwelijks zes jaar was de beweging echter al over haar hoogtepunt heen. De invloed van het futurisme op de moderne kunst bleef echter nog lang aanwezig. Marinetti werd in de jaren twintig een van de steunpilaren van het fascistisch regime, waarin futuristische begrippen als 'dynamiek', 'snelheid' en 'gevaar' een centrale rol speelden.

Belangrijke futuristen

1871-1958
Giacomo Balla
Deze medeoprichter van het futurisme houdt zich in zijn werken bezig met de simultane weergave van bewegingsprocessen. Zo houdt hij zich in zijn werk onder meer bezig met de snelheid van auto's en de vlucht van zwaluwen. In 1915 stelt Balla samen met Fortunato Depero het manifest 'Futuristische Reconstructie van het Universum' op; daarna ontstaan zogeheten plastische complexen, bewegende constructies van draad, karton en papier.

Giacomo Balla: *Abstracte snelheid en geluiden* (1913-1914, detail).

1881-1966
Carlo Carrà
Carrà, een van de ondertekenaars van het 'Manifest van de Futuristische Schilderkunst', ontwikkelt zich omstreeks 1917 tot de belangrijkste vertegenwoordiger van de zogeheten 'pittura metafisica' (metafysische schilderkunst). De kunstenaars van deze richting, waartoe ook Giorgio de Chirico behoort, willen met hun schilderkunst 'achter de dingen' kijken en de schoonheid van de materie tonen. De magisch-cryptische werken van Carrà tonen geïsoleerde objecten en gezichtloze figuren, dikwijls ledenpoppen.

Carlo Carrà: *Begrafenis van de anarchist Galli* (1911, detail).

1882-1916
Umberto Boccioni
Boccioni geldt naast Marinetti als een belangrijke theoreticus van het futurisme. Door het opdelen van zijn schilderijen in kleur- en vormsegmenten en door het gebruik van elkaar overlappende contouren verwezenlijkt deze Italiaan een nieuwe stijl. In 1912 publiceert Boccioni het 'Manifest van de Futuristische Sculptuur'. Bij zijn sculpturen werkt hij met de confrontatie van vlakken en lijnen en bewerkstelligt daarmee een indruk van beweging.

Umberto Boccioni: *Straatlawaai dringt door in het huis* (1912, detail).

1893-1930
Vladimir Majakovski
Deze Russische lyricus en dramaturg sluit zich in 1911 aan bij de kubo-futuristen, die de spreektaal propageren als artistieke uitdrukkingswijze. Zijn eerste werken publiceert hij in de bundel *Een oorvijg voor de publieke smaak* (1912), de almanak van de futuristen. Na de oktoberrevolutie van 1917 stelt Majakovski zijn werk in dienst van het communisme.

Vladimir Majakovski.

De vuurvogel van Igor Strawinsky – een meesterwerk in de balletkunst

De première van Igor Strawinsky's ballet *De vuurvogel* op 25 juni 1910 in Parijs zette voor de 28-jarige componist de deur naar de westerse wereld open. Het ballet werd enthousiast ontvangen en vormde het begin van de samenwerking tussen Strawinsky en de 'Ballets Russes' van Sergej Diaghilev.

Een jaar eerder, op 19 mei 1909, had het door Sergej Diaghilev geformeerde 'Russische Ballet' in Parijs zijn eerste optreden gegeven en het publiek tot razend enthousiasme gebracht. Voor het seizoen 1910 programmeerde Diaghilev *De vuurvogel* van de solodanser en choreograaf Michail Fokine – echter met muziek van de Russische componist Anatol Ljadov. Deze stelde het schrijven van de muziek steeds weer uit, totdat Diaghilev ten slotte in de herfst van 1909 de opdracht voor de compositie aan de jonge Strawinsky gaf. Deze was hem in 1908 al opgevallen door zijn orkestrale werk *Feu d'Artifice*.

Op dit schilderij van Jacques Emile Blanche (tot stand gekomen 1914-1919) is Tamara Karsavina te zien, die de titelrol danst in de Parijse uitvoering van Strawinsky's *De vuurvogel*.

Strawinsky stemde toe, want hij was bijzonder enthousiast over de jonge, progressieve balletkunstenaars rond Diaghilev en in het algemeen het hoge niveau van het Russische ballet. Werd balletmuziek tot dusverre alleen beschouwd als een examenstuk voor aankomende componisten, Strawinsky besloot in dit genre iets heel nieuws op het podium te brengen. Hij ontwierp de muziek in samenwerking met het ensemble, dat iedere bladzijde van de partituur in zijn aanwezigheid vertaalde in beweging.

De choreograaf Fokine had in het libretto van *De vuurvogel* twee Russische sagen versmolten. De onsterfelijke Kasjtsjei symboliseerde het kwaad, en het sprookjeswezen de vuurvogel de machten van het goede, die Ivan Tjsarevitsj helpen in de strijd tegen het kwaad.

Het ballet had Strawinsky in zijn ban gekregen: 'Ik ben in het ballet geïnteresseerd en ik hou er meer van dan van wat dan ook,' onthulde hij aan een vriend. In Strawinsky's muzikale karakterisering is de Leitmotiv-techniek van Richard Wagner herkenbaar. Zo schreef Strawinsky voor de slechte en de goede machten contrasterende harmonieën en motieven. Zijn rijke partituur verenigde lyriek uit de kamermuziek en laat-romantische klankvlakken met luidruchtige opeenstapelingen van klanken en met de typische mechanische ritmes die in 1913 het handschrift van het ballet *Le Sacre du Printemps* zouden bepalen. De aan de Fransen zo goed bekende impressionistische kleuren kwamen daar nog bij. Ook de onuitputtelijke rijkdom van de Slavische volksmuziek drong in het ballet door: Strawinsky nam in zijn partituur zonder noemenswaardige veranderingen twee liederen over uit de verzameling *100 Russische volksliederen* van zijn leermeester Rimski-Korsakov.

Igor Strawinsky emigreerde in 1939 uit zijn Russische vaderland naar de Verenigde Staten.

De première in de Parijse Opéra werd een groot succes. Tamara Karsavina danste de rol van de vuurvogel. De Russische schilder Alexander Golovin had de decors gemaakt, die het Russische thema optimaal ondersteunden en voor het publiek des te fascinerender maakten. *De vuurvogel* legde de grondslag voor de roem van Strawinsky; de orkestsuite van de balletmuziek werd al spoedig enthousiast onthaald in Londen, Berlijn, Wenen en Boedapest.

In 1929 nam Strawinsky een becommentarieerde *Vuurvogel*-versie op voor een Welte-Mignon-rollenklavier, een systeem dat pianomuziek vastlegt op een soort ponsband met behoud – anders dan bij een pianola – van dynamiek en tempo. Op twee rollen bevinden zich zowel het commentaar van Strawinsky op zijn werk als aanwijzingen bij de choreografie, ragfijn neergepend door Vaclav Nijinski.

Ook aan het eind van de 20e eeuw behoort *De vuurvogel* – een van de eerste werken van Strawinsky – nog altijd bij de hoogtepunten van het moderne repertoire.

Internationale sterren van het Russische ballet

1880-1942

Michail Fokine

Deze danser en choreograaf werkt eerst bij het Marinskitheater in Sint-Petersburg en wordt in 1909 hoofdchoreograaf van de Ballets Russes van Sergej Diaghilev. Na de verhuizing van het gezelschap naar Parijs ontstaan zijn grote choreografieën voor de balletten van Igor Strawinsky en Maurice Ravel. Deze wegbereider van het moderne ballet maakt zich in 1914 los van Diaghilev. Hij streeft naar de artistieke eenheid van muziek, schilderkunst en beweging.

Michail Fokine.

1881-1931

Anna Pavlova

Deze danseres komt in 1899 bij het Petersburgse Marinskitheater, waar ze in 1906 prima ballerina wordt. In 1905 geeft ze in de choreografie van Michail Fokine gestalte aan de *Stervende zwaan*. Pavlova verbluft haar publiek door haar schijnbare gewichtloosheid. In 1908 werkt ze onder Sergej Diaghilev in Parijs. Korte tijd later maakt ze zich los van Diaghilev en treedt alleen nog met haar eigen gezelschap op.

Anna Pavlova.

1888-1950

Vaclav Nijinski

Deze leerling van Michail Fokine wordt in 1907 lid van het Marinski-theater in Sint-Petersburg, waar hij in de periode tot 1909 als partner van Anna Pavlova tot ster uitgroeit. Van 1903 tot 1913 is hij de solist van de Ballets Russes, waar hij zich bij het publiek de bijnaam 'grootste danser van de moderne tijd' verwerft. Hij danst de titelrol in *Petroesjka* (1911) en ontwerpt in 1913 choreografieën voor *Le Sacre du Printemps* van Strawinsky. In 1914 richt hij een eigen gezelschap op. Zijn creaties vormen een hoogtepunt in de moderne balletkunst.

Vaclav Nijinski.

1938-1993

Rudolf Nureyev

Deze Rus is vanaf 1958 lid van het Marinski-ballet in Leningrad. Hij verlaat de groep bij een gastoptreden in 1961 in Parijs, danst eerst in het ballet van de Marquis de Cuevas en vanaf 1962 in het Royal Ballet in Londen. Tegelijkertijd maakt hij ook naam als choreograaf. In 1983 keert hij terug naar Parijs. Zijn stijl berust op een vlekkeloze techniek, persoonlijke uitstraling en expressieve gebarentaal.

Rudolf Nureyev.

Sergej Diaghilev en de Ballets Russes in het Parijse Théâtre du Châtelet – vernieuwing en wedergeboorte van het danstheater

Na het eerste, overweldigende optreden van Russische dansers in 1909 in Parijs formeerde hun impresario Sergej Diaghilev het gezelschap 'Les Ballets Russes'. Meer dan twee decennia lang werden de gastoptredens van het ballet in de grote steden van Europa en Amerika geprezen als de absolute hoogtepunten van de moderne danskunst. Sergej Diaghilev, Vaclav Nijinski, Anna Pavlova – deze namen roepen vandaag de dag nog steeds fascinatie op.

'Sergej bezat de speurzin van een wichelroedeloper als het erom ging kunstenaars te ontdekken, en de buitengewone gave om bij hen het beste naar boven te halen. De danskunst in Europa was bezig aan haar laatste stuiptrekkingen en zat in de wurggreep van een academisch verstarde routine; van Diaghilev kreeg ze de zweepslag die haar als door een wonder weer deed ontwaken,' zo herinnerde zich de mooie Misia Sert, een van de rijkste vrouwen van Europa, over haar Russische vriend Sergej Diaghilev.

Diaghilev, geboortejaar 1872, de 'dompteur' en 'tovenaar', kwam uit de verre Russische provinciestad Perm naar Sint-Petersburg, de residentie van de tsaar, en raakte bevriend met jonge kunstenaars als Léon Bakst en Alexandre Benois, wiens familie al sinds generaties aan het hof van de tsaar verkeerde.

Na kunstreizen door Europa profileerde Diaghilev zich eerst als tentoonstellingsbouwer. Nadat hij sponsors gevonden had, stichtte hij 1898 het tijdschrift *Wereld van de kunst*. Het blad, dat een doorslaggevende rol speelde bij de introductie van de Jugendstil in Rusland, had al snel succes als het belangrijkste forum van contemporaine kunst in heel Rusland.

De as Sint-Petersburg-Parijs

Evenals twee eeuwen eerder, in de tijd van tsaar Peter de Grote, waren de ramen van Rusland weer naar het westen geopend. In samenwerking met West-Europese geldschieters en investeerders ontstonden in de achterlijke landbouwnatie industrieën en spoorwegen. Tegelijkertijd kreeg zowel in Sint-Petersburg als in Moskou het plan om het westen kennis te laten maken met de weinig of niet bekende Russische cultuur vaste vormen.

In 1906 organiseerde Diaghilev – gesteund door Bakst en Benois – in de herfstsalon van het Parijse Grand Palais een grote tentoonstelling van Russische kunst vanaf de Middeleeuwen tot aan de moderne tijd. In de jaren daarna bracht hij via de artistieke as tussen Parijs en Sint-Petersburg Russische muziek naar het westen, eerst concerten, toen een opvoering van de opera *Boris Godoenov* door Modest Moessorgski met zangers en dansers van het keizerlijke Marinski-theater. Weliswaar bleven veel plaatsen leeg, maar de Parijse partner van Diaghilev, de theatermanager Gabriel Astruc, liet blijken dat hij gefascineerd was door het balletintermezzo, de 'Polowetzer Dansen'. Hij slaagde erin een overeenkomst te bereiken over een gastoptreden van de sterren Michail Fokine, Vaclav Nijinski en Anna Pavlova. Geld speelde geen rol, want sponsors aan de Seine en de Neva maakten heropvoeringen uit het repertoire van het keizerlijke ballet en spectaculaire nieuwe producties mogelijk.

Sergej Diaghilev introduceerde met zijn ensceneringen een nieuw tijdperk voor het danstheater.

'Iets heel wonderbaarlijks'

Op 18 mei 1909 (volgens een andere bron een dag later) ging in het Parijse Théâtre du Châtelet het doek op voor de première van de Russische dansers. Hoofdnummers waren de balletten van Fokine, *Le Pavillon d'Armide* en *Les Sylphides,* en het door Bakst van een nieuw jasje voorziene ballet *Cleopatra* met de jonge Ida Rubinstein. Anna comtesse Mathieu de Noailles, dichteres en balletdeskundige, schreef: 'Ik was me er meteen van bewust dat er iets heel wonderbaarlijks gebeurde, dat ik een absoluut unieke gebeurtenis meemaakte. Alles wat de fantasie kon imponeren, verrukken en boeien, scheen op het podium verenigd te zijn.'

Voor de ogen en oren van de Châtelet-bezoekers voltrok zich de vernieuwing en wedergeboorte van een van de oudste kunsten van de mensheid, een kunst die na decennia van routineus formalisme uit haar verstarring gewekt werd en nu, in het samenspel van de Russische dansers met de muziek, de kleuren en beelden haar oorspronkelijke vitaliteit en kracht teruggaf. Vooral de pas 20 jaar geworden Nijinski, die voor het eerst in West-Europa optrad, sleepte het publiek mee.

Nijinski, het genie

Haast ongelooflijke capaciteiten werden aan Nijinski toegeschreven: 'Zijn elevatie, zijn vaardigheid om in de lucht te springen, was ongehoord. Er was geen sprake van gehaastheid of de indruk dat hij zich voorbereidde op de sprong: hij sprong omhoog of naar voren zonder krachtsinspanning, zo licht als een opvliegende vogel,' zo formuleerde de recensent Cyril W. Beaumont het. En de balletrecensente Julie Sazonova schreef: 'De samenwerking van Diaghilev en Nijinski werd een van de meest geslaagde in de geschiedenis van het theater.' Voordien waren alleen individuele dansers uitgebroken uit het uitgekauwde repertoire van de klassieke dans 'sur les pointes' en hadden – zoals de Amerikaanse Isidora Duncan – 'expressie-dans' ten tonele gevoerd.

In 1910 bracht Diaghilev een tweede balletopvoering naar Parijs. Het belangrijkste stuk van het programma vormde deze keer het ballet *Sheherazade* van Fokine, op muziek van Nikolai Rimski-Korsakov. Met de decors van Bakst en Nijinski's dans als zwarte slaaf leidde *Sheherazade* tot ongekend enthousiasme en groeide het stuk uit tot het grootste succes van de Ballets Russes.

Een nieuw begin in Monte Carlo

Diaghilev waagde de stap naar de oprichting van een eigen gezelschap. Nijinski en andere dansers verbraken hun contract met het Ma-

In 1909 maakte de schilder Alexej von Javlensky het *Portret van de danser A. Sacharov,* in dat jaar een van de sterren van de Ballets Russes in Parijs.

rinski-theater in Sint-Petersburg, wat een schandaal teweegbracht. Vanaf het voorjaar van 1911 werd er in Monte Carlo gerepeteerd. Diaghilev had het El Dorado van de beau monde als de officiële residentie van de groep gekozen. Dankzij Misia Sert, die haar vriend sinds de opvoering van *Boris Godoenov* jonge Franse kunstenaars aanbeval, kreeg hij snel versterking voor de podiumtaferelen en de muzikale vormgeving: Georges Auric, Jean Cocteau, Pablo Picasso, Francis Poulenc, Erik Satie en vele anderen. De eerste première in het nieuwe seizoen van 1911 was *Le spectre de la rose,* op basis van Carl Maria von Webers *Aufforderung zum Tanz* van een choreografie voorzien en voor Nijinski geconcipieerd. Naast het moderne ballet ruimde Diaghilev binnen het programma ook plaats in voor het klassieke ballet. In Londen danste Nijinski met Pavlova *Giselle* en met Kstsjessinskaja het beroemde *Zwanenmeer.*

Men heeft steeds weer gediscussieerd over de vraag hoeveel aandeel de leidende figuren in het team van Diaghilev hadden bij de details van nieuwe producties. Zeker is dat Bakst het toneelbeeld en de kostuums ontwierp voor de balletten van het jaar 1912: *De blauwe god, Thamar,* en *Daphnis et Chloë.* Maar of Nijinski, die door Diaghilev niet alleen uit artistieke overwegingen maar ook uit genegenheid naar de eerste plaats werd geschoven, werkelijk naar de muziek van Claude Debussy de choreografie van *L'Après-midi d'un faune* maakte, blijft te betwijfelen.

De Parijse première van de *Faune* leidde tot grote verdeeldheid onder het publiek en de recensenten. Auguste Rodin meende: 'In geen enkele rol is Nijinski zo heerlijk en wonderbaarlijk. Noch sprong, noch vlucht – alleen de houding en de gebaren van een dierlijk, halfbewust schepsel. (...) De harmonie van mimiek en lichaam is volkomen.' Anderen, zoals de criticus van *Le Figaro,* zagen obsceniteiten: 'Degenen die bij dit ballet van kunst en poëzie spreken, proberen ons voor de gek te houden. (...) We hebben slechts een onkuise, platvloerse faun gezien met intens-erotische en schaamteloze gebaren.'

Schandaal, crisis, waanzin

Schandalen op het podium konden de reputatie van de Ballets Russes niet wezenlijk schaden. Toen in 1913 in het pas geopende Théâtre des Champs-Elysées *Le Sacre du Printemps* van Strawinsky voor het eerst werd opgevoerd, hoorde men door het tumult van het publiek de muziek niet meer, zoals Gertrude Stein vertelde; toch boekte de groep een triomf. Artistieke verliezen leed het ballet alleen door de autocratische stijl van de man die de groep had samengebracht. Zo was Diaghilev traag met het uitbetalen van de honoraria of betaalde hele maal niet. Bakst had talloze keren ruzie met hem over geld. Hoofdchoreograaf Fokine dreigde uit het raam te springen als hij niet eindelijk zijn loon kreeg, maar verliet de groep toen door de deur. Toen Nijinski tijdens de Zuid-Amerikaanse tournee in de winter van 1913 met de Hongaarse Romola Pulska trouwde, was dat voor Diaghilev en diens homo-erotische binding aan de geniale danser een catastrofe die hij met een woede-uitbarsting en ontslag beantwoordde.

Ook van Bakst scheidde Diaghilev zich. In het anderhalve decennium die hem nog resteerde, veranderde hij de Ballets Russes totaal en steunde vooral op Franse componisten en beeldende kunstenaars, zoals Georges Braque, André Derain, Maurice Ravel en Georges Rouault. Ook de Duitsers Max Ernst en Richard Strauss, en de Spaanse schilder en beeldhouwer Joan Miró wist Diaghilev tot samenwerking te bewegen. Van 1914 tot 1928 was Léonide Massine solist en choreograaf. In de jaren twintig bleven de Ballets Russes van Diaghilev gevierd als beroemd gezelschap. Hun einde kwam met de dood van Diaghilev, die in 1929 stierf in een hotelkamer op het Lido van Venetië. Nijinski leefde nog tot 1950, maar was vanaf 1919 geestelijk in de war.

Michael Neumann-Adrian

Affiche van Léon Bakst voor de enscenering van *L'Après-midi d'un faune* met Nijinski.

Tolstoi – dichter en moralist

Met Lev (Leo) Tolstoi stierf in 1910 degene die naast Fjodor M. Dostojevski de belangrijkste 19e-eeuwse Russische romanschrijver was. De schrijver van *Oorlog en vrede* en *Anna Karenina* geldt in zijn land als een moralistisch instituut.

Het leven van Tolstoi kreeg een tragisch einde. Na ruzies met zijn vrouw verliet de 82-jarige op 28 oktober 1910 zijn landgoed Jasnaja Poljana, om de laatste jaren van zijn leven in eenzaamheid door te brengen. Tijdens de treinrit vatte hij kou, die zich ontwikkelde tot een longontsteking. Tolstoi moest zich in het huis van de baanwachter Astapovo te bed begeven, waar hij op 20 november overleed.

Leo Tolstoi, voor wie de kunst in de eerste plaats morele doeleinden moest hebben.

Scène uit de verfilming van *Oorlog en vrede* uit 1956, onder de regie van King Vidor.

Tolstoi werd op 9 september 1828 geboren op het familiebezit Jasnaja Poljana in het gouvernement Toela, als telg van een Russisch adellijk geslacht. Al vroeg wees geworden, werd hij met vier broers en zusters opgevoed door 'tantetje' Tatjana Jergolskaja. In de gedaante van Sonja uit *Oorlog en vrede* kreeg zij van hem een literair monument. Vanaf 1841 woonde hij bij een tante in Kasan, waar hij een bandeloos, door alcohol, goklust en seksuele uitspattingen bepaald leven leidde, wat zou veranderen toen hij zich in 1851 aanmeldde voor militaire dienst. In deze tijd verschenen zijn eerste vertellingen, onder andere de trilogie *Kindertijd, Knapenleeftijd* en *Jongelingsjaren.*

In 1862 huwde Tolstoi de artsendochter Sofia Andrejevna Behrs en verhuisde met haar naar zijn familielandgoed. Hier wilde hij volgens de traditie van een patriarchale Russische familie een boerenleven dicht bij de natuur leiden, ver van de uitwassen van de moderne beschaving. Bij zijn autodidactische programma hoorden ook zijn inspanningen voor de bevrijding van de lijfeigenen, waarin hij veel tijd en moeite stak. Vanaf 1880 predikte Tolstoi steeds sterker een van dogma's en mystiek bevrijd, op het aardse leven gericht christendom. Dat bracht hem in botsing met de leer van de Orthodoxe kerk, die hem in 1901 uitstootte. In de loop der jaren groeide Tolstoi zozeer uit tot een onaantastbare morele autoriteit, dat hij ondanks zijn heftige aanvallen op Kerk en tsaar zonder bemoeienis van de autoriteiten rustig op Jasnaja Poljana kon leven.

Het belangrijkste werk van Tolstoi, dat zijn wereldroem vestigde, is de monu-

mentale roman *Oorlog en vrede* (1868-1869). Dit speelt in de tijd dat Napoleon Rusland binnenvalt. Het is de expressie van het basisidee van Tolstoi dat een volk, en niet zijn leider, de drijvende kracht van de geschiedenis is.

In het middelpunt van zijn tweede grote roman, *Anna Karenina* (1884), staan morele en religieuze problemen, waarbij de steeds krachtiger neigingen van Tolstoi om zich als zendeling op te stellen, sterk benadrukt zijn.

Zijn latere literaire werken, zoals *De Kreutzersonate* (1890) en *Opstanding* (1899), staan helemaal in het teken van zijn compromisloze strijd voor morele zuiverheid. Ten slotte, bijvoorbeeld in het pamflet *Ik kan niet zwijgen* (1908), wierp hij zijn aanzienlijke morele gewicht in de schaal om de rampzalige politieke en sociale toestanden in zijn vaderland aan de kaak te stellen. Toen Tolstoi stierf, rouwde het hele land om zijn grootste dichter en onverbiddelijke moralist.

Belangrijke 20e-eeuwse Russische schrijvers

1890-1960
Boris L. Pasternak
Wereldberoemd wordt hij met de realistische roman *Dokter Zjivago* (1957) en de verfilming daarvan door David Lean (1965). In 1958 krijgt Pasternak voor zijn lyrische werk de Nobelprijs voor literatuur.

1899-1977
Vladimir Nabokov
Nabokovs beroemdste werk is de roman *Lolita* (1955), over de onvervulde, zelfdestructieve liefde van een leraar voor een 12-jarige leerlinge.

1905-1982
Michail A. Sjolochov
Oorlog en vrede van Leo Tolstoi is het voorbeeld voor de monumentale roman *De stille Don* van Sjolochov. Hij krijgt er in 1965 de Nobelprijs voor de literatuur voor.

1918
Alexandr I. Solzjenitsyn
Evenals zijn verslag over het concentratiekampensysteem van de Sovjet-Unie, *De Goelag Archipel* (1973-1975), verschijnen Solzjenitsyns romans *In de eerste cirkel* (1968) en *Kankerpaviljoen* (1968) eerst in het buitenland, omdat hij in de Sovjet-Unie zelf sinds 1956 niet publiceren mag. In 1970 krijgt hij de Nobelprijs voor literatuur, vier jaar later wordt Solzjenitsyn uitgewezen. In 1994 keert hij terug naar Rusland.

1925-1981
Joeri V. Trifonov
Trifonovs romans als *Tussenbalans* (1970), *Het andere leven* (1975) en *Het huis aan de Moskwa* (1976) vertellen over het leven van alledag in Moskou, waarbij de schrijver heftige kritiek uitoefent op de sovjet-klassenmaatschappij. In zijn laatste roman *Starik* (1978) en *Tijd en plaats* (1981) gaat het om de verantwoordelijkheid van het individu in tijden van revolutionaire omwentelingen.

1928
Tsjingis Aitmatov
Deze schrijver uit Kirgizië wordt internationaal bekend met de vertelling *Dsjamilja* (1958). De thema's van zijn romans, zoals *De witte stoomboot* (1970) en *De jongen en de zee* (1977), ontstaan vanuit de confrontatie van een magisch-mythisch wereldbeeld met de moderne beschaving.

Boris L. Pasternak.

Vladimir Nabokov.

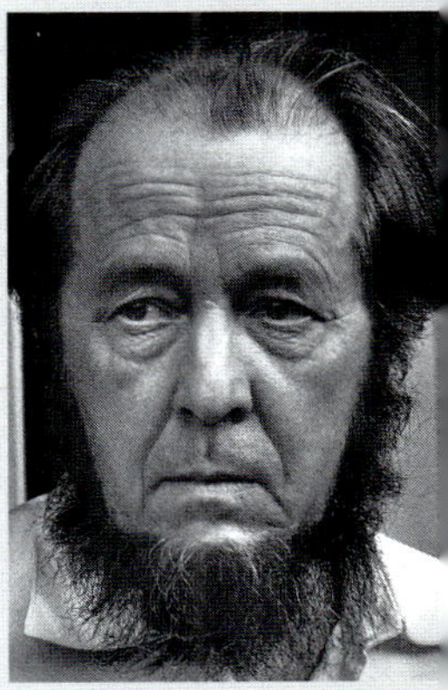

Alexandr Solzjenitsyn.

Het geboorte-uur van Hollywood

In het eerste decennium van de nieuwe eeuw begon de jonge filmindustrie studio's te bouwen in een slaperig stadje in de buurt van het dynamisch groeiende Los Angeles. In 1910 werd Hollywood opgenomen in de gemeente Los Angeles.

In het jaar 1886 bouwde Horace Wilcox in de buurt van Los Angeles een ranch die hij 'Hollywood' noemde. Het gelijknamige stadje, waar 235 mensen woonden en waarvan de naam een synoniem voor het maken van films zou worden, werd in 1903 gesticht. Het geboorteuur van Hollywood viel samen met de vroege ontwikkeling van de Amerikaanse bioscoopfilm. In de tien jaar sinds Thomas Alva Edison in 1894 aan Broadway zijn eerste 'kinetoscoopzaal' opende, hadden de bewegende plaatjes zich tot een lucratieve business ontwikkeld.

Opnamen in de Universal Studios in de filmhoofdstad Hollywood.

Het waarmerk van Hollywood: het opschrift van de Amerikaanse filmmetropool.

De warme temperaturen en de vele dagen met zon in Zuid-Californië trokken filmproducenten uit het oosten van de Verenigde Staten aan, waar buitenopnamen in de wintermaanden bepaald onaangenaam, zo niet volstrekt onmogelijk waren. Los Angeles had in deze tijd nog een echt Spaans aandoend karakter en was daarom vooral aantrekkelijk voor het maken van westerns.

Zijn geleidelijke doorbraak als filmmetropool beleefde Hollywood vanaf 1908. Veel studio's zonden vanaf dat jaar hun filmploegen naar Zuid-Californië. In 1909 kwam *In handen van de sultan* van Francis Bogg tot stand, de eerste geheel in Californië gedraaide film. In hetzelfde jaar gingen op het terrein van een Chinese wasserij de eerste Hollywoodstudio's in bedrijf. In 1910 kwam David Wark Griffith met mensen van de Biograph-studio naar Californië en werden onder meer in Santa Monica, Pasadena, Glendale en in het Sierra-gebergte 25 films gemaakt.

In het volgende jaar bouwde David Horsley van de filmmaatschappij Nestor een studio aan Sunset Boulevard, om de western *De wet van de prairie* op te nemen. Gelijktijdig kocht Thomas Ince 8100 hectare land en nam – compleet met cowboys en indianen, huifkarren en postkoetsen, paarden en buffels – het gezelschap 101 Ranch Wild West Show in dienst, om voor Bison Pictures westerns op te nemen. Producent Mack Sennett volgde in 1912 en nam in Venice Beach slapsticks op.

In 1913 trok regisseur Cecil B. De Mille, die een jaar eerder een productiemaatschappij had opgericht, naar Flagstaff,

Arizona, om met de opnamen van een nieuwe film te beginnen. De stad was hem echter te groot geworden en hij besloot de spoorlijn verder naar Californië te volgen. In een omgebouwde schuur aan Vine Street in Hollywood richtte hij een studio in, waarin hij *The squaw-man* opnam, die vaak als de eerste Hollywoodfilm wordt aangeduid.

De grootste van de vroege Hollywood-studio's ging in maart 1915 open: Carl Laemmle ontving 20.000 gasten voor een rondrit door Universal City, die hij had gebouwd op een ranch van 93 hectare in het noorden van de Hollywood Mountains. Universal huisde al sinds 1912 in San Fernando Valley.

Tot het einde van de jaren twintig verhuisden de meeste grote studio's naar Hollywood. In 1920 produceerden de studio's daar 796 films. Het kleine stadje van vroeger had zich in minder dan twintig jaar tot de hoofdstad van de Amerikaanse filmindustrie ontwikkeld.

Vroege meesterwerken uit de filmgeschiedenis

1915

The Tramp
Met Charlie Chaplin verschijnt er een nieuw soort filmheld op het doek: in een belachelijk wijde broek, veel te grote schoenen, een te klein jasje en met stok, bolhoed en een brutaal snorretje belichaamt deze Brit een zwerver.

Charlie Chaplin.

1915

Birth of a Nation
In een monumentaal werk van 160 minuten vertelt D.W. Griffith het verhaal van de Burgeroorlog en de strijd tussen blank en zwart. Griffith gebruikt extreme totaalshots en detailopnamen om de gruwel van het slagveld uit te beelden.

***Birth of a Nation,* van David Wark Griffith, 1915.**

1916

Terje Vigen
Deze film van Victor Sjöström, naar een ballade van Henrik Ibsen, gaat over de menselijke vaardigheid om begaan onrecht te vergeven. De film vestigt de roem van de Zweedse stomme film.

1918

J'accuse
De Fransman Abel Gance draait zijn antioorlogsfilm met financiële steun van de staat: in het aanschijn van de oorlogsgruwelen wordt echtbreuk iets nietigs. Gance gebruikt als acteurs ook soldaten die na de opnamen weer terug naar het front moeten. De zekerheid van de dood die hen wacht, drukt haar stempel op hun gezichten en verleent de film een drukkende authenticiteit.

Erich von Stroheim bij de opnamen van *Blind Husbands.*

1919

Blind Husbands
Evenals in veel van zijn hierna gemaakte films toont Erich von Stroheim in zijn eerste product de onwetendheid van mannen van wie vrouwen het slachtoffer zijn. Zijn drama gaat over een echtgenote die dapper standhoudt tegen de verleidingspogingen van een luitenant.

1922

Nosferatu
Nosferatu – een symfonie van de gruwel van Friedrich Wilhelm Murnau legt de grondslag voor het genre van de vampierfilm. Met schemerige gewelven en nauwe stegen, en met flakkerend en onrustig brandende kaarsen creëert Murnau een onheilspellende sfeer.

Max Schreck als Nosferatu in de film van Friedrich Murnau.

De tweede Marokkocrisis – voorbode van de Eerste Wereldoorlog

Het conflict over de hegemonie in Noord-Afrika leidde tot twee crises in Marokko (1905 en 1911) en isoleerde het Duitse rijk binnen Europa. De ongeremde politiek die Duitsland als grote mogendheid voerde en ernstige problemen met bondgenoten maakten de politieke toestand instabiel.

Voor de haven van Agadir ging op 1 juli 1911 de Duitse kanonneerboot 'Panther' voor anker. Het sturen van het schip was de Duitse reactie op de Franse bezetting van de stad Fès. De zogenaamde 'pantersprong' naar de Atlantische kust van Marokko werd in de Duitse pers bejubeld en voor de aanwezigheid van mineralen in het westen van het land hadden de Duitse industriële kringen grote belangstelling.

Zes jaren tevoren was er een andere crisis over Marokko geweest. Al sinds het einde van de 19e eeuw betwistten Frankrijk, Groot-Brittannië, het Duitse rijk, Italië en Spanje elkaar de hegemonie over dit deel van Noord-Afrika. Vanaf 1905 breidde Frankrijk, in overleg met Engeland, zijn invloed op Marokko uit. De Duitse belangen in Noord-Afrika liepen daarmee gevaar. Keizer Wilhelm II bracht in maart 1905 demonstratief een bezoek aan Tanger. Hij garandeerde de sultan dat hij instond voor de onafhankelijkheid van Marokko. In een gesprek met de Franse consul verklaarde hij op scherpe toon dat Duitsland wist hoe het zijn belangen in Marokko moest beschermen. Het bezoek aan Tanger was een zet tegen de Brits-Franse Entente Cordiale, een in 1904 gesloten overeenkomst die de koloniale belangenconflicten van de beide grote mogendheden uit de weg moest ruimen.

Met het sturen van kanonneerboten – hier de kruiser 'Berlin' – naar de haven van Agadir bekrachtigt het Duitse rijk in juli 1911 zijn aanspraken op Marokko.

De kansen op succes in het geval van een oorlog leken vanuit Duits perspectief goed: Rusland had de oorlog met Japan verloren en bovendien werd het tsarenrijk verlamd door revolutie. Groot-Brittannië had juist de Boerenoorlog in Zuid-Afrika tot een einde gebracht. De tegen Groot-Brittannië gerichte bouw van een Duitse oorlogsvloot dwong echter tot terughoudendheid op het wereldtoneel.

Marokko speelde slechts een bijrol in het ingewikkelde Europese spel om de macht: de regering in Berlijn wilde Frankrijk in de rol van een Duitse marionettenstaat drukken en het bovendien dwingen om de Entente Cordiale met Engeland op te geven. De strategie liep echter verkeerd: op de conferentie van Algeciras (1906) over de Marokkocrisis verkeerde het Duitse rijk in een geïsoleerde positie. Achteraf versterkte de crisis de Entente. Door deze tegenvaller zou daarna angst voor een omsingeling een belangrijke rol in de Duitse politiek spelen.

Wilhelm II bij zijn bezoek aan Agadir, dat uitloopt op de tweede Marokkocrisis.

In april 1911 escaleerden de spanningen opnieuw. Frankrijk schond het verdrag van Algeciras door troepen naar Fès te sturen om buitenlanders te beschermen tegen interne onlusten. Frankrijk ging niet in op de Duitse eisen voor compensatie van de Franse bezetting van Fès – bijvoorbeeld afstand van Frans-Kongo. Als vergoeding kreeg Duitsland enkele onbetekenende gebieden in Equatoriaal-Afrika.

Om het Duitse prestige hoog te houden eisten nationalistische Duitse politici dat het Franse gebrek aan inschikkelijkheid onverwijld met wapengeweld beantwoord moest worden. Keizer Wilhelm II zag echter af van oorlog. Frankrijk kon zijn gang gaan in Marokko en dwong de Marokkaanse sultan in 1912 een Frans protectoraat op.

De Marokkaanse crisis versnelde de wapenwedloop tussen de koloniale machten en schraagde de Duitse nationalistische krachten in hun eis van een krachtige machtsdemonstratie: de generaals waren niet langer bereid om, zoals in Marokko, een tweede keer terrein prijs te geven aan Europese tegenstrevers.

Bondgenootschappen en conflicten voor de Eerste Wereldoorlog

1904

Entente Cordiale
In het verdrag regelen Engeland en Frankrijk hun wederzijdse koloniale conflicten: terwijl Frankrijk de Britse bezetting van Egypte accepteert, geeft Engeland zijn partner bij het verdrag de vrije hand in Marokko. De Entente Cordiale is vooralsnog een vrijblijvende politieke regeling, aangezien de Europese machtsblokken nog geen vaste vorm hebben aangenomen.

1905-1906

De eerste Marokkocrisis
Duitsland probeert de Franse expansie in Marokko te verhinderen en dreigt zijn westelijke buurman indirect met een preventieve aanvalsoorlog. Op Duits verzoek wordt in 1906 de Conferentie van Algeciras bijeengeroepen, waarop het Duitse rijk uiteindelijk in een geïsoleerde positie komt te staan: Frankrijk drukt zijn verlangens erdoor en de Entente Cordiale met Engeland wordt geconsolideerd.

1907

Triple Entente
Door de Anglo-Russische overeenkomst over Tibet en Afghanistan wordt de Entente Cordiale uitgebreid tot de Triple Entente. De Brits-Frans-Russische toenadering is een gevolg van de politiek die de Duitsers voerden in het kader van de Marokkaanse crisis en de tegen Engeland gerichte Duitse vlootpolitiek: ze moet het streven van Duitsland om een grote mogendheid te worden indammen. In Duitsland ontstaat daardoor het gevoel dat men omsingeld is door vijandig gezinde mogendheden.

1908-1909

Annexatiecrisis Bosnië
De Oostenrijkse keizer Franz Joseph I laat de sinds 1878 bezette provincies Bosnië en Herzegovina (voordien Turks gebied) annexeren. Hoewel Oostenrijk belooft om de Russische eis van toegang tot de Dardanellen te ondersteunen, kiest het tsarenrijk de kant van zijn bondgenoot Servië, die tegen de annexatie protesteert. Pas na een Duits ultimatum aan Rusland – geen verdere steun aan Servië of er komt oorlog – komt er een einde aan de crisis.

De sultan van Marokko op een tekening uit het begin van de 20e eeuw.

Karikatuur van de onderhandelingen in Algeciras (1906): de Amerikaanse president Theodore Roosevelt (rechts) en Wilhelm II.

In 1907 sluiten Groot-Brittannië en Rusland een overeenkomst over Tibet en Afghanistan. Hier koning Edward VII (tweede van rechts) en tsaar Nicolaas II met hun troonopvolgers.

Marokkaanse troepenparade in Fès.

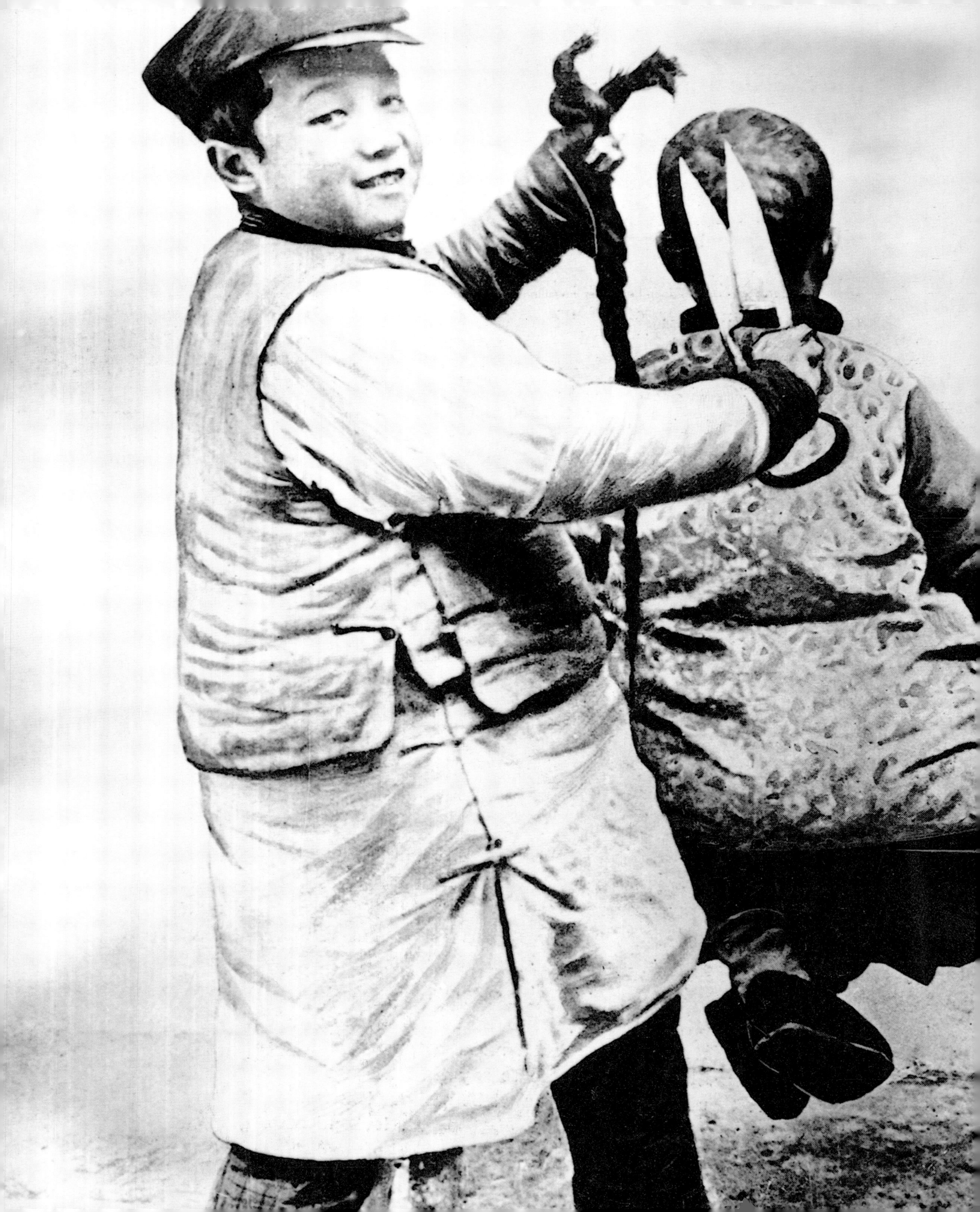

Val van de monarchie wordt schijnoverwinning voor de Chinese revolutionairen

Sinds het midden van de 19e eeuw werd het steeds meer zichtbaar: de regerende Mantsjoe-dynastie was – anders dan de Meiji-keizer in Japan – niet in staat om de eisen van de moderne tijd te erkennen en er zelfs niet tegen opgewassen.

Tijdens de 19e eeuw maakte China een onverwacht verval door. Het werd een speelbal van buitenlandse machten, die het naar hartelust knevelden en plunderden. De ellende in miljoenenvoud van de opiumverslaving, die door het Britse rijk willens en wetens verspreid werd, ontwikkelde zich tot het symbool van dit verval. Kritische geesten en vernieuwers, wier aantal groeide, werden onderdrukt, vervolgd of het land uitgejaagd.

Vooral in de centra waar met buitenlands kapitaal fabrieken als paddestoelen uit de grond schoten, namen de sociale en politieke spanningen toe. In 1905 begon zich binnen de revolutionaire bond een slagvaardige oppositie te vormen. In de belangrijke steden Woetsjang, Hankou en Hanyang, die samengroeiden tot de metropool Woehan, waren er talrijke massastakingen. In Kanton mislukte op 27 april 1911 een eerste poging tot opstand van progressieven en provinciale officieren. Op 10 oktober kwam het tot een opstand van militairen in Woehan. Hun gemakkelijke succes bracht een afscheidingsbeweging in veel provincies op gang. Op 28 december kozen de vertegenwoordigers van zestien provincies die hadden gebroken met de dynastie in Peking, Soen Jat-sen tot voorlopige president. Hij was vier dagen eerder uit ballingschap in het westen teruggekeerd.

Het afsnijden van de vlecht is het symbool voor het begin van een nieuw tijdperk in China.

Op 1 januari 1912 riep Soen in Nanking de republiek uit. Zijn republikeinse coalitie was echter zo zwak dat Soen in februari het presidentschap moest overlaten aan de machtigste militaire leider, Yoean Shikai. De generaal, die goede betrekkingen met het keizerlijk paleis onderhield, had beloofd om de jonge keizer Poe-ji tot aftreden te bewegen, wat in februari gebeurde.

Yoean wilde in de kern van de zaak de oude maatschappij vernieuwen en bouwde een autoritair regime op. Tevergeefs riep Soen zijn oude kameraden, die oorlogsmoe waren, op tot een nieuwe revolutie. Korte tijd later moest hij het land weer verlaten en ging voor een aantal jaren in ballingschap in Japan.

Yoean ontbond in januari 1914 het parlement, vaardigde in mei een nieuwe grondwet uit en riep in 1916 zichzelf tot keizer uit. Hoewel hij dat niet verwacht had, maakte hij daarmee echter enkele van de door hem benoemde militaire gouverneurs tot zijn tegenstanders. Na zijn dood in juni 1916 zouden zij het land in zijn donkerste periode storten: China viel uit elkaar in verschillende machtsgebieden, die onder leiding stonden van warlords.

Prins Tsjoen Tasi Feng met zijn beide zonen Poe-ji (links) en Hsan Toeng.

Een extra obstakel bij de binnenlandse politieke situatie en bij de pogingen om een republiek te vestigen vormden de territoriale aanspraken van Japan. Bij het begin van de Eerste Wereldoorlog nam het buurland de Duitse gebieden in Shandong over. Bovendien legde de regering in Tokio in januari 1915 de zogeheten '21 eisen' op tafel, waarmee China in een vérreikende afhankelijkheid van Japan geduwd zou worden. Ten gevolge daarvan ontwikkelde zich een breed anti-Japans front onder de Chinese bevolking. In 1917 ging China aan de kant van de geallieerden deelnemen aan de Eerste Wereldoorlog, in de hoop daarmee de invloed van Japan terug te dringen. Japan hield echter de macht; de revolutie van de 'Beweging van de 4e mei' in 1919 onder leiding van Soen Jat-sen was het gevolg.

Voorgeschiedenis en verloop van de revolutie in China

eind 1894

Vroegtijdige organisatie

De jonge arts en hervormer Soen Jat-sen sticht op Hawaï de ondergronds werkzame Maatschappij voor Redding van China. Haar doel is het om de Mantsjoe-dynastie ten val te brengen en een andere Chinese keizer te benoemen of een republiek te stichten. In 1895 probeert Soen Jat-sen vanuit Hongkong een opstand in Zuid-China te organiseren. Na het mislukken daarvan moet hij naar het buitenland vluchten.

Soen Jat-sen.

1900-1901

Bokseropstand

Vanuit het Noord-Chinese schiereiland Shandong, waar de door Duitsland gepachte gebieden Kiautsjoe en Tsingtao liggen, breidt zich een opstand van arme boeren uit. De als 'Boksers' aangeduide Yihetoean keren zich tegen de christelijke missie en het buitenlandse bewind over China. De volksopstand wordt door buitenlandse troepen neergeslagen.

Executie van Chinezen tijdens de Bokseropstand.

1905

Chinese revolutionaire bond

In ballingschap in Tokio, waar hij een revolutionair politiek programma heeft opgesteld, sticht Soen Jat-sen de eerste partijencoalitie van China. Met de Chinese revolutionaire bond van Soen neemt een moderne oppositiebeweging vaste vormen aan. De doeleinden zijn 'de drie volksprincipes': nationalisme, democratie en volkswil.

Poe-ji als jongeman. In de jaren dertig was Poe-ji nog enige tijd 'keizer' van de Japanse vazalstaat Mantsjoekwo.

2 december 1908

Poe-ji bestijgt de troon

Niets maakt de onmacht van de Chinese dynastie zo aanschouwelijk als de troonsbestijging van het tweejarige jongetje Poe-ji. Na het uitroepen van de republiek in 1911 doet de laatste keizer op 12 februari 1912 troonsafstand.

augustus 1912

Guomindang

Soen Jat-sen zet de revolutionaire bond om in de Nationale Volkspartij (Guomindang). Zij komt als winnaar uit de verkiezingen van 1912-1913 tevoorschijn, maar wordt al snel door Yoean Shikai onderdrukt. In augustus 1913 moet Soen opnieuw in ballingschap gaan; twee maanden later wordt de partij door Yoean ontbonden.

Yoean Shikai.

Amundsen vóór Scott op de zuidpool

De Noor Roald Amundsen en de Engelsman Robert F. Scott hielden een verbitterde wedloop op weg naar de zuidpool. Amundsen bereikte de pool een maand voor Scott, op 15 december 1911; Scott kwam op de terugweg om het leven.

In april 1909 bereikte de Amerikaanse onderzoeker Robert E. Peary met hondensleeën als eerste mens de noordpool. Amundsen, die daar oorspronkelijk ook naartoe wilde trekken, veranderde daarop zijn plannen en koos de tot dan nog niet bereikte zuidpool als zijn nieuwe doel. Voor de onderneming huurde hij het poolonderzoeksschip 'Fram' van zijn landgenoot Fridtjof Nansen, die als eerste Groenland had doorkruist. De 'Fram' vertrok in augustus 1910 uit de haven van Kristiansand in Zuid-Noorwegen. Begin 1911 landde Amundsen op Antarctica en bouwde aan de rand van de Walvisbaai het basiskamp Framheim.

Expeditielid Oscar Wisting, gefotografeerd door Amundsen.

Bijna tegelijkertijd zette Scott voet aan wal op 'het zesde continent'. Hij kwam in de McMurdo Sound aan, op 650 km afstand van de Noren. De af te leggen route naar de zuidpool bedroeg voor de Engelsman ongeveer 1400 km, de route van Amundsen was in totaal bijna 100 km korter. Beide expeditieteams maakten van de omstandigheden van de Antarctische winter gebruik om voorraaddepots aan te leggen en kampen in de sneeuw te bouwen.

In januari 1912 stuit Robert F. Scott met zijn expeditieteam op een tent van Roald Amundsen -- de Britten hebben de wedloop naar de zuidpool verloren.

Nadat alle voorbereidingen waren afgerond, vertrok Amundsen met zijn vier begeleiders, vier sleden en 42 Groenlandse husky's op 28 oktober naar de zuidpool. Scott ging twaalf dagen later op pad. Het besluit van de Engelsman om het traject met motorsleden en pony's af te leggen, bleek echter veel problemen op te leveren. De dieren waren niet bestand tegen de koude en moesten afgeschoten worden, terwijl de motorsleden in het klovenrijke terrein niet bruikbaar waren. De leden van de groep van Scott moesten uiteindelijk de zware sleden zelf trekken. Amundsen had de route over de Axel Heilberg-gletsjer gekozen. In vier dagen overwon de expeditie 3500 m zeer moeilijk terrein en bereikte het centrale Antarctische plateau. Aan de rand daarvan sloeg ze een kamp op, dat de Noorse onderzoeker als 'de slachtbank' aanduidde. Hier werden de 24 zwakste dieren gedood om voldoende vers vlees voor hun resterende soortgenoten, maar ook voor

de vijf mannen te verkrijgen.
Op 15 december bereikte de expeditie van Amundsen de zuidpool. Toen Scott een maand later daar aankwam, ontdekte hij tot zijn oneindige teleurstelling de Noorse vlag. Terwijl Amundsen en zijn metgezellen zonder al te grote problemen de terugweg naar het basiskamp volbrachten, eindigde de terugkeer voor de gedesillusioneerde en uitgeputte mannen van Scott fataal: ze kregen te kampen met gebrek aan voedingsmiddelen en leden steeds meer aan bevriezingen. Sneeuwstormen verhinderden de doortocht. Op 27 maart schreef Scott in zijn dagboek: 'Het is triest, maar ik geloof niet dat ik nog verder kan schrijven.' Hij sloot af met: 'Om Godswil, zorg voor onze nabestaanden!'
Amundsen kon daarentegen vanaf het Australische eiland Tasmanië trots naar zijn broer thuis telegraferen: '7 maart, 3 uur 40 's ochtends: Pool bereikt 14-17 december 1911. Alles in orde.'

Het verkennen en onderzoeken van Antarctica

1911
De heroïsche wedloop naar de zuidpool
De Noor Roald Amundsen wint in 1911 na een eerdere, mislukte poging de race naar de zuidpool. De Engelsman Robert Falcon Scott komt vlak na Amundsen aan bij de zuidpool; evenals zijn metgezellen komt hij tijdens zijn terugkeer naar de kust om het leven.

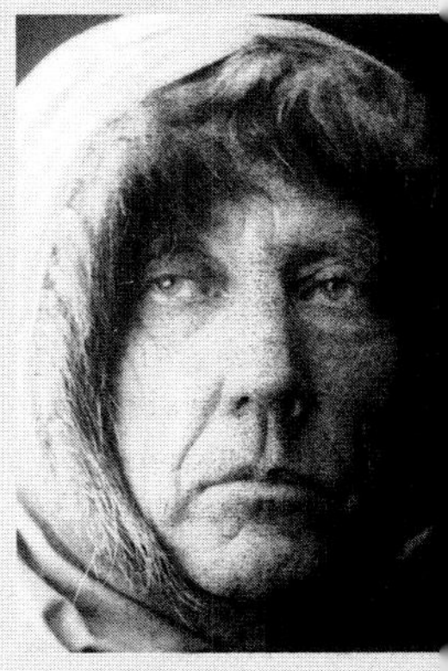

Roald Amundsen.

1915-1916
De tocht van Shackleton
Nu de zuidpool bereikt is, blijft er voor de onderzoeker Ernest Shackleton niets anders over dan een poging om als eerste het continent te doorkruisen van het ene einde naar het andere. Voor hij aankomt, wordt zijn schip 'Endurance' ingesloten in het pakijs. Het zinkt, maar de bemanning kan gered worden van een eilandje: Shackleton kan na een tocht in een reddingboot van 800 zeemijl hulp inroepen. Shackleton overlijdt in 1922 tijdens een tweede poging aan een hartaanval.

Robert F. Scotts schip 'Terra Nova'.

1928-1938
Systematische verkenning
De verkenning van Antarctica wordt systematisch aangepakt, allereerst door luchtverkenning. De Australiër Hubert Wilkins verkent westelijk Antarctica per vliegtuig in 1928. In 1929 vliegt Richard E. Byrd over de zuidpool.

juli 1957-oktober 1958
Internationaal Geofysisch Jaar
Het Internationaal Geofysisch Jaar is gewijd aan het onderzoek van Antarctica en de ruimte. Wetenschappers van 67 nationaliteiten en allerlei disciplines werken samen aan een grootscheeps onderzoek van Antarctica.

Wetenschappelijk onderzoek vanuit de lucht.

oktober 1958
Het verdrag van Antarctica
Sinds Groot-Brittannië in 1906 als eerste land delen van Antarctica claimde, heeft een aantal andere staten daar soms overlappende gebieden opgeëist. Gewapende conflicten dreigen. Het geweldige succes van de wetenschappelijke samenwerking in 1957-1958 leidt echter ook tot politieke toenadering. Bij het verdrag van Antarctica schorten alle betrokken landen hun eisen dertig jaar op. Hoofdpunten zijn verder demilitarisering en vrijheid van onderzoek.

Het Amerikaanse onderzoeksstation McMurdo op de zuidpool.

Richard Strauss – geniale componist van symfonische muziek en opera's

Strauss gaf met zijn expressieve muzikale taal nieuwe dimensies aan het genre van het symfonische gedicht. Als vooraanstaand vertegenwoordiger van een traditionele richting slaagde hij er met de muzikale komedie *Der Rosenkavalier* uit 1911 in een meesterwerk van de 20e eeuw te scheppen.

Scène uit een opvoering van *Der Rosenkavalier* van Richard Strauss.

Als zoon van een hofmusicus, een waldhoornspeler van het Münchener Hoforchester, kreeg Strauss al als vijfjarige zijn eerste pianolessen. Omdat hij uit een conservatief ouderlijk huis stamde, had zijn muzikale opvoeding haar wortels in de Duitse traditie van de 19e eeuw.

In 1883 stuurde zijn vader hem naar Berlijn, waar Strauss doordrong tot in de belangrijkste artistieke kringen van de stad. In 1884 leerde hij de dirigent Hans von Bülow kennen, die later Strauss' *Serenade opus 7* in zijn concertrepertoire zou opnemen. In november 1884 debuteerde de componist met de *Blazerssuite opus 4* en werd na tussenkomst van Von Bülow tweede kapelmeester van de Meininger Hofkapelle. Na een maand nam hij als hofdirigent de leiding van het orkest over.

Met de *Tannhauser* van Wagner begon Strauss zijn carrière als dirigent in Bayreuth, waar hij eerder al als muzikaal assistent had gewerkt. Zijn eerste opera, *Guntram,* schreef hij terwijl hij op reis was in Egypte; die ging op 12 mei 1894 in première. Zijn latere vrouw, Pauline de Ahna, vertolkte de vrouwelijke hoofdrol.

In november 1895 werd in München een van zijn bekendste werken, het symfonische gedicht *Till Eulenspiegels lustige Streiche,* voor het eerst uitgevoerd. Daarin wist Strauss zowel de ondeugende nar als de ingetogen burgerij in muziek te vertalen.

Na het grote succes van zijn opera *Salome* (1905) kocht Strauss een slot in Garmisch en trok zich daar terug om te componeren. In 1909 voltooide hij zijn opera *Elektra* die in datzelfde jaar in het kader van de eerste Strauss-week in Dresden haar première beleefde en met succes op veel Europese podia verscheen.

In 1911 volgde – weer in Dresden – *Der Rosenkavalier:* in tegenstelling tot de nogal duistere stof van *Salome* en *Elektra* ging het in deze opera van drie aktes vrolijk en zwierig toe. Het libretto van Hugo von Hoffmansthal werd getekend door het Weense koloriet uit de tijd van keizerin Maria-Theresia (1717 – 1780). De rijkdom aan muzikale kleuren en vooral

Richard Strauss, de laatste grote romantische componist, 1935.

de walsscènes, die tijdens het bewind van de keizerin helemaal nog niet bestonden, maakten het publiek enthousiast.

Van 1917 tot 1924 leidde Strauss de Wiener Staatsoper. Tot 1920 had hij een klasje componisten aan de Berlijnse kunstacademie onder zijn hoede. In 1933 werd hij president van de Reichsmusikkammer. In 1935, na ruzies met de nationaal-socialistische culturele leiding, gaf hij de post op, aangezien een door de Gestapo onderschepte brief aan de joodse schrijver Stefan Zweig voor politieke moeilijkheden kon gaan zorgen. Zweig had het libretto geleverd voor de komische opera *Die schweigsame Frau* (1935) van Strauss. Diep getroffen door de verwoesting van de Duitse operatheaters, verhuisde Strauss na de bezetting van Garmisch door Amerikaanse troepen naar Zwitserland. In zijn *Metamorphosen* (1945) voor strijkers gaf hij lucht aan zijn verdriet over de neergang van de Europese cultuur. Na een zware ziekte stierf de componist op 8 september 1949 in Garmisch.

Operacomponisten van wereldniveau voor 1945

1862-1918

Claude Debussy

Deze Fransman heeft talrijke operaplannen, maar voltooit met *Pelléas et Mélisande* (1902) slechts één stuk muziektheater. Met zijn toneelmuziek schept hij een droomwereld. In zijn werk mengt hij zeer beeldende klankkleur-effecten met natuurimpressies. De opera markeert het einde en het hoogtepunt van de 'impressionistische' fase van Debussy.

Claude Debussy aan de piano.

1885-1935

Alban Berg

Met zijn leermeester Arnold Schönberg en met Anton von Webern vormt Alban Berg de zogeheten Tweede Weense School, die de stap naar de atonale muziek waagt. De opera *Wozzeck* (1925) van Berg, naar Georg Büchner, geldt als een mijlpaal: naast de behandeling van de zangstemmen, tussen spreken en belcanto, combineert ze twaalftoonsmuziek met triviale muziek en een plastische muziektaal.

Alban Berg.

1900-1950

Kurt Weill

Deze in Dessau geboren componist had in 1926 met de geënsceneerde eenakter *Der Protagonist* zijn opera-première. Weills werkwijze – hij verbindt jazz-elementen met contemporaine muziek – bereikt in de samen met Bertolt Brecht gecomponeerde *Dreigroschenoper* (1928) haar hoogtepunt. Door de wisselwerking met het 'epische theater' van Brecht ontstaat een muziek die zich afzet tegen de 'culinaire' operabeleving van het burgerdom en tegen de sociale verhoudingen in het Duitsland van de jaren twintig.

Kurt Weill.

1906-1975

Dmitri Sjostakovitsj

In 1925 sluit deze componist zijn studie aan het conservatorium van Petersburg af met zijn *Eerste Symfonie* en in 1930 componeert hij zijn eerste opera, *De neus,* naar de satire van Nikolai Gogol. Het werk bevat het eerste stuk uit de muziekgeschiedenis dat uitsluitend voor slagwerk is. De emotionele, toegankelijke muziek van de opera *Lady Macbeth van Mzensk* (1932) brengt Sjostakovitsj erkenning bij het grote publiek. Na verwijten van de kant van Stalin wegens 'afwijkende tendensen' rehabiliteert hij zich in 1937 met zijn *Vijfde Symfonie.*

Dmitri Sjostakovitsj.

Afscheid van de traditie – de jonge eeuw op zoek naar zijn eigen muzikale expressie

Het tweede decennium van de 20e eeuw is de geschiedenis ingegaan als een tijd van vérstrekkende omwentelingen. In de kunst staat de bevrijding van de romantische expressieve middelen in het middelpunt en leidt tegelijkertijd het einde van de klassieke kunstopvatting in. Nieuwe manieren van expressie worden gezocht en gevonden; deze moeten breken met de overgeleverde structuren en moeten de weg openen naar de artistieke taal van een nieuwe tijd.

Gustav Mahler, een van de belangrijkste kunstenaars op het breukvlak van traditie en modernisme, beukt met zijn laatste werken de deur naar de nieuwe muziek open. In zijn symfonieën heeft hij op expressieve wijze vastgelegd hoe de kunstenaar te gronde gaat in de confrontatie met volstrekt nieuwe maatschappelijke samenhangen. Zijn laatste werk, de *Negende Symfonie* die postuum in première ging op 26 juni 1912, verwijderde zich als een zwanenzang voor altijd van het idealisme van bijvoorbeeld Ludwig van Beethoven. Ze laat maar één mogelijkheid voor de moderne componisten open: in de slotmaten klinkt een muziek die zichzelf nog voor de oren van de luisteraar lijkt op te lossen.

Twee jaren voordien had de Russische schilder Wassily Kandinsky afscheid genomen van de figuratieve schilderkunst. Zijn eerste, abstracte, aquarel, gedateerd 1910, markeert ook in de beeldende kunst het einde van de van oudsher overgeleverde vormencanon. Niet langer werd de op de voorgrond staande, duidelijk zichtbare artistieke prestatie nagestreefd, maar de diep in de psyche gewortelde beleving van de wereld.

Choquerende vernieuwingen

Het begin van de moderne periode was ook de tijd van de schandalen, want niet altijd was het publiek even enthousiast over de prestaties van de componist. Een van de meest gedenkwaardige schandalen van de muziekgeschiedenis bracht op 29 mei de première van Strawinsky's balletmuziek *Le Sacre du Printemps* teweeg. Strawinsky's ongetemde ritmiek, zijn soms lawaaierige overgangen en zijn snijdende dissonanten openden de deur naar een klankwereld die de traditionele harmonieën duidelijk afwees. Het schouwspel tijdens de première, in het eerbiedwaardige Théâtre des Champs-Elysées, leek eerder op een straatgevecht dan op een voorstelling. De choreograaf van het ballet was niemand minder dan de beroemde Russische danser Vaclav Nijinski, die Strawinsky's 'scènes uit het heidense Rusland' ensceneerde met de Ballets Russes van de Russische ballet-impresario Sergej Diaghilev. Nadat het publiek al bij de inleidende maten door luid geschreeuw en gemiauw de voorstelling verstoord had, vormden zich in het verloop van de avond twee kampen van enthousiaste respectievelijk beledigde toeschouwers, tussen wie het uiteindelijk tot een handgemeen kwam. De voorstelling kon niet worden afgemaakt; Strawinsky verliet ontsteld de zaal.

Het geboorte-uur van de grote festivals

Terwijl de avant-gardisten juist kleinere groepen toeschouwers bereikten, verkeerde de beoefening van de traditionele muziek in volle bloei. Het decennium brak aan waarin de eerste grote festivals georganiseerd werden. Zo ontstond onder meer het operafestival van Verona en werden de voorbereidingen getroffen voor de Salzburger Festspiele (vanaf 1920). De acteur en regisseur Max Reinhardt stichtte in 1917 de Salzburger Festspielhaus-Gemeinde. De dichter Hugo von Hoffmansthal, met wiens toneelstuk *Jedermann* men ieder jaar de Festspiele opent, eiste in 1919 in een concept-programma: 'Opera en to-

Uitvoering van Giuseppe Verdi's opera *Aida*, bij het festival dat jaarlijks in juli en augustus plaatsvindt in Verona. De serie voorstellingen geldt onder operaliefhebbers wereldwijd als een absolute 'must' en is vaak maanden van tevoren uitverkocht.

Het decorontwerp dat Léon Bakst maakte voor het ballet *Daphnis et Chloë* van Maurice Ravel.

neelstuk, en van allebei de top.' Voor de leiding van het festival in Salzburg werd Richard Strauss aangeworven, het kersverse hoofd van de Wiener Staatsoper. Hij had op 10 oktober 1919 met de première van zijn werk *Die Frau ohne Schatten* in eigen huis een van de laatste opera's in de romantische traditie gepresenteerd.

In het land van het belcanto vormde Giuseppe Verdi's opera *Aida* in augustus 1919 de opening van het operafestival van Verona. De unieke akoestiek van het 2000 jaar oude amfitheater trok bij iedere opvoering 10.000 mensen en maakte het festival het meest geliefde operaspektakel van Europa.

Omstreeks 1910 bevond de stem van de belcanto-virtuoos Enrico Caruso zich op het hoogtepunt van haar glorieuze ontplooiing. Deze liefhebber van grammofoonplaten had al aria's uit Verdi's *Othello* en Ruggiero Leoncallo's *Bajazzo* opgenomen en daarmee zijn voortreffelijke kunst voor latere generaties vastgelegd. Maar het perfectionisme van Caruso en het feit dat hij als stevige roker zijn stem geen rust gunde, lieten zich vanaf 1915 negatief gelden. Na zijn veertigste zag de succesvolle tenor eruit als een vroeg oud geworden man.

Parijs – de lichtheid van de muzikale revolutie

De vader van het Franse modernisme, Claude Debussy, gold voor de jongere componisten van omstreeks 1910 al lang als een bezadigde classicist. De revolutionaire vernieuwingen van zijn balletmuziek *Jeux* waren in de confrontatie met de première op dezelfde tumultueuze avond als Strawinsky's *Sacre* haast kopje ondergegaan.

Na de Eerste Wereldoorlog groeiden de componist en Montmarte-pianist Erik Satie en de dichter Jean Cocteau uit tot de leidersfiguren van een nieuwe beweging, die zij het neoclassicisme noemden. Satie gebruikte in zijn ballet *Parade* uit 1917 schrijfmachines als slaginstrumenten en gaf daarmee als het ware het startschot voor het binnendringen van jazz, revue en variété in de traditionele muziek.

Een geestige muziek, ontdaan van het zware pathos van de laatromantische muziek, die niet terugschrok voor triviale oprispingen, was aan de orde van de dag. De speelse, soms anarchistische omgang met geluiden en voorwerpen van alledag was kenmerkend voor de activisten van de dada-beweging. Deze keerden zich in Berlijn, Parijs en Zürich tegen de wreedheid van de wereldoorlog en brachten hun eigen speelgenre, dat van de onzin-poëtica. Machines gebruikten ze voor kritische geluid- en klankcollages en ze provoceerden het publiek met strijdlustige manifesten, die vooral het gebrek aan ruggengraat van de moderne mens moesten persifleren.

Politieke kunst

Met de dood van een van de aartsvaders van de Russische muziek, Nikolai Rimski-Korsakov, verloor de traditionele Russische school in 1908 een van haar invloedrijkste leidende figuren. Futuristen en avant-gardisten verrijkten de muziek met nieuwe toonstelsels en een vernieuwde muzikale esthetiek, en maakten dat jaar tot het 'Zilveren tijdperk' van de Russische muziek. Met de oktoberrevolutie van 1917 begon ondertussen een van de grootste politieke omwentelingen van de 20e eeuw.

Vladimir I. Lenin erkende de noodzakelijkheid van de kunst bij de opvoeding van de door het socialisme vereiste 'nieuwe mens'. De volkscommissaris voor opvoeding, Anatoli Loenatsjarski, begon met de hervorming van het artistieke leven.

In februari 1917 werd met de 'Proletkult'-beweging een orgaan in het leven geroepen dat ook de muziek controleerde. De activisten van Proletkult verachtten de traditie en eisten een muziek die zich oriënteerde op de politieke behoeften. De communistische partij begon een dominerende rol te krijgen, en uit haar ijzeren greep zouden de componisten van de nieuwe Sovjet-Unie zich nooit meer volledig kunnen bevrijden. De jonge staat was op weg naar het 'socialistisch realisme' en daarmee waren de kunstenaars op weg naar ideologische gelijkschakeling.

Michael Zapatka

… het
…13 kreeg het
… schilderij
…beschadigd terug.

Het meesterwerk van de Italiaanse kunstenaar, uitvinder en wetenschapper Leonardo Da Vinci brengt zowel kunstenaars als kunstliefhebbers even sterk onder zijn betovering. Over de oorzaak van de fascinatie die dit schilderij van 77 x 53 cm uitoefent, lopen de meningen uiteen. Het nieuws dat de *Mona Lisa* uit de Salon Carré van het Louvre gestolen was, schokte miljoenen mensen toen ze het hoorden.

***Mona Lisa*, door Leonardo da Vinci.**

Het Parijse Louvre in het begin van de eeuw – het toneel van de roof van de *Mona Lisa*.

Het niet-gesigneerde en ongedateerde schilderij stelt naar alle waarschijnlijkheid de Napolitaanse vrouw Lisa Gherardini voor, de in 1479 geboren en in 1504 vroeg gestorven vrouw van de Florentijnse zijdefabrikant Francesco di Bartolomeo di Zanobi del Giocondo. Vanuit Italië kwam het schilderij in Frankrijk terecht. Lodewijk XIV liet de *Mona Lisa* ophangen in de Petite Galerie du Roi in Versailles, Napoleon bewonderde 'La Gioconda' in zijn slaapkamer in de Tuilerieën. In 1804 kreeg het schilderij zijn definitieve plaats in het Louvre.
De diefstal van de *Mona Lisa* zorgde voor wilde speculaties en geruchten over de achtergronden van de daad. In het Duitse politiek-satirische tijdschrift *Simplicissimus* van 1911 verscheen een tekening die de Franse gedachte op de hak nam dat erfvijand Duitsland bij de daad betrokken kon zijn. De ontbrekende *Mona Lisa* versterkte de mythevorming die het schilderij teweegbracht. Drommen mensen stroomden naar de Salon Carré om naar de lege plek te staren die de ontvoerde dame had achtergelaten. Hoewel men de lege lijst van de *Mona Lisa* met een vingerafdruk van de dader erop terugvond, kon de dief vooralsnog niet worden opgepakt door de politie. Op 2 december 1913 kreeg de kunsthandelaar Alfredo Geri in Florence een drie dagen eerder afgegeven brief van ene Vincenzo Leonardo, die hem de *Mona Lisa* aanbood. Op 11 december 1913 vond de

overhandiging van het schilderij in het Hotel Tripoli-Italia plaats, dat kort daarna in Hotel Gioconda werd omgedoopt. Nog terwijl de echtheid van het schilderij in de Vaticaanse Musea in Rome werd nagegaan, werd de dader gearresteerd, de decoratie- en huisschilder Vincenzo Perugia. Perugia verklaarde dat hij het kunstwerk om patriottistische redenen had ontvreemd. Omdat het schilderij naar zijn mening door Frankrijk geroofd was, wilde hij het teruggeven aan de Italiaanse staat, de rechtmatige bezitter. Onder grote interesse van het publiek vond het proces van Perugia plaats; hij kreeg zeven maanden gevangenisstraf.

Vanaf 14 december 1913 werd de *Mona Lisa* in de Vaticaanse Musea tentoongesteld. De toevloed van bezoekers was zo groot, dat men de bezichtingstijd moest beperken tot drie minuten per bezoeker. Op 31 december 1913 kwam de beroemde dame weer in Parijs aan, om de bezoekers van de hoofdstad korte tijd later – met meer veiligheidsmaatregelen – weer vanaf haar vertrouwde plaats toe te lachen.

Beroemde kunstdiefstallen in de 20e eeuw

1960

St.-Paul-de-Vence

Uit het restaurant Colombe d'Or in St.-Paul-de-Vence in Frankrijk ontvreemden dieven 20 werken van moderne meesters, met een geschatte waarde van 1,95 miljoen franc. De daders worden gearresteerd en alle schilderijen – op één na – teruggevonden.

Een grappenmaker met een pakket *'Goya's IJzeren Hertog.* Voorzichtig, breekbaar.'

1961

Londen

Op de vijftigste verjaardag van de diefstal van de *Mona Lisa* wordt *De hertog van Wellington* van Goya gestolen, welk doek de National Gallery heeft gekocht voor 1,5 miljoen pond. In mei 1965 weet de politie het schilderij op het station van Birmingham terug te krijgen. Ook de dader, een werkloze vrachtwagenchauffeur, weet de politie in handen te krijgen.

1971

Brussel

Uit het Paleis voor Schone Kunsten wordt *De liefdesbrief* van Vermeer gestolen, dat door het Amsterdamse Rijksmuseum is uitgeleend voor een tentoonstelling. De dader eist steun voor Pakistaanse oorlogsslachtoffers in ruil voor teruggave. Het schilderij komt sterk beschadigd terug, maar kan goed gerestaureerd worden.

***De gitaarspeelster* van Vermeer, na teruggevonden te zijn.**

1974

Londen

Uit Kenwood House Museum verdwijnt *De gitaarspeelster* van Vermeer. De dief eist 1,15 miljoen dollar, die betaald moet worden in de vorm van eten voor de armen op het eiland Grenada. Het schilderij vindt men na een anoniem telefoontje terug op een kerkhof in Londen.

1974

Blessington

IRA-leden ontvreemden in het Ierse Blessington uit een landhuis 19 meesterwerken met een geschatte waarde van 19,2 miljoen dollar. De dieven eisen de vrijlating van vier IRA-leden uit Britse gevangenschap. De werken worden onbeschadigd teruggevonden in de buurt van Cork.

1975

Milaan

Uit de Galerie voor Moderne Kunst worden 28 schilderijen gestolen met een waarde van 5 miljoen dollar. Volgens de directeur hadden de bewakers het alarm uitgezet om beter te kunnen slapen. De schilderijen duiken weer op in een leegstaand appartement.

De Galerie voor Schone Kunsten in Milaan na de diefstal.

De ontdekking van de abstractie

Nadat zich in het eerste decennium van de 20e eeuw de eerste sporen van een revolutie in de kunst hadden afgetekend, bereikte de omwenteling in de jaren 1910-1920 een volledige doorbraak: Wassily Kandinsky, lid van de Duitse groep *Der blaue Reiter,* maakte de eerste abstracte schilderijen.

Al voor de Eerste Wereldoorlog tekenden zich de toekomstige politieke en maatschappelijke aardschokken af: zo explodeerden hemel en aarde in de apocalyptische stadslandschappen van Ludwig Meidner. Het dadaïsme, in 1916 ontstaan in het Café Voltaire in Zürich, wilde de burgerlijke waardeoordelen vernietigen zoals in Italië de futuristen dat wilden, die in 1909-1910 hun eerste manifesten publiceerden. Al gauw sloten kunstenaars uit de Verenigde Staten, Frankrijk en Duitsland zich bij het dadaïsme aan. Kurt Schwitters, de prominente dadaïst in Duitsland, werd beroemd met zijn collages uit afvalmateriaal. Het belangrijkste stijlmiddel van de dadaïsten was de collage.

Als baanbrekend in de kunst gelden de eerste abstracte schilderijen van František Kupka en vooral Wassily Kandinsky. Ze kozen niet voor nabootsing van de realiteit, maar voor een autonome werkelijkheid binnen de kunst. Ze wilden terugkeren naar het begin van de schilderkunst; in dat opzicht vonden ze ook kindertekeningen zeer belangrijk.

In Rusland richtte Kasimir Malevitsj in 1913 het 'abstracte suprematisme' op. De Nederlander Piet Mondriaan bereikte in 1917 de geometrische abstractie en riep samen met architect Gerrit Rietveld en schilder Theo van Doesburg *De Stijl* in het leven. Ook de eerste 'Ready Made' stond gelijk met een radicale afkeer van conventies:, een fietswiel, dat de Franse schrijver en schilder Marcel Duchamp in 1914 signeerde en kortweg tot kunst verklaarde. Later deed hij hetzelfde met een flessendroger en een urinoir. Het kubisme werd door kunstenaars als Fernand Léger, Robert Delaunay en diens vrouw Sonja Terk verder ontwikkeld tot het orfisme, een beweging die haar expressiemiddelen uitsluitend op kleuren baseerde.

Detail uit een zelfportret van *Blaue Reiter*-lid August Macke, dat in 1912 tot stand kwam: *Zelfportret thuis.*

In zijn *Portret van de danser A. Sacharov* (1909) portretteerde Alexej von Javlensky een ster van het ballet.

***Treurige jongeman in een trein* (1911) door de Franse kunstenaar Marcel Duchamp.**

***Dorpsstraat van Alt-Sellenthin* (1913) door Lyonel Feininger, die de vormen kubistisch rangschikt.**

***Dromerige improvisatie* (1913) van Wassily Kandinsky, de wegbereider van de abstractie.**

De vensters (1912) door Robert Delaunay, wiens schilderkunst als 'orfisme' wordt aangeduid.

Kandinsky en Erna Bossi aan tafel door Gabriele Munter kwam in 1912 tot stand.

Het schilderij *Tuinrestaurant* (1912) is gehouden in de voor August Macke typerende vrolijke kleuren.

Marcel Duchamp: *De overgang van maagd tot bruid* (1912).

De grote metafysicus (1916) door Giorgio de Chirico, de belangrijkste vertegenwoordiger van de 'Pittura metafisica'.

Metropolis (1917) van George Grosz, die het militarisme en het kapitalisme aanvalt.

Henri Matisses *Interieur van Cibourne* herinnert nauwelijks aan het fauvisme.

Landschap, een aquarel door Wassily Kandinsky, ontstaat in de zomer van 1918.

Chagall schept in Parijs zijn fantastische beeldenwerelden

Begin 20e eeuw beleefde het Russische tsarenrijk een exodus van intellectuelen naar het westen. De kunstenaars onder hen vestigden zich vooral in Parijs, omdat ze daar in vrijheid konden werken. Tot hen behoorde ook Marc Chagall.

In de winter van 1911 betrok Chagall een nieuw atelier in *La Ruche* ('de bijenkorf') in de Passage de Dantzig nr. 2. Het gebouw met de honingraatvormige aanbouwen herbergde bijna 140 ateliers. Hier woonden onder anderen de beeldhouwers Alexander Archipenko en Henri Laurens, en de schilders Fernand Léger, Amedeo Modigliani, Pablo Picasso en Chaim Soutine.

Chagall, geboren op 7 juli 1887 in Vitebsk, Wit-Rusland, studeerde van 1907 tot 1910 in Sint-Petersburg aan de progressieve, door Léon Bakst geleide Swansewaschool. In die tijd leerde hij de Doema-afgevaardigde en redacteur Maxim Winawer kennen. Deze ontdekte de gaven van Chagall en regelde voor hem een stipendium in Parijs.

Chagall zoog de nieuwe indrukken in zich op. 'Geen academie had me dat alles kunnen geven wat ik ontdekte terwijl ik door de tentoonstellingen van Parijs heen vrat,' schreef hij in zijn herinneringen. Een paar maanden na zijn aankomst in de Franse hoofdstad exposeerde hij drie werken in de Salon des Indépendants. Daaronder bevond zich het schilderij *Ik en het dorp* (1911).

Chagall vond snel aansluiting bij de avantgarde. Fauvisme, futurisme, kubisme en het orfisme van Robert Delaunay gaven impulsen aan zijn werk. Zo ontstonden er beroemde schilderijen als *Het atelier, Hommage à Apollinaire, Zelfportret met zeven vingers* en *De violist*. Hoewel Chagall zich in zijn stijl oriënteerde op de moderne schilderkunst, was toch zijn persoonlijke achtergrond – het leven in Rusland en het joodse getto – steeds aanwezig: legendes en sprookjes, joods-bijbelse verhalen en Russische volkskunst condenseerden in een uiterst persoonlijke, absurde en irrationele fantasie. De kunstcriticus Guillaume Apollinaire duidde de werken van Chagall aan als 'supra-naturalistisch'.

Nadat Apollinaire Chagall had geïntroduceerd bij de Duitse galerie-eigenaar Herwarth Walden, reisde de schilder in het voorjaar van 1914 naar Berlijn. In zijn galerie *Der Sturm* stelde Walden 40 schilderijen en 160 tekeningen van Chagall ten toon. Vanuit Duitsland reisde Chagall verder naar Rusland, waar hij zes weken later verrast werd door het uitbreken van de Eerste Wereldoorlog. Met zijn vrouw Bella Rosenfeld vestigde hij zich in Sint-Petersburg en maakte daar de oktoberrevolutie van 1917 mee. Chagall werd benoemd tot commissaris voor beeldende kunsten in Vitebsk. Toen hij steeds meer last had van de ruzies met en de bevoogding door de autoriteiten, verliet hij Rusland: in 1923 kwam hij samen met zijn familie weer in Parijs aan. De stralende herinneringen aan zijn vaderland drukten nu hun stempel op zijn werk.

Marc Chagall in zijn atelier.

In 1941 vluchtte Chagall voor de Duitse troepen naar de Verenigde Staten, waar zijn vrouw kort daarna stierf. Hij keerde in 1947 naar Frankrijk terug.

In zijn late werk bleef Chagall trouw aan zijn tussen droom en werkelijkheid gelegen thema's: zwevende geliefden, houten hutten, vliegende paarden en hanen doken steeds weer op in zijn schilderijen. Pas laat maakte het silhouet van Vitebsk plaats voor dat van het Zuid-Franse plaatsje St.-Paul-de-Vence, waar de kunstenaar zijn laatste levensjaren doorbracht. Chagall, wiens fantasierijke werken de weg baanden voor de surrealistische schilderkunst, stierf op 28 maart 1985.

Marc Chagall: *Schilderij voor Colombe.* Het werk is in de voor Chagall typerende kleurige stijl uitgevoerd.

Belangrijke Russische kunstenaars in het westen

1866-1924

Léon Bakst

In 1909 verlaat deze in Sint-Petersburg geboren decorontwerper en schilder Rusland en vestigt zich in Parijs. In zijn vaderland had Bakst behoord tot de kunstenaarskring rondom het invloedrijke tijdschrift *Wereld van de kunst* en gewerkt voor de Ballets Russes van Sergej Diaghilev. In Frankrijk ontwerpt Bakst onder meer decors voor Diaghilevs enscenering van *De vuurvogel* van Igor Strawinsky (1910), die bij publiek en recensenten zeer in de smaak vallen.

Léon Bakst.

1884-1949

Alexandra Exter

In 1908 reist deze uit Kiev afkomstige schilderes naar Parijs om daar kennis op te doen over de nieuwe kunst die daar tot stand komt. Haar werk, dat objecten met architectuurelementen verbindt, wordt onder invloed van het futurisme en kubisme steeds abstracter, en de kleurstelling steeds expressiever. In 1921 stopt Exter met het maken van schilderijen en legt zij zich slechts toe op het ontwerpen van decors en kostuums.

Alexandra Exter.

1887-1964

Alexander Archipenko

Deze Oekraïener emigreert in 1908 naar Parijs en groeit uit tot een wegbereider van de abstracte beeldhouwkunst. Het uitgangspunt van zijn sculptuur is de expressionistische vervorming van natuurlijke lichaamsvormen. Omstreeks 1912 draagt Archipenko het kubistische principe van de ontleding van de schilderkunst over op de beeldhouwkunst: door uithollingen en uitsparingen dringt de omringende ruimte als het ware binnen in de sculpturen – het zogenaamde 'negatieve volume'. In 1920 trekt Archipenko naar Berlijn; drie jaar later gaat hij naar de Verenigde Staten, waar hij zich laat naturaliseren.

Alexander Archipenko: *Carousel, Pierrot* (1913).

1893-1943

Chaim Soutine

In 1913 komt Soutine, het tiende van elf kinderen van een joodse kleermaker uit Litouwen, aan in Parijs. De eerste jaren leeft hij in bittere armoede, verslaafd aan het schilderen. Soutines uitbundige, door heftige penseelstreken gekenmerkte schilderijen stuitten zowel op bewondering als op afschuw. In het midden van de jaren twintig baart hij opzien met zijn weergaven van geslachte ossen.

Tangoritmes veroveren de wereld

De tango kwam omstreeks 1911 als een modedans uit Argentinië naar Europa. Door stijlvermengingen kristalliseerde zich een sensueelboeiende muziek uit, die versmolt met de karakteristieke slingerende dansbewegingen.

Over het ontstaan van de tango bestaan talloze mythes. Een eerste bloeiperiode zou deze dans gekend hebben in de bordelen van Buenos Aires. De abrupt wisselende dansbewegingen zijn volgens een anekdote afkomstig van de seksueel uitgehongerde soldaten en arbeiders, die de vrouwen naar zich toe rukten. Daarop wendden deze zich af, vanwege de sterke geur van de mannen. In de buurt van kazernes troffen mannen en vrouwen elkaar om te zingen en te dansen, waarbij aanvankelijk de gitaar, de trommel en de fluit de belangrijkste instrumenten waren. Later kwam er een instrument naar de voorgrond dat een centrale rol kreeg bij de tango: de bandaneon.

Begin 20e-eeuwse afbeelding van een tangodanseres.

Carlos Gardel, die in 1893 naar Argentinië kwam, geldt als de pionier van de tango. Als straatzanger maakte hij de tango tot een typisch Argentijnse kunstvorm. De tango werd doorslaggevend beïnvloed door Europese dansen, die dankzij immigranten in het eerste decennium van de 20e eeuw Argentinië hadden bereikt. Ook neemt men aan dat Spaanse wortels en de muziek van Franse creolen ingrediënten van de tango zijn. In Argentinië bleef het imago van de tango vanwege zijn duistere herkomst slecht. Maar vooral door de Franse voorliefde voor de tango en doordat de tangokoorts ook in Hollywood toesloeg, kwam daar verandering in, zodat de tango in Argentinië verder werd ontwikkeld. Het beslissende keerpunt kwam in 1910, bij het eeuwfeest van de Argentijnse onafhankelijkheid, toen de toegestroomde Europese delegaties in kroegjes in de voorsteden de oorspronkelijke tango leerden kennen en diep onder de indruk raakten. Filmmuziek, jazz en foxtrot, maar ook de democratische revolutie in Argentinië (1916) hadden positieve invloed op de bloei van de tango. Rond 1910 raakte de tango eerst in Frankrijk, daarna in Engeland en de Verenigde Staten in de mode. De tango werd door dansleraren deels versimpeld, deel vermengd met dansen als de fox-

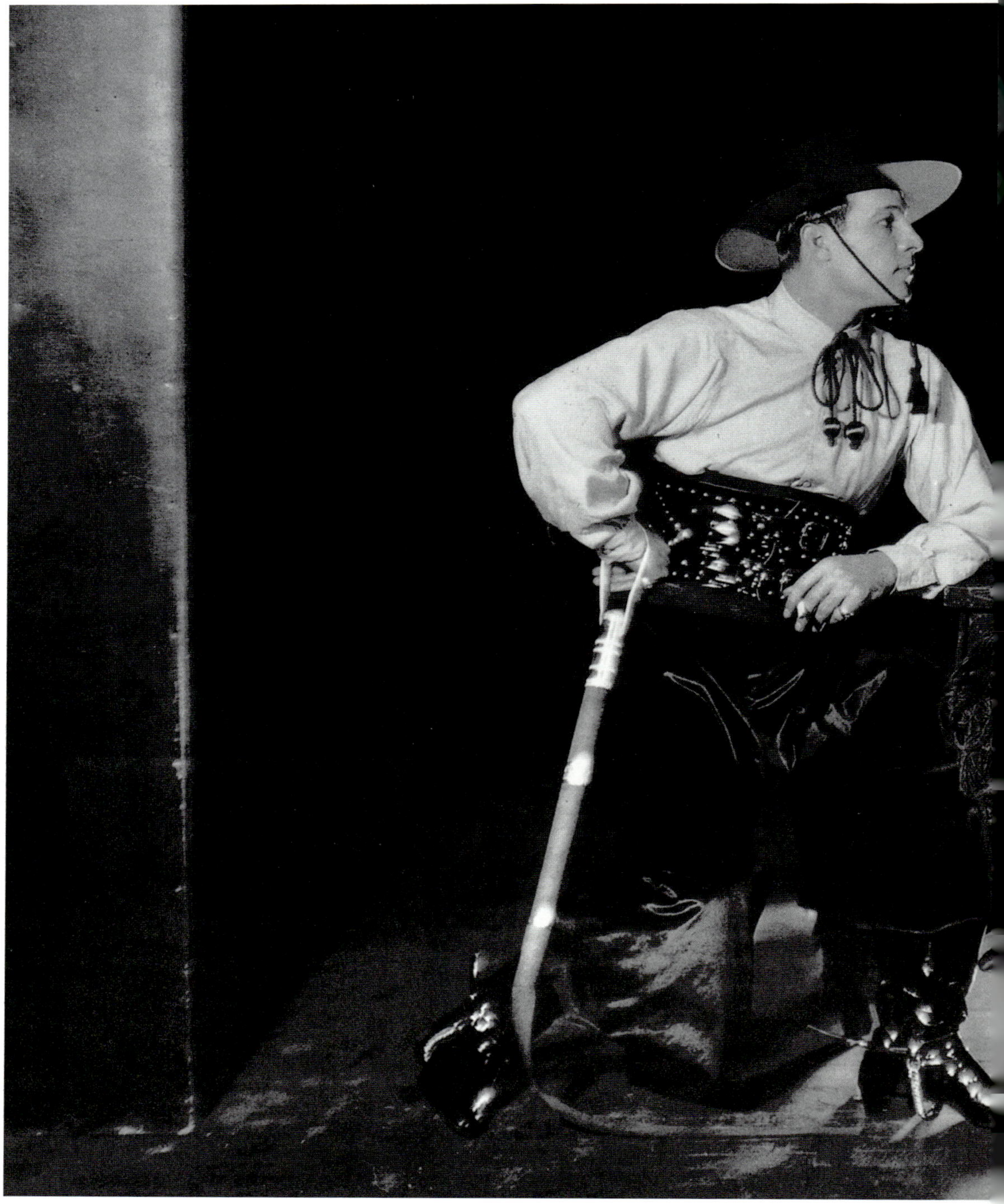

Rudolf Valentino, ster uit de stomme film en vrouwenidool uit de jaren twintig, danst de tango met zijn vrouw Natasja Rambova.

trot. Maar ook in Europa had men bedenkingen. Zo verbood de Duitse keizer Wilhelm II het zijn officieren om in uniform de tango te dansen en de stad Wenen verbood de opname van de tango in het balletrepertoire. Ook de Franse president verbande de tango van officiële gelegenheden. Het Vaticaan hekelde de tango als ronduit onzedelijk.
Als grootste vernieuwer van de tango geldt de bandaneonspeler Astor Piazolla. Zijn *tango nuevo* riep echter de haat van de traditionalisten op. Maar weinig mensen hadden ondertussen in de gaten dat hij het stervende genre nieuwe impulsen gaf en het zo op de internationale concertpodia bracht. Zijn concerten, bijvoorbeeld voor bandaneon, gitaar en groot orkest, gaven de tango klassieke trekjes en namen de Amerikaanse moderne jazz erin op. Hij maakte zelfs plannen voor een opera over Gardel, maar kon deze door een fatale ziekte niet verwezenlijken.
Vanaf 1920 absorbeerde Europa de artistieke en de amusementsmuziek van de tango. Na 1945 ontsloot Igor Strawinsky de tango zelfs voor het symfonieorkest.

Populaire modedansen in de 20e eeuw

vanaf 1917

Foxtrot
De foxtrot bereikt Europa in 1917 dankzij de Amerikaanse soldaten. Hij voldoet aan de drang tot beweging van de jaren twintig. Wijdbeense passen, in de lucht geworpen benen en intiem lichaamscontact vormen de erotische attractie van deze dans.

Foxtrot.

vanaf de jaren dertig

Swing
De swing komt als muziek- en dansgenre vanaf 1935 uit de Verenigde Staten naar Europa. In Amerika heeft vooral de klarinettist Benny Goodman succes met een gepolijste, op dansbaarheid gerichte versie van de in sommige kringen verfoeide hot jazz.

vanaf de jaren dertig

Rumba
Op het hoogtepunt van deze dans waarmee men in Cuba een bruid probeerde te vinden, laten de dansers hun buiken tegen elkaar botsen. In nazi-Duitsland is deze dans zeer populair. Eind jaren vijftig maakt de rumba een comeback. Als Afro-Cubaanse dans laat de rumba zich herleiden tot de zogenaamde Kongodansen uit Afrika.

Rumba.

sinds 1974

Disco
Het begrip disco duidt zowel de dans als de muziek aan die vanaf 1974, met als basis de Amerikaanse soul, speciaal voor de discotheken wordt geproduceerd. Iedereen danst met geïmproviseerde bewegingen op eigen houtje. De discogolf wordt op gang gebracht door de Amerikaanse bioscoopfilm *Saturday Night Fever* (1977), waarin John Travolta de koning van de disco wordt.

Disco.

sinds de jaren zeventig

Breakdance
Breakdance ontstaat in de Bronx, New York, als een straatdans van concurrerende bendes. Door de film *Flashdance* wordt de breakdance in 1983 populair. De acrobatische dansfiguren, zoals het rondtollen op de rug of het hoofd, met gespreide ledematen, vermengen de stijl van de discodans met de slungelige bewegingen van de rapmuzikanten.

Breakdance.

Het einde van een tijdperk – de dood van de Meiji-tenno Mutsuhito

1912

Toen de Meiji-tenno, de Meiji-keizer, op 30 juli 1912 stierf, had hij Japan niet alleen gemoderniseerd: het was hem tegelijkertijd gelukt om van het slachtoffer van het kolonialisme een koloniale macht te maken. Door het verbond met Engeland (1902) klom Japan op tot partner van de grote machten.

De Meiji-tenno, op 3 november 1852 in Kyoto als Mutsuhito geboren, was net 14 jaar oud toen hij na de dood van zijn vader, de Komei-tenno, de troon besteeg. De Komei-tenno had voor het eerst sinds eeuwen gezorgd dat het keizerlijk huis op politiek gebied zijn stem liet horen. Sinds het begin van de militaire heerschappij onder de sjogoen aan het einde van de 12e eeuw, de *bakufu,* waren de god-keizers gedoemd tot machteloosheid. Ongerust door het opdringen door de buitenlandse machten, durfde de Komei-tenno het aan de bakufu op te dragen de nationale defensie uit te breiden. Toch dwongen de Verenigde Staten, Rusland, Nederland, Frankrijk en Groot-Brittannië in 1858 koloniale privileges af in de 'ongelijke verdragen', die de bakufu sloot zonder toestemming van de tenno. Door deze openstelling van Japan raakte de bakufu, intern toch al ontregeld, in een crisis.

Mutsuhito – deze Japanse heerser herstelde het keizerlijk gezag na het aan de kant zetten van het sjogoenaat.

Alle machtsgroepen die aan de kant van de sjogoen stonden, moesten de openstelling billijken; de groeperingen die de buitenlanders wilden verjagen, gebruikten de verering van de tenno als wapen. Zo groeide tegen de bakufu een beweging van lage samoerai, grondeigenaren, groothandelaren, ondernemers en intellectuelen, die het herstel van de monarchie eisten. Na de dood van de Komei-tenno kreeg de anti-bakufupartij de overhand aan het hof. Ze bewerkte de gewelddadige val van de sjogoen. De erop volgende burgeroorlog duurde anderhalf jaar en kostte duizenden mensen het leven. In 1868 nam de nieuwe tenno de eed af van een voorlopige regering. Op 12 oktober besteeg hij de troon, een paar dagen later gaf hij zijn bewind het motto *meiji* ('verlichte regering'). In april 1869 verplaatste hij zijn residentie naar Edo. Deze plaats werd omgedoopt in Tokio en tot hoofdstad verklaard.

Dat het herstel van de monarchie uitmondde in de belangrijkste hervormingsperiode uit de Japanse geschiedenis, had verscheidene oorzaken. De drijfveer was culturele eerzucht. Tussen 1871 en 1873 werd een veelkoppige delegatie – die voor meer dan de helft uit hoge ministers en ambtenaren bestond – naar Amerika en Europa gestuurd. Zij moesten de opheffing van de 'ongelijke verdragen' voorbereiden, wat hun vooralsnog mislukte, maar ze moesten ook een studie maken van de modernste

De Japanse maatschappij tussen traditionalisme en verwesterlijking.

staten van die dagen. Op de gebieden van bestuur, oorlogvoering, onderwijs en cultuur, en ook op technisch vlak, vond Japan snel aansluiting bij de moderne westerse beschaving.

In januari 1874 werd voor het eerst de eis van een door het volk gekozen parlement gesteld, een jaar later vormde zich de eerste niet-regionale, nationale partij, de Patriottistische Vereniging (Aikokusha). Ondertussen zorgden de machtige monarchistische kringen ervoor dat het streven naar democratie en sociale emancipatie binnen eng getrokken grenzen bleef – zo nodig met bot geweld. Het Meiji-bewind, aan het eind van 1868 internationaal erkend als de enige wettige regering van Japan, schoof in de periode tot aan het einde van de jaren zeventig van de 19e eeuw bijna alle koloniale exploitatierechten en privileges aan de kant, en stelde zelf zijn expansieve eisen. Gegrondvest op modernisering, economische groei en militarisme, begon het keizerrijk in de volgende decennia Oost-Azië te onderwerpen.

Belangrijke gebeurtenissen in de Meiji-periode

29 augustus 1871
Einde van het feodalisme
Door een staatsgreep van bovenaf schaft de tenno-regering de opdeling van Japan in leengebieden af. De leenheren *(daimyo)* worden afgezet. Er ontstaan prefecturen met regeringsbeambten aan het hoofd. De belangrijkste stap van het feodalisme naar een gecentraliseerde staat is daarmee gezet.

1872
Fundamentele hervormingen
Gemeenten mogen scholen oprichten; de leerplicht wordt van kracht. De algemene dienstplicht wordt ingevoerd en tussen Tokio en Yokohama komt de eerste spoorlijn tot stand. Er worden moderne posterijen, een nationale bank en een nationale defensie-industrie opgericht.

Opening van het eerste spoortraject in Japan.

juli 1873
Nieuw belastingsysteem
Het oude systeem, waarbij men grondbelasting betaalde in natura, wordt vervangen door een belastingheffing op basis van de grondwaarde. Dit treft vooral de kleine boeren en pachters, zodat velen van hen hun heil moeten zoeken in de fabrieken.

1876-1877
Opstanden
Na verscheidene volksopstanden, waarvan de tenno-regering gebruikmaakt in haar strijd tegen de oude machtsfactoren, breken de grote opstanden van Ise en Satsuma uit. De opstanden van de boeren en samoerai worden met geweld neergeslagen.

De constituerende vergadering van het eerste parlement.

november 1889
Grondwet
De keizer vaardigt de grondwet van het Groot-Japanse rijk uit. Deze geeft hem, met advies van een geheime staatsraad, voor eeuwig de totale macht om te heersen. Voor het eerst krijgen alle burgers dezelfde grondrechten. Er wordt een parlement opgericht, dat in 1890 in functie komt.

Mutsuhito kondigt de nieuwe grondwet af.

1897
Een nieuwe monetaire basis
De economische groei maakt Japan tot een partner voor de grote mogendheden. Het op zilver steunende monetaire stelsel wordt vervangen door een goudstelsel. Deze voor deelname aan de wereldhandel belangrijke stap is mogelijk dankzij herstelbetalingen door China en de aanvoer van goud uit Korea.

De ondergang van de 'Titanic'

Geen scheepsramp heeft de wereldpubliciteit zo beziggehouden als de ondergang van het luxestoomschip 'Titanic'. In de nacht van 14 op 15 april 1912 botste het Britse passagiersschip voor de kust van Newfoundland op een ijsberg en zonk.

De 'Titanic', die op 31 mei 1911 van stapel liep op de gerenommeerde scheepswerf Harland & Wolff in Belfast, was het grootste en meest luxueuze stoomschip ooit gebouwd. De flanken ervan maakten de indruk van stalen klippen. De drijvende reus had een lengte van 269 m en een breedte van 28 m. De drie machines met een vermogen van

Zeer moderne communicatietechniek op de 'Titanic': de radiohut.

50.000 pk moesten het schip van 46.238 bruto registerton met een snelheid van 28 knopen door de zee stuwen. Met acht stalen dekken, de in compartimenten verdeelde dubbele scheepswand met waterdichte schotten – volgens de mening van alle experts tegen elk lek bestand – bewezen dat de 'Titanic' een product was van de meest geavanceerde scheepsbouwtechniek. In haar 14 reddingsboten en twee reddingskotters en -vlotten konden 1100 mensen een plaats vinden – nauwelijks de helft van het maximale aantal opvarenden.

Dit gebrek deed ondertussen geen afbreuk aan het enthousiasme over het wonder: de 'Titanic' gold tenslotte als 'onzinkbaar'; ze belichaamde de overwinning van de techniek op het natuurgeweld van de zee.

Toen ze op 10 april 1912 kort na het middaguur in Southampton zee koos met als bestemming New York, verdrong de high society zich op het bovendek: niet minder dan 57 miljonairs hadden geboekt voor de reis. Haar maidentrip zou het hoogtepunt van het seizoen worden. Onder de waterlijn reisden de minder bemiddelde mensen mee onder onvergelijkbaar primitievere omstandigheden. Arm en rijk geloofden echter in dezelfde mate dat dit 'droomschip' hen veilig naar Amerika zou brengen.

Kapitein John Edward Smith, een ervaren zeeofficier van de White Star Line, liet de 'Titanic' met meer dan 22 knopen over de gebruikelijke route varen. Ook op de avond van 14 april, een zondag, was alles in orde. Er heerste bitter koud weer bij een spiegelgladde zee. Op zijn post hoog in het kraaiennest zat Frederick Fleet, op de uitkijk naar ijsbergen. De scheepsradio had voor de ingeslagen koers een serie waarschuwingen voor ijsberggevaar

De ondergang van de 'Titanic', afgebeeld door de Duitse schilder Willy Stoewer.

opgevangen. Kapitein Smith gaf daarom opdracht voor een speciale uitkijk, maar verminderde de snelheid niet.

Tegen 23.40 uur zag Fleet een hindernis opduiken in de nacht. Hij luidde driemaal de alarmklok en meldde aan de brug: 'IJsberg recht vooruit!' De boeg van de oceaanreus zwenkte naar bakboord – maar het was al te laat. De ijsberg reet de flank van het schip als een scheermes op zes plaatsen open. De eerste vijf waterdichte compartimenten liepen vol, de 'Titanic' was niet meer te redden.

Wat volgde is bijna legendarisch: heldenmoed en lafheid, de angst van het hoofd van de White Star Line, J. Bruce Ismay, die snel een plaats voor zichzelf in de reddingsboot veilig stelde, het vergeefse SOS-signaal van het schip en de verbazing over het scheepsorkest, dat het lied *Autumn* speelde terwijl het stoomschip zonk. De balans van de ramp: 1503 personen kwamen om, 703 werden gered. Hierna werden de veiligheidsmaatregelen bij de bouw van passagiersschepen aanzienlijk verscherpt.

Scheepsrampen in de 20e eeuw

1914

'Empress of Ireland'
Op de Canadese Saint-Lawrencerivier botst het Britse stoomschip bij dichte mist met het Noorse vrachtschip 'Storstad' en zinkt binnen enkele minuten. Meer dan 700 mensen komen bij het ongeluk om het leven.

Het vervoer van de slachtoffers van de 'Empress of Ireland'.

1916

'Hsin Yu'
Dicht bij de thuiskust zinkt het Chinese stoomschip 'Hsin Yu'. Ongeveer 1000 passagiers vinden de dood in de rivier. Tien jaar later komen er bij het exploderen van een Chinees troepentransportschip 1200 mensen om het leven.

1948

'Kiang Ya'
Wederom in Chinese wateren voltrekt zich de tot dan grootste ramp in de passagiersvaart. Het exploderen van het stoomschip 'Kiang Ya' dicht bij Sjanghai eist 2750 dodelijke slachtoffers.

'Kiang Ya'.

1955

'Novorossijsk'
Bij een oefening op de Zwarte Zee raakt het sovjetoorlogsschip 'Novorossijsk' beschadigd en zinkt. Meer dan 1500 bemanningsleden kunnen niet meer worden gered.

1987

'Herald of Free Enterprise'
Voor de Belgische haven Zeebrugge kapseist deze Britse Kanaal-veerboot. Oorzaak van het ongeluk, waarbij meer dan 200 passagiers sterven, zijn de niet correct gesloten boegdeuren. In hetzelfde jaar botst de Filippijnse veerboot 'Dona Paz' in de zee-engte van Tabias met de olietanker 'Victor'. Het ongeluk kost 4300 mensen het leven.

'Herald of Free Enterprise'.

1994

'Estonia'
Voor de zuidkust van Finland verandert deze Estlandse veerboot met 918 passagiers in een massagraf. Uit de Oostzee worden 137 personen gered. Oorzaak voor de ramp is een afgescheurde boegklep. De nasleep is dat de discussie over de veiligheid van schepen in het internationale vaarverkeer scherper wordt.

'Estonia'.

Olympische Spelen definitief een sportief evenement op wereldniveau

1912

De voorbeeldige organisatie van de Olympische Spelen van 1912 in Stockholm bracht waarnemers tot de conclusie dat deze manifestatie definitief haar vorm had gevonden en dat de toekomst van de Spelen gewaarborgd was.

Het waren vooral de wedstrijdfaciliteiten die leidden tot geestdrift: in het Olympisch Stadion konden 30.000 toeschouwers een overdekte zitplaats vinden. Zelfs de Zweedse koning Gustaaf V had zich laten aansteken door de euforie en stelde een eigen stuk grond ter beschikking voor de bouw van wedstrijdfaciliteiten en gebouwen. De geplande intocht van de landen achter de bordjes met de landsnaam zorgde voor diplomatiek ongenoegen: Oostenrijk en Rusland protesteerden scherp tegen de deelname van Bohemen, respectievelijk het tot Rusland behoorde groothertogdom Finland. IOC-president Pierre de Coubertin wist met onderhandelingen een compromis te bereiken. De Boheemse en Finse sporters trokken als ploeg binnen, onmiddellijk achter Oostenrijk en Rusland en met een kleiner bordje.

Jim Thorpe, Olympisch winnaar bij de tienkamp, 1912.

Onder de 2450 deelnemers waren voor het eerst teams uit Japan, Luxemburg, Portugal en Servië. De dames maakten hun debuut bij de zwemwedstrijden, nadat er al sinds 1900 Olympische winnaressen waren bij het tennis. In het programma werden nu de moderne vijfkamp, estafette in de atletiek, en de 5 en 10 km hardlopen opgenomen. In beide disciplines domineerde de Fin Hannes Kolehmainen.

In Stockholm werd voor het eerst de klassering met finishfoto's bepaald.

Voor de eerste en laatste keer waren er twee onderdelen bij het kogelstoten, kogelslingeren en discuswerpen. De atleten mochten één keer hun sterkste werphand gebruiken, in de tweede manche moesten ze de beide handen gebruiken. De scheidsrechters werden geholpen door elektrische tijdmeting, die de tijd op een tiende seconde nauwkeurig weergaf. Bovendien hielpen finishfoto's onbesliste uitslagen te corrigeren.

Tot de eerste 'koning der atleten' groeide Jim Thorpe uit de Verenigde Staten uit. In Stockholm won hij de Olympische tienkamp en de eerste atletische vijfkamp. Omdat deze atleet van indiaanse afkomst in zijn jeugd echter een kleine vergoeding voor basketbalwedstrijden had gehad, ontnam het IOC hem in 1913 zijn gouden medailles wegens overtreding van de amateurbepalingen. Thorpe werd pas na versoepeling van de reglementen in 1982 gerehabiliteerd en postuum opnieuw opgenomen in de lijsten van de winnaars.

In de vijfkamp bereikte Avery Brundage, de latere IOC-president (1952-1972), de vijfde plaats. De Coubertin, in functie als IOC-president, won bij de kunstconcoursen goud in de discipline Literatuur. Hij had onder een pseudoniem een *Ode aan de sport* ingestuurd.

Nadat de ruiters in 1900 in Parijs hun Olympische première hadden gehad, maar vanwege organisatorische problemen in 1908 in Londen ontbraken, overheersten in Stockholm deze tak van sport de gastheren: ze wonnen de dressuur, de individuele en de team-military en het ploegenklassement bij het springen; daarbij won de Fransman Cariou goud in het individuele klassement.

Een familietraditie werd voortgezet: nadat Oscar Swahn en zijn zoon Alfred in 1908 hadden deelgenomen aan de schietwedstrijden, namen ze in 1912 en 1920 opnieuw gezamenlijk deel aan de Spelen. In 1924 verscheen Oscar alleen bij de start van de wedstrijden. Zo kwamen er ten slotte totaal zes gouden, vier zilveren en vijf bronzen medailles in het familiebezit.

Olympische sterren in Stockholm

1912

Ralph Rose

Deze atleet uit de Verenigde Staten is een van de meest succesvolle sporters van de vroege geschiedenis van de Spelen. Van 1904 tot 1912 neemt hij aan de Spelen deel en haalt daarbij driemaal goud, tweemaal zilver en een bronzen medaille in het kogelstoten, kogelslingeren en discuswerpen.

Ralph Rose.

1912

Hannes Kolehmainen

Deze Fin bindt in Stockholm binnen acht dagen de strijd aan bij de voorrondes en de finales van de 5 km, 10 km en 8 km crosscountry, wordt driemaal Olympisch winnaar en haalt zilver met de cross-country voor ploegen. De eerste ster van het hardlopen op de lange afstanden vestigt daarmee de Finse suprematie gedurende de volgende jaren op de middellange en lange afstanden. Bij de Spelen in Antwerpen (1920) bekroont hij op 30-jarige leeftijd zijn carrière met de overwinning op de marathon.

Hannes Kolehmainen.

1912

Fanny Durack

Deze Australische wordt de eerste Olympische winnares bij het zwemmen. Ze haalt goud bij de 100 m crawl, nadat ze in een tijd van 1.19,8 minuut een wereldrecord heeft gevestigd. Durack verbetert tussen 1912 en 1915 driemaal het record op de sprintafstand. Op de 200 m crawl vestigt ze in 1915 met 2.56,0 het eerste officieel geregistreerde record.

Fanny Durack.

1912

Wilhelm Carlberg

Deze Zweed boekt succes bij het schieten, met driemaal goud (geweer klein kaliber individueel en ploegen, pistool ploegen). Ook in 1908 in Londen was deze schutter erbij. Daar haalde hij het zilver in de ploegenwedstrijd voor geweer klein kaliber. Bij de Spelen van 1924 is Carlberg terug van weggeweest met een tweede plaats op het onderdeel automatisch pistool.

1912

Alfred Lane

Deze Amerikaan heeft succes met drie overwinningen (snelvuurpistool individueel, pistoolschieten vrije schietschijf individueel en ploegen). In Antwerpen in 1920 haalt hij tweemaal goud bij de ploegen en brons bij pistoolschieten individueel.

Oorlogen en 'etnische zuiveringen' verergeren de toestand op de Balkan

In de Eerste Balkanoorlog ontnamen Bulgarije, Griekenland, Montenegro en Servië in 1912 het Osmaanse rijk zijn Europese gebieden. In de Tweede Balkanoorlog (1913) vochten ze tegen elkaar om Macedonië. Deze conflicten mondden uit in de Eerste Wereldoorlog.

Op 8 oktober 1912 verklaarde Montenegro de oorlog aan het Osmaanse rijk vanwege de discriminatie van niet-islamitische bevolkingsgroepen in het Europese deel van Turkije. Tien dagen later sloten de bondgenoten van Montenegro binnen het Balkanverbond – Bulgarije, Griekenland en Servië – zich aan bij de strijd. Verzwakt door problemen in de binnenlandse politiek en door de oorlog over Tripoli (Libië) met Italië, kon het Osmaanse rijk slechts geringe weerstand bieden aan de zware aanvallen. In een paar weken tijd verloor 'de zieke man van de Bosporus' al zijn Europese bezittingen, uitgezonderd een klein gebied bij Constantinopel. De vrede van Londen bezegelde op 30 mei 1913 het eind van meer dan 500 jaar Turkse heerschappij op de Balkan.

Rekruten uit het Osmaanse rijk wachten in Constantinopel op het bevel om de strijd aan te binden ter verdediging van de Osmaanse bezittingen in Europa.

Albanië werd een onafhankelijke staat. De verdeling van de rest van de buit onder de overwinnende landen zorgde voor nieuwe stof voor conflicten, want afgebakende grenzen tussen de woongebieden van de Balkanvolkeren waren er niet. Speciale moeilijkheden leverde de verdeling van het door talrijke etnische groepen bewoonde Macedonië, dat veroverd was door Serviërs, Bulgaren en Grieken. De conflicten tussen de voormalige bondgenoten ontketenden de Tweede Balkanoorlog.

Eind juni 1913 drongen Bulgaarse troepen binnen in het door Servië opgeëiste deel van Macedonië, waarna koning Peter I van Servië de oorlog verklaarde aan Bulgarije. Toen Griekenland ook de zijde van Servië koos, zag Roemenië een kans om de in het nauw gebrachte Bulgaren het zuidelijke deel van de Dobroedzja te ontrukken. Ook Turkije bond weer de strijd aan en veroverde Oost-Thracië met de vestingstad Adrianopolis (Edirne), dat het in de Eerste Balkanoorlog was kwijtgeraakt aan Bulgarije.

Door vijf mogendheden in het nauw gebracht – ook Montenegro vocht aan de zijde van Servië – capituleerde het Bulgaarse leger. In het verdrag van Boekarest op 10 augustus verloor Bulgarije de Dobroedzja en kreeg het slechts een smalle strook van Zuid-Macedonië die toegang bood tot de Egeïsche Zee. Het grootste deel van dit gebied, met Saloniki en het eiland Thasos, kwam aan Griekenland. De duidelijke winnaar van de Balkanoorlogen was echter Servië. Het verdubbelde bijna zijn gebied en hoopte van nu af aan ten koste van Oostenrijk-Hongarije de droom van een Groot-Servisch rijk te verwezenlijken.

Servische soldaten met een bereden officier in Üsküb (Skopje).

De oorlogvoering ging gepaard met zeer hard optreden tegen de burgerbevolking. Dit bracht geweldige stromen vluchtelingen op gang. In de Eerste Balkanoorlog vluchtten ongeveer 100.000 mensen van de Turks-islamitische bevolkingsgroep voor de legers van het Balkanverbond in de richting van Constantinopel. Discriminatie en gedwongen bekering van groepen met een andere taal of een ander geloof, en deportatie en massamoord op de burgerbevolking zetten hun stempel op de Tweede Balkanoorlog. De brute politiek tegen minderheden versterkte de positie van nationalistische elementen binnen de afzonderlijke Balkanstaten en gaven bovendien nog meer kracht aan de onderlinge haat tussen de verschillende nationaliteiten.

Tegenspelers in het conflict op de Balkan

1841-1921
Nicolaas I
Na oorlogen tegen Turkije dwingt de vorst van Montenegro (sinds 1910 koning) in 1878 de onafhankelijkheid af en slaagt erin het grondgebied van zijn land uit te breiden. In 1905 vaardigt hij weliswaar een grondwet uit, maar hij regeert daarna autocratisch. In de Eerste Wereldoorlog staat hij aan de kant van Servië.

Nicolaas I in zijn koets.

1844-1918
Mohammed VI
Deze sultan komt als opvolger van zijn broer aan de macht in 1909, bij de revolutie van de Jong-Turken, die streven naar een constitutionele monarchie. Ook hij kan echter het definitieve einde van het Osmaanse rijk niet afwenden.

Mohammed VI.

1844-1921
Peter I
Na de moord op Alexander I wordt Peter I in 1903 koning van Servië en stelt de grondwet van 1888 weer in werking. Met zijn protest tegen de annexatie van Bosnië-Herzegovina door Oostenrijk-Hongarije lokt hij de Bosnische annexatiecrisis van 1908-1909 uit. Na het einde van de Eerste Wereldoorlog wordt Peter in 1918 uitgeroepen tot heerser van het nieuw gestichte koninkrijk van Serviërs, Kroaten en Slovenen.

1845-1913
George
Deze Deense prins wordt in 1863 op aanbeveling van Groot-Brittannië koning van Griekenland. In 1867 trouwt hij met de Russische grootvorstin Olga. Aansluitend op de opstand van Kreta tegen het Osmaanse rijk lijdt hij in 1897 een zware nederlaag tegen Turkije. In 1913 wordt hij vermoord door een vermoedelijk geestelijk gestoorde Griek.

George I.

1861-1948
Ferdinand I
Ferdinand, uit het huis Saksen-Coburg, wordt vorst van Bulgarije in 1887, nadat Alexander I door Rusland ten val is gebracht. In 1908 proclameert hij de onafhankelijkheid van zijn land van het Osmaanse rijk en benoemt zichzelf tot tsaar. In de Eerste Wereldoorlog vecht hij aan de kant van Oostenrijk-Hongarije en Duitsland.

Ferdinand I.

Schweitzer geeft in Afrika richting aan de 'eerbied voor het leven'

1913

Op 16 april 1913 kwam de Elzasser theoloog en zendingsarts Schweitzer aan in Lambarene, aan de westkust van Afrika. Met een ijzeren wil en bezield door naastenliefde, bouwde hij een oerwoudhospitaal op voor de verpleging van de bevolking.

Nadat de op 14 januari 1875 in Kaysersberg bij Colmar geboren Schweitzer in 1902 het recht had verworven om als docent theologie te doceren aan de universiteit, werkte hij eerst als hulppredikant in Straatsburg. Met bijdragen aan het onderzoek naar het leven van Jezus en zijn biografie van Bach maakte hij snel naam in wetenschappelijke kringen.

In de herfst van 1904 las Schweitzer een oproep van de zending in Kongo, die vertwijfeld op zoek was naar personeel. Daarmee stond vast welk beroep hij wilde beoefenen: 'Ik zou arts willen worden, om zonder geklets te kunnen werken.' In 1905 begon Schweitzer aan een studie geneeskunde, die hij in 1913 afsloot met een proefschrift *De psychiatrische beoordeling van Jezus.* In hetzelfde jaar publiceerde hij *Geschiedenis van het onderzoek naar het leven van Jezus.*

Albert Schweitzer voor zijn hospitaal in Lambarene.

Nog in 1913 reisde Schweitzer voor het eerst naar Afrika. Aan de noordelijke oever van de Ogowe, dicht bij de stad Lambarene, stichtte hij een ziekenhuis. In het hospitaal organiseerde Schweitzer een allesomvattende medische en sociale verzorging voor de bevolking. In de Eerste Wereldoorlog werd hij in 1917 naar Europa getransporteerd en verbleef hij tot in 1918 in verschillende Franse interneringskampen. Schweitzer was immers geboren in de tot 1918 tot Duitsland behorende Elzas.

In 1924 keerde Schweitzer terug naar West-Afrika en hervatte het werk in zijn tropenziekenhuis. Al twee jaar later vierde hij de inwijding van een stuk nieuwbouw met daarbij een lepraziekenhuis. De zendingsarts probeerde nieuwe wegen in te slaan bij de medicinale behandeling en verpleging. Zijn methode richtte zich op een op de omgeving afgestemde therapie. Dat wil zeggen, de zieke moest niet volledig gescheiden worden van de omgeving waaraan hij gewend was. Terwijl de persoonlijke inzet van de 'oerwouddokter' algemeen gold als voorbeeldig, hadden veel professionele artsen kritiek op zijn onconventionele aanpak. Schweitzer was niet alleen een bijzondere arts, maar was ook muzikaal begaafd en beschikte bovendien over een brede ambachtelijke kennis. Met zijn in 1906 gepubliceerde boek *Duitse en Franse orgelbouwkunst* leverde hij een bijdrage aan de Duitse orgelbeweging. Bovendien zette hij zich in voor de 'Elzasser orgelhervorming' en was hij mede-uitgever van de orgelwerken van Johann Sebastian Bach, waaraan hij een nieuwe interpretatie gaf.

Albert Schweitzer aan boord van een schip dat hem in 1924 terugbrengt naar Afrika.

De financiering van het hospitaal was sterk afhankelijk van de betrokkenheid van Schweitzer. De op vele manieren begaafde arts bracht geld bij elkaar door orgelconcerten en lezingentournees. Steeds weer riep hij op tot radicale naastenliefde, die voor hem de consequentie van zijn theologische overtuigingen was. Schweitzer zag de historische Jezus als een Messias, die de komst van het Rijk Gods al had verwacht tijdens zijn leven. Al vroeg ontwikkelde Schweitzer zijn motto, de 'eerbied voor het leven'.

De grootste hommage voor zijn werk kreeg Schweitzer in 1953, toen het Nobelprijscomité hem de Nobelprijs voor de vrede van 1952 toekende. Op 4 september 1965 stierf de grote helper van de mensheid in zijn tweede thuis, Lambarene.

Strijders voor de mensenrechten

1869-1948

Mahatma Gandhi

Gandhi vecht zowel voor de onafhankelijkheid van India als tegen kolonialisme, racisme en geweld. Hij ontwikkelt een methode van geweldloos verzet en roept op tot burgerlijke ongehoorzaamheid. Al tijdens zijn leven groeit de asceet uit tot een legende en wordt hij vereerd als een heilige. In 1948 sterft hij door de kogels van een fanatieke hindoe.

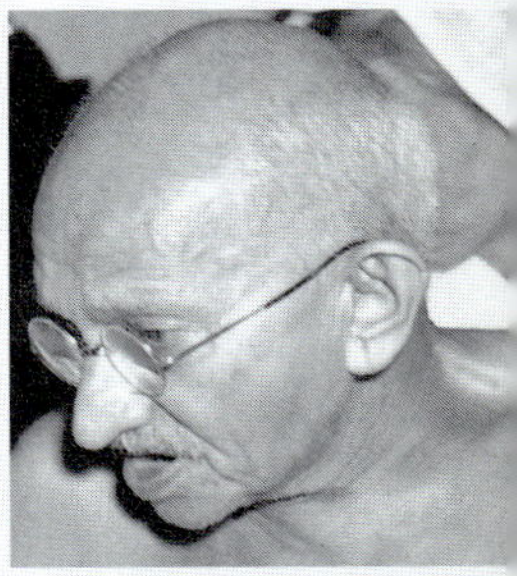

Mahatma Gandhi.

1910-1997

Moeder Teresa

De in Joegoslavië geboren Indiase non opent in 1949 een eerste school in de sloppen van Calcutta en sticht de Orde van de Zendingzusters van de Naastenliefde. De leden van de orde werken in de sloppenwijken van de miljoenenstad en bekommeren zich om de armsten van de armen. In 1979 krijgt moeder Teresa voor haar werk de Nobelprijs voor de vrede.

Moeder Teresa.

1917-1980

Oscar Romero

De aartsbisschop van San Salvador wordt tijdens een mis neergeschoten. De geestelijke gold als een resolute en onverschrokken tegenstander van de heersende militaire junta. Hij zette zich in voor de armen en rechtelozen en veroordeelde openlijk repressie en geweld. Van de moordenaars vermoedt men dat ze uit rechts georiënteerde kringen komen.

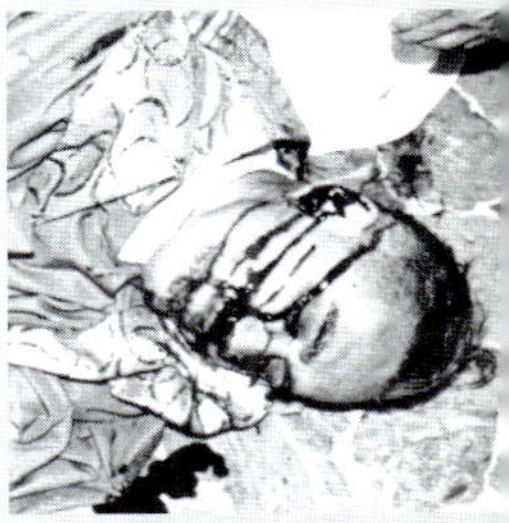

Oscar Romero kort na de aanslag.

1929-1968

Martin Luther King

De zwarte strijder voor de burgerrechten en de drager van de Nobelprijs voor de vrede wordt in Memphis het slachtoffer van een moordaanslag. King gold als symbool in de geweldloze strijd tegen het racisme. Hij organiseerde boycotacties en demonstraties voor de gelijkberechtiging van zwarten. In 1963 hield hij in Washington zijn rede *I have a dream*, waarin hij zijn visioen van een wereld zonder ongelijkheid schilderde.

Martin Luther King.

1947-1984

Jerzy Popieluszko

Deze Poolse geestelijke, die als aanhanger van de verboden vakbond Solidariteit tot de populairste predikers van het land behoort, wordt vermoord door de Poolse geheime dienst.

A la recherche du temps perdu: wegwijzer voor de literatuur

Met zijn monumentale romancyclus *A la recherche du temps perdu, 'Op zoek naar de verloren tijd'*, drong de Franse schrijver Marcel Proust literair door in onbekende delen van de ziel en zette nieuwe maatstaven in de vertelkunst.

Nadat alle uitgeverijen het manuscript hadden afgewezen, verklaarde Bernard Grasset dat hij bereid was het boek in zijn uitgeverij uit te brengen – zij het op kosten van de auteur. Zo verscheen in 1913 in Parijs onder de titel *Du côté de chez Swann* het eerste deel van de roman *Op zoek naar de verloren tijd*. Pas in 1927, vijf jaar na de dood van Proust, kwam het zevende en laatste deel uit, dat vandaag de dag geldt als een van de grootste literaire werken van de eeuw.

Op het eerste gezicht is *Op zoek naar de verloren tijd* een sociale roman, die speelt rond de eeuwwisseling in de kringen van de adel en de hoge burgerij van Frankrijk, waarin Proust zich bewoog. Maar anders dan in de traditionele realistische roman worden de gebeurtenissen niet chronologisch maar als associatief aan elkaar gekoppelde brokstukken verteld, die uitsluitend door de ik-verteller bij elkaar worden gehouden. De uitwendige, objectieve tijd is betekenisloos tegenover de innerlijke, subjectief beleefde ontwikkeling. Deze laatste wordt ontsloten door Marcel – die niet identiek is met Proust – via spontane herinneringen en laat zo het verleden herleven.

Marcel Proust met vriendinnen op de tennisbaan.

De herinneringen waarin de 'verloren tijd' worden teruggevonden, komen vrij door kleine zintuiglijke indrukken als het genieten van een koekje bij de thee, dat Marcels hele jeugd in Combray als door bezwering weer oproept. Verleden en heden vloeien ineen in de gecompliceerde zinnen, die rijk zijn aan metaforen en vergelijkingen.

Door de minutieuze schildering van de meest subtiele emotionele prikkels en complexe bewustzijnstoestanden wierp het meesterlijke proza van Proust licht op tot dan toe onbekende delen van de menselijke psyche.

Proust, op 10 juli 1871 geboren in Auteuil, kwam uit een gegoede doktersfamilie. Aan de Parijse Sorbonne volgde hij colleges van Henri Bergson; diens filosofie over de behoudende kracht van het geheugen had sterke invloed op het begrip van tijd dat in het hoofdwerk van Proust ontwikkeld werd. Proust oefende geen burgerlijk beroep uit, maar leidde – zolang zijn talrijke astma-aanvallen het hem toestonden – het leven van de in de Parijse salons graag geziene dandy's.

MARCEL PROUST

A LA
RECHERCHE
DU
TEMPS PERDU

Documents photographiques de l'époque.

TOME PREMIER

Titelpagina van *A la recherche du temps perdu*.

Vanaf 1892 schreef hij literaire en kunsttheoretische teksten. Zo hield hij zich intensief bezig met de geschriften van de door hem zeer hoog aangeslagen Engelse schrijver, kunstcriticus en sociale hervormer John Ruskin; diens werken vertaalde hij in het Frans. In 1896 verscheen het eerste boek van Proust, *Les plaisirs et les jours*, met een voorwoord van Anatole France.

Vanaf 1905 werkte Proust aan de romancyclus *Op zoek naar de verloren tijd*. Terwijl zijn ziekte verergerde trok hij zich steeds meer terug uit het maatschappelijke leven en wijdde zich helemaal aan de literatuur. In 1919 kreeg hij voor het tweede deel van zijn zevendelige romancyclus *A l'ombre des jeunes filles en fleurs* de Prix Goncourt. De schrijver stierf op 18 november 1922, slechts 51 jaar oud.

Franse romanschrijvers in de 20e eeuw

1844-1924

Anatole France
In de romancyclus *Histoire contemporaine* (1897-1921) wijst deze door de Verlichting geïnspireerde scepticus met humor en sarcasme op de sociale misstanden van de Franse maatschappij van omstreeks 1900. De terreur van de revolutiejaren wordt beschreven in zijn populairste roman, *Les dieux ont soif (De goden zijn dorstig*, 1912). In 1921 krijgt hij de Nobelprijs voor literatuur.

Anatole France.

1869-1951

André Gide
Gides autobiografische werken zijn gevormd door het streven naar vrijheid en zelfontplooiing van het individu. Tot zijn bekendste romans behoren *La symphonie pastorale* (1919) en *De valsemunters* (1926). In 1947 krijgt hij de Nobelprijs voor literatuur.

André Gide.

1896-1966

André Breton
Naast Louis Aragon en Paul Eluard is Breton een van de belangrijkste vertegenwoordigers van het Franse surrealisme. Zijn eerste grote succes is het verhaal *Nadja* (1928); dit vertolkt het surrealistische levensgevoel, dat vermoedt dat achter de alledaagse realiteit een werkelijkheid schuilgaat die niet toegankelijk is voor het verstand.

1913-1960

Albert Camus
De zoektocht naar de zin van het leven ondanks de absurditeit van het bestaan vormt het centrale punt van het scheppende werk van Camus, naast Sartre de belangrijkste Franse existentialist. In zijn romans *L'étranger* (1942) en *La peste* (1947) wordt de revolte tegen het noodlot tot een betekenis en verbondenheid voortbrengende daad. In 1957 krijgt hij de Nobelprijs voor literatuur.

Albert Camus.

1913

Claude Simon
Simon is een van de bekendste vertegenwoordigers van de Nouveau Roman, die het vertelproces zelf tot een thema maakt en een traditioneel verloop van de handeling afwijst. Opheffen van de chronologie en mozaïekachtige perspectieven zijn kenmerkend voor werken als *Le Palace* (1962) en *Triptychon* (1973). In 1985 krijgt hij de Nobelprijs voor literatuur.

Claude Simon.

Constructivisme en De Stijl streven naar een radicaal nieuwe kunst

Het constructivisme, dat omstreeks 1913 ontstond, gebruikte bij het creëren van zijn beelden uitsluitend geometrische vormen. Onafhankelijk van deze stroming vormde zich in Nederland de groep *De Stijl*, die vergelijkbare artistieke principes nastreefde.

In het jaar 1913 kwam de Russische beeldhouwer, vormgever en schilder Vladimir Tatlin aan in Parijs, waar hij een studie maakte van de kubistische reliëfs van Pablo Picasso. Nog in hetzelfde jaar schiep hij de eerste abstracte, beschilderde reliëfs, die hij 'Constructies' noemde. Zij vormden een fundament van het constructivisme.

Ongeveer in dezelfde tijd ontwikkelde de schilder Kasimir Malevitsj in Rusland het futurisme en het kubisme verder. Er ontstond een volledig op geometrische basisvormen – driehoek, cirkel, vierkant – berustende, volstrekt objectloze manier van schilderen, die hij het 'suprematisme' noemde. Zijn eerste puur suprematistische werk was *Zwart vierkant op witte ondergrond*. In 1915 publiceerde Malevitsj zijn suprematistisch manifest, dat een sterke invloed uitoefende op de uit Smolensk afkomstige architect en kunsttheoreticus El Lissitsky. Hij schilderde in 1919 zijn eerste 'Proun'-schilderijen. De naam daarvan is afgeleid uit de Russische woorden voor 'een vernieuwing van de kunst'.

Piet Mondriaan richtte in 1917 *De Stijl* op. In 1921 maakte hij *Compositie in rood, geel, blauw.*

El Lissitsky: *Tatlin in zijn atelier met passer en liniaal.*

'Ik creëerde de proun als overstaphalte van schilderkunst naar architectuur,' zei Lissitsky, en hij droeg half geometrische, half stereometrische vormen (driedimensionale lichamen die op het vlak geprojecteerd worden) van de tekentafel over op het linnen. Het revolutionaire aan het Russische constructivisme, dat pas omstreeks 1921 zo werd aangeduid, was niet alleen de ommezwaai in de richting van de zuivere abstractie, maar ook het feit dat men natuurkundige wetten, de moderne techniek en de kunde van ingenieurs betrok bij de eigen kunst.

Toen de kunstenaars in het begin van de jaren twintig in een steeds grotere tegenstelling met de cultuurpolitiek van Lenin verzeild raakten, keerden de meesten van hen Rusland de rug toe.

De Nederlandse beweging De Stijl had het kubisme als uitgangspunt, ook al was ze dan niet bezield door technische visioenen, maar door het filosofische idee van de tegenstelling tussen een universele en een individuele werkelijkheid. Als hoofd van de beweging gold Piet Mondriaan, die van 1911 tot 1914 in Parijs verbleef. In 1917 bereikte hij een puur geometrische abstractie van strikt horizontale en loodrechte lijnen als beeldende symbolen van de beide wereldprincipes.

Toen hij in Nederland was teruggekeerd, kwam Mondriaan kunstenaars tegen als Theo van Doesburg, Bart van der Leck en Georges Vantongerloo, die eveneens streefden naar een radicale vernieuwing van de kunst en een nieuwe vormgeving van de wereld door de kunst. In 1917 sloten ze zich aaneen tot de kunstenaarsgroep De Stijl, waarvan Van Doesburg de theoreticus was. Het door de kunstenaars uitgebrachte tijdschrift heette eveneens *De Stijl*.

Als klassieke vormgevingselementen van De Stijl kristalliseerden zich enerzijds de lijn, de rechte hoek en het vierkant, anderzijds de primaire kleuren blauw, geel, rood en de niet-kleuren grijs, zwart en wit. De principes van deze gereduceerde, door proporties en evenwicht bepaalde schilderkunst, die harmonie en spiritualiteit incorporeerde, moesten ook overgedragen worden op het leven van de mens. Zoals de meeste constructivisten hielden ook de kunstenaars van De Stijl zich veelvuldig bezig met opdrachten op het gebied van vormgeving.

Belangrijke constructivisten en Stijl-kunstenaars

1872-1944

Piet Mondriaan

De schilderijen van Mondriaan zijn parabels van een kosmische harmonie. In tegenstelling tot het dynamische Russische constructivisme bewaren zijn statische werken een onaantastbaar evenwicht. In 1940 emigreert Mondriaan naar New York, waar zijn lijnstelsels sterker aan ritme onderhevig worden.

1878-1935

Kasimir Malevitsj

Hoewel deze Rus steeds beweert dat hij het suprematisme al in 1913 heeft uitgevonden, ontstaat het eerste suprematistische schilderij, *Zwart vierkant op witte ondergrond*, pas omstreeks 1915. Na de oktoberrevolutie van 1917 neemt Malevitsj pedagogische taken op zich in Leningrad, Moskou en Vitebsk

1883-1931

Theo van Doesburg

De theoreticus van De Stijl schildert streng geometrische schilderijen met rechthoekige, later diagonale elementen. Als architect vormen de uit kubistische vormen samengestelde, functionalistische ontwerpen een mijlpaal bij het begin van het 'Nieuwe Bouwen'.

1884-1953

Vladimir Tatlin

Het bekendste werk van deze Oekraïener is zijn model voor het 'Monument van de Derde Internationale', gepland als een 400 m hoge, spiraalvormige staalconstructie. Dit in 1919 begonnen werk wordt echter nooit verwezenlijkt. Tatlin komt op voor een integratie van verschillende domeinen van het leven met technische vernieuwingen. Na 1920 wijdt hij zich aan de toegepaste kunst.

1890-1941

El Lissitsky

Deze architect sluit zich in 1920 aan bij de constructivisten. Wanneer de avant-gardistische kunst in de Sovjet-Unie steeds meer wordt onderdrukt, emigreert hij in 1921 naar Duitsland. Daar leert hij Theo van Doesburg, Ludwig Mies van der Rohe en László Moholy-Nagy kennen, die hij sterk beïnvloedt. In 1928 keert Lissitsky uiteindelijk terug naar de Sovjet-Unie.

Kasimir Malevitsj, *Een Engelsman in Moskou* (1914).

Theo van Doesburg, *Contracompositie* (1924).

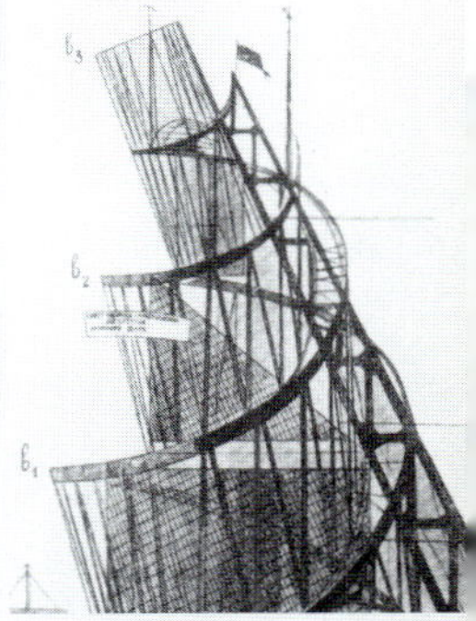

Vladimir Tatlin: *'Zijaanzicht van de toren voor de Derde Internationale'* (1919-1920).

I. B. HAZELTON

Aanslag in Sarajevo leidt tot de Eerste Wereldoorlog

De moord op de Oostenrijkse troonopvolger Franz Ferdinand op 28 juni 1914 liet het 'kruitvat Europa' exploderen; de lont lag op de Balkan. Patriottisme, de politiek van de grote mogendheden en bondgenootschappelijke verplichtingen mondden uit in de Eerste Wereldoorlog.

Op de Servische nationale feestdag van Vidovdan bezochten de Oostenrijkse troonopvolger Franz Ferdinand en zijn echtgenote Sophie von Hohenburg de stad Sarajevo. Om 11.02 uur wierp de Bosnische schrijver Nedeljko Cabrinovič op de Appell-kade bij de Cumurjabrug een bom op de passerende auto van de aartshertog. De bom rolde van het dak op de straat en explodeerde. Er vielen enkele gewonden, maar Franz Ferdinand en zijn vrouw bleven ongedeerd.

Na de officiële ontvangst in het stadhuis begon de terugrit in een open auto. Bij een draaimanoeuvre kwam de auto pal voor de 19-jarige Gavrilo Princip tot stilstand, die de troonopvolger en diens vrouw met twee schoten doodde. Het wapen was afkomstig uit een Servisch legerdepot en de Servische kranten verheerlijkten de moord als een vaderlandse heldendaad.

De moord op Franz Ferdinand en zijn vrouw in Sarajevo in 1914, op een schilderij van Hazelton.

De plegers van de aanslag – Bosnische nationalisten, die streden tegen de Oostenrijkse heerschappij op de Balkan – hadden gehandeld in opdracht van de geheime revolutionair-nationalistische organisatie Vereniging of Dood ('De Zwarte Hand'). De Zwarte Hand, door Russische kringen financieel ondersteund, eiste de vereniging van de Zuid-Slaven onder Servische leiding. De Servische regering wilde daarentegen vooralsnog het conflict met Oostenrijk-Hongarije vermijden. Maar hoewel ze al vanaf het begin van juni 1914 op de hoogte was van de plannen voor de aanslag, maakte ze geen aanstalten tot tegenmaatregelen.

De Duitse keizer Wilhelm II verzekerde keizer Franz Joseph onmiddellijk van zijn trouw als bondgenoot: een 'blanco cheque' voor militaire acties tegen Servië. Al in de Bosnische crisis van 1908-1909 had het Duitse rijk de Oostenrijkse annexatie van Bosnië en Herzegovina gebillijkt. De Oostenrijks-Hongaarse veelvolkerenstaat was bedreigd in zijn interne samenhang, terwijl het nationale bewustzijn van Servië was versterkt door militaire successen en gebiedsuitbreiding in de Tweede Balkanoorlog van 1913. Bovendien waren de aanspraken van de Russische machtspolitiek in Zuidoost-Europa toegenomen. In deze situatie drong de Duitse generale staf in mei 1914 aan op een preventieve aanvalsoorlog tegen Rusland, dat met zijn eisen ten aanzien van Zuidoost-Europa erop aanstuurde de bestaande machtsverhouding blijvend te veranderen.

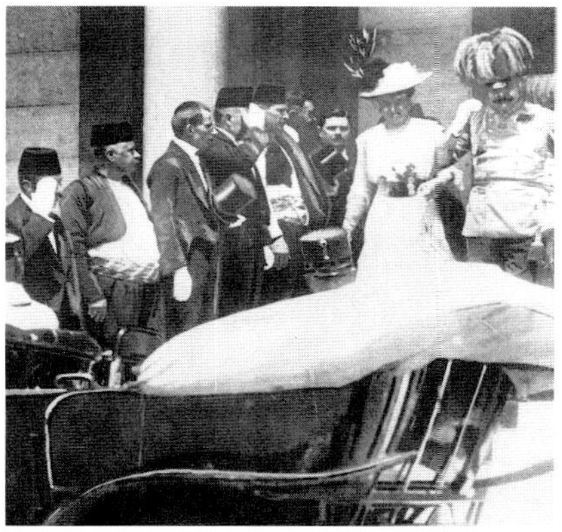

Kort voor de aanslag: Franz Ferdinand en zijn vrouw op weg naar de auto.

De moord van Sarajevo daagde Oostenrijk-Hongarije en het Duitse rijk uit om maatregelen te nemen tegen Servië en Rusland – en daarmee ook tegen de hele Triple Entente: Frankrijk, Rusland en Groot-Brittannië. De machtspolitieke tegenstellingen in Europa en de agressieve bondgenotenpolitiek ontlaadden zich in de Eerste Wereldoorlog. Ook het nationalisme en de bewapeningswedloop tussen de verschillende grote mogendheden (vooral de Duits-Engelse rivaliteit over de vloten), interne spanningen in de Oostenrijks-Hongaarse veelvolkerenstaat en de Russische eis van vrije toegang tot de Bosporus en de Dardanellen droegen bij aan het ontstaan van het conflict. Uiteindelijk stortten overhaaste ultimatums en mobilisaties de wereld in de 'moedercatastrofe van de 20e eeuw', zoals de Duitse schrijver Golo Mann de Eerste Wereldoorlog noemde.

Gebeurtenissen uit de begindagen van de oorlog

25 juli 1914

Mobilisaties

Nadat Duitsland Oostenrijk-Hongarije heeft gegarandeerd dat het bij de Servische kwestie trouw aan het bondgenootschap zal zijn, gaan Wenen en Belgrado over tot gedeeltelijke mobilisatie. Tegelijkertijd besluit de Russische kroonraad om Servië te steunen bij een eventueel conflict.

Mobilisatie in Berlijn, 1914.

28 juli 1914

De eerste oorlogsverklaring

Ondanks Britse bemiddelingspogingen verklaart Oostenrijk-Hongarije de oorlog aan Servië. Rusland (31 juli) en Duitsland (in het geheim) besluiten tot algehele mobilisatie.

1 augustus 1914

Duitsland neemt deel aan de oorlog

Het Duitse rijk verklaart de oorlog aan Rusland. De Franse regering benadrukt dat ze zal handelen 'overeenkomstig de landsbelangen'. De regering in Londen geeft bevel tot mobilisatie van de vloot en garandeert een dag later de bescherming van de Franse Noordzeekust.

Duitse troepen marcheren België binnen.

3 augustus 1914

Oorlog tegen Frankrijk

Na de oorlogsverklaring aan Frankrijk vallen Duitse troepen België binnen, hoewel de Belgische regering de Duitse troepen verboden had om door het land te trekken.

Keizer Wilhelm II met enkele van zijn zoons.

4 augustus 1914

Brits ultimatum

Groot-Brittannië eist in een ultimatum aan het Duitse rijk dat de Belgische neutraliteit wordt gerespecteerd. Het ultimatum en het verbreken van de diplomatieke betrekkingen staan gelijk aan een oorlogsverklaring.

6-23 augustus 1914

De oorlog breidt zich uit

Op 6 augustus verklaart Servië de oorlog aan het Duitse rijk, en Oostenrijk-Hongarije aan Rusland. Vijf dagen later volgt Frankrijk tegen Oostenrijk-Hongarije; op 12 augustus stort ook Groot-Brittannië zich in de militaire conflicten met de Dubbelmonarchie.

In 1917 gaan de Verenigde Staten over tot deelname aan de oorlog; hier de mobilisatie in New York.

Franse socialist en pacifist Jean Jaurès in Parijs vermoord

Op 31 juli 1914 werd de Franse pacifist Jean Jaurès vermoord door een nationalistische fanaticus. Daarmee verloren de socialisten een van hun leidende figuren en de drijvende kracht bij het samengaan van socialistische stromingen.

In de laatste jaren voor zijn dood was Jaurès als vertegenwoordiger van een gematigde richting binnen het socialisme steeds vaker betrokken bij meningsverschillen met radicale krachten. De radicalen van het toenmalige Frankrijk werden gerekruteerd uit burgerlijke groeperingen die zich beriepen op de revolutie van 1789. Aan het einde van de 19e eeuw hadden de socialisten met hun eis van maatschappelijke omwentelingen een deel van hun kiezers uit deze burgerlijke kringen gehaald. Radicalisme en socialisme hadden zich echter gemeenschappelijk gekeerd tegen de bedreiging van het parlementaire systeem door het autoritair-nationalistische boulangisme (1886-1889).

Jean Jaurès, een van de leidende socialisten van Frankrijk rond de eeuwwisseling en het begin van de 20e eeuw.

Jaurès, die van 1883 tot 1885 filosofie doceerde aan de universiteit van Toulouse, behoorde aanvankelijk tot de linkervleugel van de republikeinen, die hij vanaf 1885 vier jaar vertegenwoordigde in het parlement. Van 1893 tot 1898 en van 1902 tot 1904 was hij afgevaardigde namens een socialistische groepering. Afkomstig uit een familie van de middelste laag van de burgerij, was hij stapje voor stapje nader gekomen tot het socialisme, zonder zich ooit volledig aan te sluiten bij het marxisme. Hij heeft altijd het dialectisch materialisme afgewezen en stond voor een revisionistisch standpunt. Door het contact met de arbeiders en de plattelandsbevolking ging hij open staan voor de militante strijd voor de laagste klassen.

In 1893 behoorde Jaurès tot de ongeveer 30 onafhankelijke kandidaten die bij de verkiezingen van dat jaar aantraden onder het etiket 'socialistisch'. De vier socialistische partijen wisten 18 zetels te bemachtigen en kregen voet aan de grond als een politieke kracht naast de republikeinen en de radicalen. Jaurès profileerde zich door het ondersteunen van de laïcistische politiek van Pierre Waldeck-Rousseau en Emile Combes, de regeringsleiders in de periode 1899-1905.

Jaurès had ook behoord tot degenen die een herziening van het Dreyfus-proces hadden geëist. De joodse officier Alfred Dreyfus was in 1894 ten onrechte veroordeeld wegens landverraad. Hij kreeg in 1899 gratie en het vonnis werd in 1906 geschorst. Zijn eerherstel groeide uit tot een overwinning van het burgerlijke centrum en van links. Een blok bestaande uit radicalen en socialisten loste in de nasleep van de affaire de wacht af ten koste van de republikeinse meerderheid, die zichzelf door haar geaarzel in diskrediet had gebracht.

De moordenaar van Jaurès, Raoul Villain (staand), werd door de rechtbank vrijgesproken. Hij werd ontoerekeningsvatbaar geacht.

Met Aristide Briand stichtte Jaurès in 1904 de krant *L'Humanité,* die uitgroeide tot het forum van de Franse socialisten. Hij slaagde erin de socialistische groeperingen te verenigen en was vanaf 1905 de geestelijk leider van de Verenigde Socialistische Partij, de Franse afdeling van de Arbeidersinternationale (SFIO). Door de toenemende klassentegenstellingen, de noodzaak tot sociale hervormingen en de tegenstand van de ondernemers, leidden meningsverschillen over stakingproblemen en de sociale wetgeving na 1907 tot vijandschap tussen Jaurès en zijn kompanen Georges Clemenceau en Briand. Jaurès sprak zich uit voor een Duits-Franse verzoening; als radicale pacifist riep hij de haat op van nationalistische kringen. De verkiezing tot president (januari 1913) van Raymond Poincaré, groot voorstander van een Entente met Engeland en Rusland, toonde uiteindelijk aan dat de naar een vergelijk strevende krachten rond Jaurès in de minderheid waren geraakt.

Belangrijke socialisten in Frankrijk

1872-1950

Léon Blum

De voorzitter van het Volksfront (vanaf 1930) zorgt in zijn korte ambtsperiodes als minister-president (1936-1937 en 1938) voor sociale hervormingen: hij weet betaalde vakanties en de veertigurige werkweek te bereiken.

1905-1975

Guy Mollet

Deze leraar sluit zich in 1942 aan bij het verzet en wordt in 1946 afgevaardigde. Tot 1969 is hij in functie als secretaris-generaal van de Franse afdeling van de Arbeidersinternationale (SFIO). Hij is medeoprichter van de Socialistische Internationale en bekleedt in 1956-1957 het ambt van minister-president.

Guy Mollet.

1907-1982

Pierre Mendès-France

Deze radicale socialist is lid van het verzet voordat hij onder Charles de Gaulle minister van Economische Zaken van de naoorlogse voorlopige regering wordt. Als minister-president (1954-1955) maakt hij een einde aan de oorlog in Indo-China. Hij behoort in 1958 tot de oprichters van de Union des Forces Democratiques en in 1960 van de Parti Socialiste Unifié.

Pierre Mendès-France in de Nationale Vergadering in Parijs.

1916-1996

François Mitterrand

Na enige tijd als ambtenaar in Vichy-Frankrijk gediend te hebben, sluit de jurist Mitterrand zich aan bij de Résistance. In 1944 wordt hij minister in de naoorlogse voorlopige regering van De Gaulle. In de jaren vijftig bekleedt hij geregeld ministersposten. Mitterrand, sinds 1971 leider van de Parti Socialiste, vormt in 1972 een verkiezingsbondgenootschap met de communistische partij. Terwijl hij in 1965 en 1974 verliest bij de presidentsverkiezingen, wint hij ze in 1981 en 1988.

François Mitterrand.

1928

Pierre Mauroy

Mauroy in de jaren vijftig actief binnen de vakbonden, klimt op naar de leiding van de SFIO. Hij behoort tot de leiding van de in 1969 opgerichte Parti Socialiste. In 1973 wordt hij burgemeester van Lille en afgevaardigde in de Nationale Vergadering. In 1981-1984 bekleedt hij het ambt van premier, van 1988-1992 is hij voorzitter van de Parti Socialiste en is daarna president van de Socialistische Internationale.

Pierre Mauroy.

Juichend naar het front

Met geestdrift verwelkomden veel Europese volkeren de Eerste Wereldoorlog. Mensenmassa's juichten voor met haat vervulde redevoeringen van vorsten, militairen en politici, en de jeugd van Europa stortte zich blijmoedig in de oorlog.

De zomer van 1914 was een van de mooiste van de eeuw, dag na dag was de hemel stralend blauw. Verwend door de zonneschijn, beleefden de Europeanen rustige weken. Als er al iets was wat iets meer interesse opwekte, dan gold het kwesties in de binnenlandse politiek. Groot-Brittannië hield zich bezig met de Ulster-crisis, Frankrijk volgde het moordproces tegen een ministersvrouw en in Duitsland hadden conservatieven en sociaal-democraten ruzie over de recessie. Zelfs de aanslag in Sarajevo, op 28 juni 1914, gaf niet het gevoel dat er een diepe crisis vlak voor de deur stond. De leiders van alle landen namen begin juli 1914 afscheid om naar hun kuurbaden en vakantieadressen te vertrekken.

Een trein met Duitse soldaten verlaat het station van München.

Dat er toch binnen een paar weken een wereldoorlog uitbrak, lag niet aan het falen van de diplomatie of aan de onbekwaamheid van de vorstenhuizen van Europa. Er waren sterkere krachten 'dan de menselijke macht' (rijkskanselier Theobald von Bethmann Hollweg) die tot uitbarsting kwamen – krachten die zozeer tot het kookpunt waren genaderd, dat een enkele vonk in staat was om een geweldige catastrofe te veroorzaken: de geweldige bewapening en militarisering, de broosheid van de bondgenootschapssystemen, en de strijd van de grote mogendheden om de onderlinge verdeling van de wereld.

Al deze krachten werden ondertussen door één kracht overtroffen: het nationalisme. Terwijl het door de Franse Revolutie nog verbonden was met zelfbeschikkingsrecht en volkssoevereiniteit, toonde het nu zijn negatieve kanten.

Het nationalisme en patriottisme keerden zich direct tegen degenen die plotseling vijanden waren geworden: in Berlijn werden de ramen van de Britse ambassade ingegooid, in Parijs en Londen vlogen de stenen naar Duitse zaken. Scherven kondigden het plotselinge einde aan van een veertigjarige periode van vrede. Omdat niemand nog een oorlog uit eigen ervaring kende, was het, aldus de Oostenrijkse schrijver Stefan Zweig, voor de mensen een

Tijdens de Franse mobilisatie was het Gare de l'Est in Parijs het tijdelijke hart van de stad.

'snelle uitvlucht in de romantiek, een wild en mannelijk avontuur (...), en de jonge mensen waren zelfs oprecht bang dat ze dat wonderlijk-opwindende in hun leven mis zouden kunnen lopen'.

Alle waarden veranderden in hun tegendeel, getuige een passage van Paul Nikolaus Cossmann, van joodse afkomst en uitgever van de nationalistisch-conservatieve *Süddeutsche Monatshefte:* 'U bedoelt oorlogspsychose. Nee, we waken nu op uit een psychose van de vrede.' Wetenschappers prezen de 'heldendood als hoogste wijding', filosofen legden de oorlog uit als een van de verslapping reddend 'staalbad', dichters hieven haatgezangen aan, geestelijken gaven gewillig hun zegen aan de verblinding. Overal werd de eigen natie tot het hoogste goed gemaakt, ze werd de belichaming van alles wat groots en edel was, terwijl al het kwade en laag-bij-de-grondse zich in de vijand concentreerde. In deze golven van oorlogseuforie gingen de schaarse waarschuwende stemmen volledig ten onder.

De Duitse openingszetten

3 augustus

Aanval op België

Een dag nadat de troepen van het Duitse rijk de grens met Luxemburg zijn overgetrokken, marcheren de soldaten ook het buurland België binnen. De regering in Berlijn trekt zich niets aan van het Britse ultimatum dat terugtrekking eist: garantie van de Belgische neutraliteit of anders volgt Britse interventie. Op 20 augustus trekken Duitse eenheden Brussel binnen, vijf dagen later wordt België een Duits gouvernement.

Duitse troepen in Brussel.

4 augustus 1914

Oorlogskredieten

Nadat de Duitse vakbonden en werkgeversorganisaties op 2 augustus overeengekomen zijn om alle arbeidsconflicten op te schorten voor de duur van de oorlog, stemt de Rijksdag unaniem in met de door de regering geëiste oorlogskredieten van meer dan 5 miljard mark. Ook SPD-politici die zich eerder hadden uitgesproken tegen de goedkeuring, buigen voor de fractiediscipline. In dezelfde zitting wijst rijkskanselier Theobald von Bethmann Hollweg Rusland aan als de schuldige van het uitbreken van de wereldoorlog.

Duitse troepen steken de Maas over.

6 augustus 1914

Aanval op Frankrijk

Na de oorlogsverklaring aan Frankrijk van 3 augustus marcheren Duitse troepen bij Briey, ten noordwesten van Metz, over de Franse grens. Op 8 augustus antwoorden Franse eenheden met de verovering van Mulhouse, om het in 1871 verloren Elzas-Lotharingen terug te winnen. Ze worden twee dagen later – en op 26 augustus nogmaals – door Duitse eenheden uit de stad verdreven.

20 augustus 1914

Het oostfront

Twee dagen na de tegenslag in de slag om Gumbinnen (Oost-Fruisen) in de strijd tegen Rusland, wordt generaal Paul von Hindenburg in het oosten de nieuwe opperbevelhebber van het 8e Leger, en generaal Lucendorff zijn stafchef. Onder hun leiding vernietigt het 8e Leger op 31 augustus het Russische Narev-leger in de slag bij Tannenberg.

De slag bij Tannenberg.

De eerste oorlogsmaanden

De Duitse plannen voorzagen in bliksemoorlogen in oost en west: eerst moest Frankrijk worden overwonnen, en dan alle Russische strijdkrachten. Maar Duitsland won slechts in het oosten; in het westen mislukte het plan.

In de nacht van 22 op 23 augustus klom de allang gepensioneerde generaal-overste Paul von Hindenburg in Hannover in een speciale trein. Met de nieuwe stafchef, generaal Erich Ludendorff, haastte hij zich naar Marienburg in West-Pruisen. Zij beiden moesten de door 500.000 Russische soldaten bedreigde provincie Oost-Pruisen redden.

Joseph Jacques Césaire Joffre, opperbevelhebber van de Franse strijdkrachten, bracht de Duitse opmars tot stand aan de Marne.

Franse troepen maken zich aan de Marne gereed voor het tegenoffensief: de Duitse troepen trekken zich terug.

Het 8e Duitse leger met zijn slechts 170.000 soldaten kon maar weinig weerstand bieden aan de opmars van de Russen. Hun opperbevelhebber generaal-overste Max von Prittwitz wilde zelfs opdracht geven voor de terugtocht – en werd daarom van zijn post ontheven. De nieuwe bevelhebbers zetten alles op de kaart van een riskant offensief, waarin ze de twee Russische legers na elkaar wilden verslaan. Tot dan toe hadden de Russen succes gehad, onder meer dankzij de onverklaarbare lijdelijkheid van het Weichsel-leger onder generaal Paul von Rennenkampf, dat dadenloos in zijn stellingen bleef zitten.
Op 25 augustus begon de Duitse aanval op het Narev-leger onder generaal Alexander Samsonov, dat al was doorgedrongen in het gebied van Allenstein in het zuiden van Oost-Pruisen (en in het noordoosten van het huidige Polen). De dag daarop begon de grootste omsingelingsslag van de Eerste Wereldoorlog. De Duitse strijdkrachten, getalsmatig zwakker maar beweeglijker en beter bewapend, overwonnen het Narev-leger in het moerasgebied ten oosten van Tannenberg. Slechts kleine eenheden ontkwamen aan de omsingeling en vluchtten. Er sneuvelden 50.000 Russen en 92.000 raakten in krijgsgevangenschap.

Rusland kon zich niet meer herstellen van de nederlaag bij Tannenberg. Hindenburg en Ludendorff vormden voortaan een ijzeren koppel, tot augustus 1916 alleen in het oosten, daarna als opperbevelhebbers van het 3e Leger.
De slag aan de Marne aan het westelijk front markeerde een ander keerpunt in de oorlog: vanaf augustus 1914 waren de Duitse troepen niet te stuiten geweest bij hun opmars, eerst door Luxemburg en België, daarna Frankrijk in. Bijna alles verliep overeenkomstig het plan-Schlieffen, dat voorzag in een tangbeweging naar Parijs. De Franse en Britse troepen werden zo snel

teruggedrongen, dat de Franse regering uit de hoofdstad naar Bordeaux vluchtte.
Op 2 september stak het 1e Leger onder generaal-overste Alexander von Kluck ten oosten van Parijs de rivier de Marne over. Von Kluck had eigenmachtig gehandeld, want de bedoeling was de Seine over te steken ten westen van Parijs. De Franse opperbevelhebber Joffre greep zijn kans: hij hergroepeerde zijn troepen om de onbeschermde flank van het leger van Von Kluck aan te vallen. Zo begon op 5 september de slag aan de Marne, tot dan toe de grootste slag, met 1,1 miljoen soldaten aan Franse en Britse zijde, en 920.000 aan Duitse kant.

Aan het 230 km lange Marne-front tussen Meaux en Verdun woedden zware gevechten. Op 9 september gehoorzaamde generaal Von Kluck aan de order van opperste legerleiding om terug te trekken naar de rivier de Aisne. Dit verrassende bevel moest strijdkrachten vrijmaken voor de ondersteuning van de bedreigde rechtervleugel. Het was een beslissing met een historische draagwijdte, want deze 'frontcorrectie' betekende niet alleen het begin van de loopgravenoorlog, maar had ook het verstrekkende gevolg dat het Duitse leger nu in het defensief kwam.

1914

De Eerste Wereldoorlog aan het oost- en westfront

vanaf augustus 1914

Duitse opmars aan het oostfront
Na de overwinningen bij Tannenberg en de Masurische meren stoten de Duitse troepen in de herfst van 1914 in Polen en Silezië door naar de Weichsel. In februari 1915 behalen ze de overwinning in de Masurische winterslag en veroveren Kurland; na de doorbraak tussen Tarnov en Gorlice bezetten ze Polen en Litouwen. In 1916 bezet Oostenrijk-Hongarije met hulp van Duitsland Servië.

Loopgravenoorlog aan het westelijk front.

oktober 1914

Duitse opmars in België
Op 9 oktober 1914 valt Antwerpen voor de Duitsers; deze krijgen zo de westelijke Noordzee in hun greep. Op 16 oktober valt Oostende. De Duitse opmars naar Duinkerken en Calais wordt pas aan de IJzer tot staan gebracht.

Provisorische ziekenzaal in een kerk in Noord-Frankrijk.

vanaf november 1914

Loopgravenoorlog
Aan het westelijk front begint de jarenlange loopgravenoorlog over een front van 800 km. Vanaf maart 1917 zien de geallieerde troepen kans om de Duitsers terug te dringen. Aan het einde van het jaar graven deze zich in aan de Siegfriedlinie.

juli-december 1916

Brussilov-offensieven
Met deze drie offensieven kan Rusland lichte terreinwinst boeken, maar de 'Centralen' antwoorden met een tegenoffensief en veroveren Boekarest. In januari 1917 bevriest het front. Na de Februarirevolutie heeft de nieuwe regering Kerenski geen succes met het laatste Brussilov-offensief; de Centralen rukken op in Boekovina en Galicië. In maart 1918 stemmen de Russen in met de vrede van Brest-Litovsk.

In maart 1918 moeten de Russen instemmen met de vrede van Brest-Litovsk.

maart 1918

Laatste Duitse aanvallen
De Duitse troepen ondernemen tot juli 1918 vier offensieven, waarvan het laatste hen tot de Marne brengt en nogmaals Parijs bedreigt. Maar de geallieerde tegenoffensieven dringen de Duitsers snel terug en in september zijn ze terug op de Siegfriedlinie in Noord-Frankrijk. Korte tijd later worden de Duitsers teruggeworpen tot de lijn Antwerpen-Maas-Sedan. Op 11 november 1918 moeten de Duitsers in Compiègne toestemmen in een wapenstilstand.

De treinwagon in Compiègne waarin de Duitse capitulatie wordt ondertekend.

België raakt betrokken bij de oorlog

Bij de Duitse overval was België geen partij voor het keizerlijke leger, ook al werd er dapper gevochten. Het Belgische leger werd echter niet weggevaagd en won kostbare tijd voor de geallieerden.

Anders dan de meeste grote mogendheden hadden de kleine landen weinig zin in een oorlog. Net als Nederland en Luxemburg hield België vast aan zijn neutraliteit. Het gedetailleerde Duitse oorlogsplan – het plan-Schlieffen – voorzag echter in een omtrekkende beweging rond de Franse verdediging: door België en Luxemburg.

De verwoeste bibliotheek van Leuven, eind augustus 1914.

Uit voorzorg was België op 13 juli weliswaar tot mobilisatie overgegaan, maar vertrouwde erop dat het neutraal kon blijven. Begin augustus werd het echt spannend. De Duitsers stuurden België een ultimatum waarin gesommeerd werd om de Duitse troepen vrije doortocht te verlenen naar Frankrijk. Nadat de Belgische regering van premier Charles de Broqueville het ultimatum van de hand had gewezen, kwam de Duitse opmars op gang. Op 3 augustus trokken Duitse troepen de Belgische grens over.
De verontwaardiging over de Duitse agressie was groot, zowel binnen als buiten België. Binnenslands sloegen Vlamingen en Walen de handen ineen, en de populariteit van koning Albert steeg tot ongekende hoogte. Vrijwilligers meldden zich massaal aan. Dat was nodig ook: het Belgische leger kon tegen anderhalf miljoen Duitsers slechts iets meer dan 110.000 man in het veld brengen.

De markt van Ieper, november 1914.

Groot-Brittannië stuurde Duitsland op 4 augustus een ultimatum, waarin het eiste de Belgische neutraliteit te respecteren. In feite kwam dit neer op een oorlogsverklaring. En met Groot-Brittannië betraden ook de al dan niet voormalige koloniën het slagveld: van Australiërs tot Ghurka's en zelfs Chinezen. Ook dat maakte de 'Grote Oorlog' tot een 'Wereldoorlog'.
Gezien de Duitse overmacht was het niet vreemd dat de Belgen teruggedrongen werden, ook al boden ze felle tegenstand, zoals bij de vestingen van Luik. Deze werden pas op 15 augustus, na zware artilleriebombardementen, ingenomen. Vanuit Luik trokken de Duitsers verder naar het westen en op 20 augustus waren ze bij Brussel.
Een aantal Belgische soldaten vocht in burgerkostuum, omdat uniformen ontbraken. Dat leidde tot geruchten over 'franc-tireurs': ongeüniformeerde burgers die optreden als sluipschutter of anderszins deelnemen aan de strijd. In de paniek die zich door dergelijke geruchten van de Duitsers meester maakte, vervielen sommige soldaten tot wreedhe-

den: priesters, vrouwen en kinderen eindigen voor het vuurpeloton. Op grond van de loze geruchten werd op 25 augustus Leuven platgebrand, inclusief de unieke bibliotheek. Veel Belgen vluchtten naar het neutrale Nederland: het vluchtelingenaantal liep daar op tot 1 miljoen, al keerden de meesten weer terug toen het front gestabiliseerd was.
Hulp van de bondgenoten liet ondertussen op zich wachten, tot verbijstering van veel Belgen. De Engelsen hadden tijd nodig om hun expeditieleger samen te stellen. Pas na enkele weken namen er geallieerde troepen deel aan de strijd in België. Ondertussen vielen ook Namen en Charleroi. Begin oktober namen de Duitsers Antwerpen in. Het front zou uiteindelijk tot stilstand komen bij de IJzer en voor Ieper.
In hun aanvankelijk eenzame strijd wonnen de Belgen belangrijke tijd voor de geallieerden. En de Duitse overval op België en de daaropvolgende wreedheden zorgden voor veel meer strijdlust en moreel bij de geallieerden dan de beste propaganda.

1914

De Eerste Wereldoorlog in de Lage Landen

13 juli 1914
Mobilisatie België
Twee weken na de moord in Sarajevo gaat België tot mobilisatie over.

30 juli 1914
Mobilisatie Nederland
Nederland mobiliseert. De stellingen zijn binnen drie dagen bemand, maar veel uitrusting ontbreekt of is zwaar verouderd. Nederland zal buiten de strijd blijven. Zowel Duitsland als Groot-Brittannië hebben baat bij Nederlandse neutraliteit.

Koning Albert.

3 augustus 1914
Duitse aanval op België
Duitsers verklaren België de oorlog en vallen het land binnen nadat de Belgische regering de Duitse eis op vrije doortocht naar Frankrijk heeft afgewezen. De Duitsers trekken op 20 augustus Brussel binnen.

Tijdens de mobilisatie in Nederland bewaakten militairen belangrijke knooppunten, zoals stations, bruggen en sluizen. Op deze foto station Maastricht.

oktober 1914
Vorderingen
De eerste maatregelen van de Duitse bezetting doen zich voelen: België moet forse oorlogsschattingen betalen. Net zoals in Frankrijk zullen de Duitsers alles vorderen en ontmantelen wat los en vast zit: van koperen huisraad tot fabrieksinventarissen. Belgische mannen worden tewerkgesteld in Duitsland, wat tot internationale protesten leidt. Internationale, vooral Amerikaanse hulp is nodig om de bevolking te voorzien van het allernoodzakelijkste.

1917
Voedselproblemen in Nederland
Als ook de Verenigde Staten gaan deelnemen aan de oorlog en de Duitsers de onbeperkte duikbootoorlog hervatten, komt de Nederlandse voedselvoorziening in de problemen. Al lijdt men nergens echt honger, ook Nederland krijgt zijn 'knolraapwinter'. Voedsel gaat op de bon.

Een Belgische officier in een gepantserde Minerva tijdens de strijd om Antwerpen, oktober 1914.

27 september 1918
Belgisch offensief begint
In de zomer van 1918 nemen de geallieerden definitief het initiatief over: het laatste Duitse offensief bloedt dood en de Amerikaanse troepen hebben voldoende loopgravenervaring opgedaan. De Belgen aan het IJzerfront zien kans op te rukken naar Brugge (17 oktober). Op 11 november staat de aanval op Antwerpen gepland, maar gelukkig hoeft dat niet meer: op die dag gaat de wapenstand in.

Britse soldaten in de loopgraven langs het IJzerfront, 1915.

Panamakanaal geopend

Met de voltooiing van het Panamakanaal op 15 augustus 1914 kwam er met succes een einde aan een project van de eeuw. De kunstmatige waterweg die twee oceanen met elkaar verbindt, heeft grote strategische en economische betekenis.

De droom van een verbinding tussen de Atlantische en de Stille Oceaan in Midden-Amerika is oud: al in de 16e eeuw maakten de Spaanse conquistadores plannen om de smalle strook land in Panama te doorgraven en een doorvaart voor hun schepen te maken. Als alternatief overwogen ze in de 18e eeuw een kanaalproject in Nicaragua. Er verstreken nog eens honderd jaar voor de plannen werden omgezet in daden.

Sluizen bij Gátun, waarin de schepen naar 26 m worden getild.

Als eerste schip passeert de 'Ancona' op 15 augustus 1914 het juist geopende Panamakanaal.

Nadat de grote mogendheden politiek tot overeenstemming waren gekomen, begon de Franse Panamamaatschappij onder leiding van ingenieur Ferdinand de Lesseps met de bouw. Al gauw bleek dat de maatschappij de kosten volledig had onderschat. Om de financiering veilig te stellen, gaf ze aandelen en obligaties uit, maar ook deze konden niet verhinderen dat de maatschappij in 1889 te gronde ging. Tienduizenden kleine aandeelhouders verloren in totaal 1,5 miljard franc.
Het werk in Midden-Amerika liep echter niet uitsluitend vast door economische problemen. De arbeiders hadden veel last van het tropische klimaat; duizenden stierven aan gele koorts en malaria. Nadat het werk vijftien jaar had stilgelegen, verzekerden de Verenigde Staten zich in 1901 door middel van het Hay-Pouncefote-verdrag met Groot-Brittannië – de belangrijkste macht in Midden-Amerika – van het alleenrecht tot de bouw en het beheer van het kanaal.
In 1906 begon het werk aan de bouw onder leiding van de officier George W. Goethals. Volgens een besluit van het Congres moesten alle bouwmaterialen van Amerikaanse ondernemingen betrokken worden. Ondanks aanzienlijke technische problemen was de voortgang van de bouw niet tegen te houden. In 1910 kon aan de Atlantische kant het eerste traject, met een lengte van 10 km, vrijgegeven worden voor de scheepvaart. Vier jaar later werd het Panamakanaal met een weinig opzienbarende ceremonie geopend: de pakketboot 'Ancona' voer met 200 passagiers aan boord door de kunstmatige waterweg. Met het oog op de Eerste Wereldoorlog had de regering van de Verenigde Staten de geplan-

de internationale openingsfestiviteiten afgezegd.
De 81,6 km lange kunstmatige waterweg beschikt over drie sluizen, die een hoogteverschil van 26 m overwinnen. De minimale diepte bedraagt 12,4 m. Ongeveer 40 km van het kanaal voert door het 426 vierkante kilometer grote Gátun-meer. De waterweg bekort de zeeroute tussen de beide kusten van de Verenigde Staten en tussen Australië respectievelijk Oost-Azië en de westkust van de Verenigde Staten aanzienlijk. Totdat het kanaal geopend werd, moesten de schepen de route om Kaap Hoorn, de zuidpunt van Zuid-Amerika, nemen. Nu werd de zeereis van New York aan de oostkust naar San Francisco aan de westkust – afhankelijk van de vaarsnelheid – tot ongeveer viereneenhalve week bekort. Bovendien had het Panamakanaal strategische betekenis voor de Verenigde Staten: de Amerikanen konden hun vlooteenheden snel concentreren en door de aanwezigheid van troepen in de kanaalzone hun directe invloed in Midden-Amerika vergroten.

Geschiedenis van het Panamakanaal

1903

Kanaalverdrag met de Verenigde Staten
Onder druk van de Verenigde Staten verkrijgt Panama onafhankelijkheid van Columbia. Panama laat de kanaalzone over aan de Verenigde Staten. In het Hay-Bunau-Varilla-verdrag wordt vastgelegd dat de Verenigde Staten voor de bouw, de bedrijfsvoering en de bescherming van de scheepvaartweg een eenmalige betaling van 10 miljoen dollar doen, alsmede een jaarlijks bedrag van 250.000 dollar betalen. Het contract geldt 'voor onbepaalde tijd'.

De Verenigde Staten ontvangen de rechten voor de bouw van het Panamakanaal.

1912

Amerikaanse schepen bevoordeeld
De Amerikaanse president William H Taft ondertekent in Washington een wet die Amerikaanse schepen bevoordeelt bij de doorvaart. De maatregel stuit op veel verzet. De regering in Londen beschouwt de regeling als een schending van de Hay-Pouncefote-overeenkomst, die de neutraliteit van de kanaalzone en de vrije doorvaart voor alle schepen garandeert.

De Amerikaanse president William Howard Taft.

1936

Verdrag tussen de VS en Panama
In 1936 sluiten de Verenigde Staten en Panama een verdrag dat de rechten van het Midden-Amerikaanse land uitbreidt. De regering van de Verenigde Staten verplicht zich tot een verhoging van de jaarlijkse pacht en tot het afzien van inmenging in de binnenlandse aangelegenheden van Panama. De Verenigde Staten garanderen de onschendbaarheid van de grenzen van Panama, maar behouden zich het recht voor om in geval van oorlog bases aan te leggen in de kanaal.

Karikatuur over de kanaal-ambities van de Verenigde Staten.

1977

Overeenkomst tot teruggave
Na jarenlange onderhandelingen over de toekomst van het kanaal behaalt Panama in 1977 een succes: de Verenigde Staten verbinden zich tot een nieuwe afspraak, en wel om het kanaal in het jaar 2000 terug te geven. Dan moeten alle 10.000 Amerikaanse soldaten die ter bescherming van het kanaal in Panama zijn gelegerd, zijn teruggetrokken. De Verenigde Staten kunnen zich echter ook daarna – uit strategische overwegingen – beroepen op speciale rechten.

Genocide op de Armeniërs

Ongeveer 1,5 miljoen christelijke Armeniërs werden in 1915 in het Osmaanse rijk het slachtoffer van volkerenmoord. Uit vrees dat ze een verbond zouden aangaan met de oprukkende Russen reageerde de regering in Istanboel met massadeportaties.

Anderhalf miljoen Armeniërs kwamen op de meest gruwelijke wijze om het leven. Alleen al in de Kemach-kloof doodden soldaten op 10 juni 1915 ongeveer 25.000 Armeniërs. Twee weken tevoren was Turkije begonnen 2 miljoen Armeniërs naar de woestijn van Mesopotamië te deporteren.
De Armeniërs vormden na hun kerstening in de 4e eeuw een soort buffer tussen Byzantium en de oosterse wereld. Slechts korte tijd hadden ze een zelfstandige staat; meestal vielen ze onder de heerschappij van andere volken.
Aan het begin van de 20e eeuw had het Osmaanse rijk aan macht en grootte ingeboet. De poging om deze veelvolkerenstaat bijeen te houden door halfhartige concessies aan de afzonderlijke volkeren en godsdiensten ontstak bij de Armeniërs aanvankelijk de hoop op een meer zelfstandige toekomst. Ze werden echter bitter in hun verwachtingen teleurgesteld: het sterke Turkse nationalisme duldde geen gelijkberechtiging van andere bevolkingsgroepen; de gewelddadigheden tegen de Armeniërs groeiden in aantal. Nieuwe bestuurlijke grenzen maakten hen tot een minderheid binnen hun belangrijkste woongebieden. Het Osmaanse rijk maakte bovendien gebruik van de rivaliteit tussen Koerden en Armeniërs, doordat het bewapende plundertochten van de Koerden ongestraft liet. De buitengemeen hoge, met geweld geïnde belastingen, alsmede de komst van meer dan 100.000 vluchtelingen van verschillende Turkse volkeren, die aan het eind van de 19e eeuw uit de Balkan en de Kaukasus het rijk in kwamen en werden ondergebracht in het Armeense woongebied, zorgden voor extra spanningen.
Er ontstond een Armeense beweging, die zich echter beperkte tot het streven naar verbetering van de leefsituatie van het eigen volk. Ondanks de repressie kwam het vanwege de sterke geografische verspreiding, de traditionele loyaliteit tegenover het rijk en de geringe onderlinge samenhang van de Armeniërs nooit tot een algemene volksopstand.
Het weer in werking stellen van de grondwet van 1876 door de Jong-Turken wekte in 1908 hernieuwde hoop op verzoening

Armeniërs verdedigen zich tegen de aanvallende Turkse soldaten.

Een groep Armeniërs die door het leger van het Osmaanse rijk gevangengehouden wordt.

van de bevolkingsgroepen, omdat voor hen – althans op papier – minderheidsrechten waren vastgelegd. Dat veranderde echter met de deelname van Turkije aan de Eerste Wereldoorlog. De Armeniërs waren plotseling verdeeld over twee fronten: aan Russische zijde vochten Armeense vrijwilligers die gokten op een overwinning van de Entente, terwijl Turkse Armeniërs trouw zworen aan het Osmaanse rijk.

Na aanvankelijke successen moesten de Osmaanse troepen terugwijken. In deze situatie werden aan het eind van januari 1915, kennelijk op bevel van minister van Oorlog Talat Pasja, de Armeense soldaten ontwapend. Tegelijkertijd verspreidde de regering de legende van een Armeense dolkstoot in de rug van het Turkse leger, om de aandacht van de nederlaag af te leiden. Zoals uit later internationaal onderzoek bleek, waren zowel de daaropvolgende deportaties als de volkerenmoord op de Armeniërs waarschijnlijk al lang van tevoren voorbereid en centraal gepland. Lange tijd heeft Turkije de volkerenmoord ontkend en nog steeds is deze kwestie een uiterst precair onderwerp in de Turkse politiek.

Armeense geschiedenis in de 20e eeuw

26 mei 1918

Republiek

Na de Russische revolutie krijgt Turkije de door Rusland in de Eerste Wereldoorlog veroverde gebieden weer terug. Op 26 mei proclameert de Armeense nationale raad in het Kaukasische woongebied de onafhankelijke republiek Armenië. De Transkaukasische Federatie, op 15 november 1918 met Azerbeidzjan en Georgië gevormd tegen de Turken, houdt door de uiteenlopende belangen van de drie landen slechts korte tijd stand.

Armeense landarbeiders bij een graanmolen.

10 augustus 1920

De vrede van Sèvres

Het verdrag met de mogendheden van de Entente bezegelt het einde van het Osmaanse rijk en verenigt Turks Armenië met de republiek Armenië tot een autonome staat. Turkse nationalisten erkennen de overeenkomst echter niet. De afspraken in het verdrag van Sèvres worden niet uitgevoerd.

Vredesonderhandelingen in Sèvres.

29 november 1920

Socialistische republiek

Met een autonome staat wil het niet lukken. Op 29 november roepen de bolsjewieken de Socialistische Republiek Armenië uit. In 1921 volgt een Sovjet-Turks grensverdrag: voorheen Turkse gebieden komen aan Turkije, Nachitsjewan en Berg-Karabach komen in 1923 aan Azerbeidzjan. Armenië wordt in 1922 met Azerbeidzjan en Georgië verenigd tot de Transkaukasische Federatieve sovjetrepubliek. In 1936 wordt Armenië een zelfstandige republiek van de Sovjet-Unie.

Bolsjewistische troepen op weg naar Armenië.

20 februari 1988

Conflict over enclave

In de enclave Nagorny-Karabach in Azerbeidzjan eisen demonstranten aansluiting bij Armenië. De inzet van Russische militairen in november mondt uit in gewapende strijd. In 1993 mislukken verscheidene internationale pogingen om een wapenstilstands- en vredesovereenkomst te bereiken.

23 augustus 1991

Onafhankelijkheid

Het parlement roept de onafhankelijkheid van Armenië uit; staatshoofd wordt Levon Ter-Petrosjan. Een maand later stemt 99 procent van de stemgerechtigde kiezers in met de beslissing.

Levon Ter-Petrosjan.

De slag aan de Isonzo

Het gebied rond de Alpenrivier de Isonzo werd in de Eerste Wereldoorlog het toneel van een van de bloedigste veldslagen: alle pogingen om een beslissende doorbraak te forceren, hetzij van de Oostenrijkers, hetzij van de Italianen, mislukten.

Italiaanse kanonnen op de Monte Grappa. In militair opzicht eindigden de aanvallen op Oostenrijk-Hongarije voor beide kanten als een ramp.

Van juli 1914 tot april 1915 voerden Oostenrijk-Hongarije en Duitsland onderhandelingen met een mogelijke partner voor een bondgenootschap: Italië. Italië, dat neutraal was gebleven, zou aan de kant van zijn partners in het drievoudig verbond aan de oorlog moeten gaan deelnemen. Na langdurige vijven en zessen sloeg Italië het aanbod om in ruil voor deelname aan de oorlog alle Italiaans-sprekende gebieden van Oostenrijk plus de westelijke Isonzo-oever te krijgen af.

Troepeneenheden aan de Isonzo.

De Entente had Italië namelijk niet alleen deze gebieden toegezegd, maar ook streken die nog niet door Italianen bewoond waren. Dus dreef nationalistisch rechts, dat hoopte Italië bij het gezelschap van de Europese grote mogendheden te brengen, de oorlogsverklaring aan Oostenrijk-Hongarije (23 mei 1915) en Duitsland (28 augustus 1916) erdoor. Onverwijld begonnen de Italianen met wilde aanvallen op Oostenrijk. In Zuid-Tirol werden ze gemakkelijk afgeweerd, maar de leiding in Rome was van plan om haar hoofdmacht over het riviertje de Isonzo en aansluitend in noordoostelijke richting door Karinthië naar de Oostenrijkse hoofdstad Wenen te leiden. Met een grote overmacht aan troepen bestormden de Italianen tussen Monfalcone en Flitsch de eenheden van de Dubbelmonarchie. Van juni tot december 1915 leverden ze de eerste vier slagen aan de Isonzo. De gevechten vonden onder zeer barre omstandigheden plaats, de verliezen waren enorm en geen van beide zijden boekte enige wezenlijke terreinwinst. Om een Oostenrijks offensief te voorkomen ontketenden de Italianen van 11 tot 16 maart 1916 de vijfde slag aan de Isonzo. Pas de zesde slag (4 tot 16 augustus) bracht echter met een geweldige inzet van artillerie en een meervoudige overmacht aan troepen de eerste resultaten – de Italianen veroverden Görz en de Monte San Michele. Bij nog drie slagen aan de Isonzo in 1916, van september tot november, waren er geen noemenswaardige resultaten, maar bij de tiende slag, van 14 mei tot 6 juni 1917, waren daarentegen de Oostenrijkers in het voordeel: zij heroverden het verloren terrein. Al met al zat er evenals aan het westfront, waar de loopgravenoorlog woedde, weinig beweging in het front.

Maar bij de elfde slag aan de Isonzo van 1 augustus tot 20 september 1917 moesten ze toestaan dat de Italianen binnendrongen – die hadden de aanval ingezet met 48 divisies en 6800 kanonnen over een frontbreedte van 70 km. Omdat de Oostenrijkse troepen doorslaggevend verzwakt waren en bij een twaalfde slag aan de Isonzo een doorbraak niet meer hadden kunnen verhinderen, werden er Duitse versterkingen aangevoerd. De Duitse generaal Erich Ludendorff achtte het tijdstip gunstig voor een doorbraak naar het zuiden: aan het westelijk front was het door de loopgravenoorlog verregaand rustig en de interne politieke verwarring in Rusland door de oktoberrevolutie vergemakkelijkte de Duitse situatie aan het oostfront.

In een geweldige tegenaanval van 24 tot 27 oktober slaagden de troepen van de Centralen erin een brede doorbraak te forceren door het Italiaanse front, tussen de plaatsen Flitsch en Tolmein. In de periode tot het einde van januari 1918 drongen ze door tot vlak voor Venetië, Treviso en Bassano. Daar kwam de aanval pas door interventie van Britse en Franse eenheden tot staan.

Duitse propaganda gedurende de Eerste Wereldoorlog

2 augustus 1914

Misleiding van het volk

In het Duitse rijk worden valse berichten verspreid over Franse vliegtuigen die bommen afwierpen boven Wesel, Neurenberg en Karlsruhe. Dit moet de bevolking thuis overtuigen van de rechtmatigheid van de eigen oorlogshandelingen. Op 3 augustus geeft de regering in Berlijn als reden voor de intocht van haar troepen in België dat er een aanval van Frankrijk voor de deur staat, die via België op Duitsland is gericht.

2-3 augustus 1914

Grensschendingen

Duitsland doet beweringen over grensschendingen door Franse patrouilles en ontkent van zijn kant vergelijkbare verwijten – behalve één: één patrouille dringt Frankrijk binnen. Volgens opgave van de Duitse generale staf keert er slechts één man terug.

14 augustus 1914

Onenigheid over de franc-tireurs

In België en Frankrijk doen ook dienstplichtigen in burger aan de strijd mee. De Duitsers zien hen als 'laffe franc-tireurs' – franc-tireurs zijn door het volkerenrecht illegaal verklaard. De Duitsers dreigen de beide landen met 'onverbiddelijke strengheid' en standrechtelijk fusilleren van de franc-tireurs.

september 1914

Leugens over nederlagen

Terwijl de regering-Bethmann Hollweg de overwinning bij Tannenberg uitgebreid laat bejubelen in de pers, wordt de beslissende tegenslag bij de Marne weergegeven als een tactische manoeuvre. Zelfs veel Duitse militairen zien de ernst van de toestand niet in.

augustus 1915

Perscensuur

Per bevel van het keizerlijk kabinet wordt een censuur voor de pers ingesteld, waarlangs de opperste legerleiding (OHL) van de Duitsers alle berichtgeving laat lopen. In 1916 wordt het Oorlogspersbureau gevormd, dat alle informatie inpast in een beeld dat nooit twijfel laat over de overwinning. Ook de economische moeilijkheden worden geflatteerd, om het volk niet te ontmoedigen.

Een Duits propaganda-affiche in de Eerste Wereldoorlog.

Uitdrukking van de gevoelens in alle landen: 'Kom gauw terug alsjeblieft.'

Theobald von Bethmann Hollweg, Duits rijkskanselier van 1909 tot 1917. Hij stapte in juli 1917 op omdat de militairen zich naar zijn mening te veel met politiek bezighielden.

Technische vooruitgang met dodelijke doeleinden – wonderwapens ter land, ter zee en in de lucht

Onderzeeboten, bombardementen door zeppelins, gasaanvallen: de Eerste Wereldoorlog bleef minstens zoveel in de herinnering door de inzet van moderne vernietigingswapens als door het massale sterven in de loopgraven. De wonderwapens maakten echter maar zelden waar wat de militairen zich ervan hadden voorgesteld. Slechts de tanks waren – na enkele mislukkingen in de eerste oorlogsjaren – op de juiste tijd op de juiste plaats: ze forceerden in 1918 een doorbraak voor de geallieerden.

Lange tijd overwon in de Eerste Wereldoorlog ondanks alle techniek de spade het geweer. Twee maanden na het begin van de oorlog bevroor het front in het westen in de loopgravenoorlog, nadat de geallieerden de Duitse tangbeweging tegen Parijs hadden afgeweerd aan de Marne. De Duitse opmars was vastgelopen. Aan het eind van 1914 groeven de legers in Noord-Frankrijk zich in en legden daar diepteverdedigingssystemen aan.

Niet offensieven en de open veldslag bepaalden daar de regels van de oorlog, maar bloedige gevechten in greppels. Honderdduizenden soldaten stierven bij aanvallen waar ze hoe dan ook maar een paar kilometer terreinwinst boekten. Zelfs aanvallers met een grote overmacht moesten grote verliezen incasseren als de verdedigers werden gesteund door moderne wapens, vooral machinegeweren. Vanaf het eind van 1914 pasten de legers een volstrekt nieuwe oorlogstechniek toe, die het beeld van de soldaat niet alleen uiterlijk veranderde. Voor het eerst werden de troepen uitgerust met stalen helmen. En voor het eerst speelde persoonlijke dapperheid slechts een ondergeschikte rol. Steeds vaker werden machinegeweren en vlammenwerpers in de strijd gegooid, en kabelballons en vliegtuigen maakten de zo belangrijke luchtverkenning mogelijk. De aanleg van een wirwar van prikkeldraad, bomvrije schuilplaatsen en betonnen mitrailleursnesten verbeterde het loopgravensysteem.

Voor de soldaten bracht de loopgravenoorlog ongekende inspanningen en leed met zich mee. 'Wat hebben we eigenlijk allemaal misdaan, dat we hier erger dan dieren worden opgejaagd, bevriezen, onder de luizen komen te zitten, in haveloze kleren lopen en ten slotte worden afgemaakt als ongedierte,' schreef een soldaat.

Gasaanval in de Eerste Wereldoorlog: Duitse soldaten beschermen zichzelf en hun honden voor de dodelijke gevolgen van het nieuwe wapen, dat Duitsland als eerste had ingezet.

De gasoorlog

Toen het niet lukte in de loopgravenoorlog een doorbraak te forceren, greep de Duitse legerleiding als eerste naar nog hardere middelen: op 22 april 1915 om vijf uur 's ochtends vuurden Duitse artilleristen aan het Belgische front tussen Ieper en Langemarck gasgranaten op de geallieerde stellingen. Uit de loopgraven steeg een dikke gele rook op, die langzaam de schuilplaatsen van de Engelsen naderde. Het effect van het chloorgas was vernietigend: wie de damp inademde, kreeg kort daarop een zwarte kleur in het gezicht, hoestte bloed en stierf. Er stikten 5000 soldaten. Toch was het Duitse succes van korte duur: de aanval liep vast op de Britse reserves. Al twee weken later beschikten de Britten over gasmaskers.

In de volgende jaren ontwikkelden alle oorlogvoerende partijen steeds giftiger gassen. Sneldodende zenuwgiffen als blauwzuur of cyaanverbindingen deden de bezettingen van schuilplaatsen voor eeuwig inslapen; prikkelende en bijtende stoffen, zoals het de longen aantastende fosgeen, bezorgden veel soldaten een pijnlijke dood. De gevaarlijkste stof was het mosterdgas dat op alle onbedekte plekken van het lichaam tot zware verwondingen leidde en blindheid veroorzaakte. Gasmaskers boden maar weinig bescherming. In totaal werden ongeveer 65.000 soldaten het slachtoffer van gifgas. Bij de chemische wapens toont de militair-technische vooruitgang zijn meest onmenselijke gezicht.

Tanks

Pas in 1916 leverden de wapentechnici het meest effectieve middel om een doorbraak te forceren: de eerste tanks kregen hun Engelse naam omdat ze ter misleiding onder het etiket (vloeistof)-tanks werden vervoerd. Op 15 september verschenen ze bij Cambrai (Kamerijk) voor het eerst tegenover de Duitse linies. Hoewel er van de 49 geleverde tanks slechts negen konden worden ingezet, lukte het om voorbij de verraste soldaten te rollen. De geallieerden begonnen met de massafabricage van de voertuigen.

Tanks overwonnen probleemloos de lange tijd haast niet te passeren loopgraven. Voor de Duitsers bleef slechts de veldartillerie als verdediging over. De Engelse tankaanval bij Amiens op 8 augustus 1918 besliste de oorlog ten gunste van de geallieerden. 'Een zwarte dag in de geschiedenis van Duitsland,' aldus generaal Erich Ludendorff. Daarmee was de ineenstorting van het rijk dichtbij. Honderden tanks hadden voor het succes gezorgd, hoewel ze voortdurend werden bedreigd door Duitse uitvallen. Aan Duitse kant ging aan de nederlaag een verkeerde taxatie vooraf. De militairen hadden de tactische betekenis van de tank niet onderkend en de ontwikkeling ervan uitgesteld in

1910 en nogmaals in 1915-1916. In de zomer van 1917 ontbrak het de Duitse wapenindustrie aan capaciteit om zowel tanks als vliegtuigen in voldoende aantallen te vervaardigen; de legerleiding koos voor de luchtmacht. Zo kon het leger op het eind naast dertig buitgemaakte Britse tanks slechts 20 eigen tanks inzetten. De Britten en Fransen beschikten over bijna 2900 tanks.

De luchtmacht

In 1914 waren er zowel aan geallieerde als aan Duitse zijde slechts ongeveer 250 vliegtuigen. Tot het einde van de oorlog steeg hun aantal tot bijna 200.000. Terwijl bij het uitbreken van de oorlog slechts speciaal daarvoor geconstrueerde racetoestellen met pijn en moeite een snelheid van ongeveer 230 km/h bereikten, zo kwamen aan het eind van de oorlog goede eenpersoonstoestellen gemakkelijk tot aan 250 km/h. Bovendien waren de machines in 1914 nog niet bewapend. De piloten behielpen zich met pistolen en karabijnen, waarmee ze duelleerden in het voorbijvliegen. Toen de in Duitsland actieve Nederlandse vliegtuigbouwer Anthony Fokker er in 1915 in slaagde om het draaien van de propeller te coördineren met de schotenreeks van een mitrailleur (een gesynchroniseerde mitrailleur), verzekerden de Duitsers zich van het luchtoverwicht boven Verdun. Al in de zomer van 1916 volgden de geallieerden hun voorbeeld.
Spectaculaire aanvallen op steden ver achter het front bleven een uitzondering. Wezenlijk grotere betekenis had de indirecte tactische inzet van vliegtuigen: luchtverkenning tot 160 km achter de frontlijn, het overzien van de gevechten en de vuurleiding van de artillerie. Luchtfoto's zorgden voor informatie over de bewegingen en de stellingen van de vijand: de laatste grote offensieven van de Duitsers, midden juli 1918, werden bespied door Franse verkenners.

Het gebruik van het luchtwapen in de Eerste Wereldoorlog: een Britse machine in een luchtgevecht met Duitse jachtvliegers boven het westelijk front.

De lompe, gemakkelijk te beschadigen zeppelins werden ook, vooral aan Duitse zijde, gebruikt als verkenner en bommenwerper. Vliegtuigen en een verbeterde luchtafweer deden algauw het effect ervan teniet. Zo vielen er bij de 51 Duitse zeppelinaanvallen tegen Engelse steden weliswaar 557 slachtoffers, maar de 72 luchtschepen van de Duitse marine moesten dat met hoge verliezen betalen.
De aanvallen van vliegtuigen en zeppelins op Groot-Brittannië dienden er in de eerste plaats toe om de luchtafweer op het eiland te houden en de eigen propaganda van nationale superioriteit te schragen. Beide doelen werden door de Duitsers bereikt.

De duikboten

Welke gevolgen het kon hebben als een technologische vernieuwing door de propaganda tot een wonderwapen werd opgeklopt, was te zien bij de duikboten. Na langdurige druk van de opperste legerleiding en de publieke opinie, gaf de Duitse kanselier Theodor von Bethmann Hollweg op 1 februari 1917 toestemming voor onbeperkte inzet ervan, ook tegen neutrale schepen: duikboten golden als de laatste militaire troefkaart van het rijk. Dat deze stap de deelname van de Verenigde Staten aan de oorlog zou uitlokken, namen de militairen en politici op de koop toe. Ze vertrouwden erop dat de duikboten Groot-Brittannië binnen vijf maanden op de knieën zouden dwingen en het ingrijpen van Amerikaanse soldaten vóór zouden zijn.
Inderdaad brachten de ongeveer honderd Duitse duikboten zo veel schepen tot zinken, dat medio 1917 de ineenstorting van de Britse economie dreigde. De Britten vonden echter een simpele tegenzet tegen het gevaar van onder de golven: het konvooisysteem. Steeds meer vrachtschepen sloten zich tot een door oorlogsschepen geëscorteerde eenheid aaneen, zodat de duikboten al vanaf de herfst van 1917 minder successen boekten. Hadden ze van februari tot eind 1917 nog 2122 schepen tot zinken gebracht, in 1918 waren het er nog maar 879. Tegelijkertijd dreven de geallieerden de productie in de scheepsbouw op. Zo maakte de Engelse tactiek snel het effect van technologische prestaties onschadelijk.
Zo kwam er van de Duitse berekeningen ten aanzien van de zeeoorlog weinig terecht, temeer omdat het rijk ook tegenover het enorme potentieel van de Verenigde Staten kwam te staan. Het blinde geloof in de eigen propaganda en in de beloften van de marine was daarmee een beslissende, voor Duitsland fatale factor in de oorlog geworden.

Roland Peter

De bemanning van een Duitse duikboot. Het afkondigen van een onbeperkte duikbootoorlog door het Duitse rijk was in 1917 de aanleiding voor de Verenigde Staten om aan de Eerste Wereldoorlog te gaan deelnemen.

Franz Kafka: de kwelling van het leven

In 1915 verscheen een van de bekendste verhalen van Franz Kafka: *Die Verwandlung.* De geschiedenis van een jongeman die van de ene nacht op de andere in een veelpotige kever verandert, behandelt het thema van de vernietigende kracht van de familie.

Kafka, zoon van een joodse winkelier, groeide op in een Duitstalig milieu in het tot Oostenrijk-Hongarije behorende Praag. In 1902 leerde hij de schrijver Max Brod kennen, die hem introduceerde in de literaire kringen van Praag. Na zijn promotie in de rechten en een praktijkstage van een jaar bij de rechtbank, werkte Kafka tot zijn vroegtijdige pensionering in 1922 als verzekeringsemployé.

Franz Kafka, in wiens werken zijn persoonlijke problemen hun neerslag kregen.

Blik op Praag omstreeks de eeuwwisseling, zoals Franz Kafka het heeft meegemaakt.

In 1912 kwamen er tegelijk twee uitmuntende verhalen van Kafka tot stand: *Die Verwandlung* en *Das Urteil.* In *Das Urteil* gaat het om een vader-zoonconflict: tegen de achtergrond van zijn aanstaande huwelijk moet de zoon de psychische afhankelijkheid van zijn vader erkennen en accepteert hij bereidwillig diens doodvonnis. Ook Kafka leed tijdens zijn leven onder de hoge eisen die zijn vader aan hem stelde. In 1919 schreef hij een *Brief aan vader* waarin hij probeerde zich van diens dominantie te bevrijden. Hij verstuurde de brief echter nooit.

In zijn werk gaf Kafka op velerlei manier vorm aan de confrontatie van het individu met een gebeurtenis die hem in zijn greep heeft: in zijn roman *Der Verschollene* (in 1927 verschenen onder de titel *Amerika)* werden de pogingen van de 16-jarige Karl Roßman om zich in de Amerikaanse maatschappij te integreren verijdeld door ontoegankelijke instanties. De hoofdpersoon van de roman *Der Prozeß* (*Het proces;* geschreven in 1914, gepubliceerd in 1925), Josef K., ziet zich aangeklaagd door een geheimzinnige rechtbank, zonder te weten te kunnen komen welke misdaad hij heeft gepleegd. Na een proces van een jaar wordt K. gedood in een steengroeve. Het werk toont de bestaansonzekerheid van de mens die wordt veroorzaakt door anonieme autoriteiten.

In 1917 voltooide Kafka het *Bericht für eine Akademie,* een tekst over een aap die steeds meer in een mens verandert. In hetzelfde jaar kreeg Kafka longtuberculose.

Vanwege zijn slechte gezondheid werd Kafka in 1922 vroegtijdig gepensio-

1915

neerd. Daarna werkte hij aan zijn derde roman, *Das Schloss* (in 1926 gepubliceerd): de landmeter K. probeert vergeefs door te dringen tot een in het slot residerende autoriteit, die op ondoorgrondelijke wijze zijn lot lijkt te bepalen.

In zijn verhalen en romans verliet Kafka nooit het perspectief van zijn figuren. Ondanks de realistische voorstelling in duidelijke, beknopte taal, blijft de totale samenhang voor de lezer raadselachtig en roept op tot interpretatie.

Vanaf het begin van de jaren twintig was Kafka door zijn longziekte meermalen gedwongen tot een langdurig verblijf in een sanatorium. Op 3 juni 1924 stierf de schrijver, die nooit getrouwd was, omdat hij van mening was dat hij binnen het huwelijk niet kon schrijven. Tevoren had hij testamentair bepaald dat zijn – merendeels niet gepubliceerde – werken na zijn dood verbrand moesten worden. Zijn vriend Brod vervulde deze wens echter niet en bewaarde de verhalen en de romans van Kafka voor het nageslacht.

Beroemde werken van Praagse schrijvers

1904

Cornet

Wanneer Rainer Maria Rilke zijn gedicht *Die Weise von Liebe und Tod des Cornets Christoph Rilke* in 1904 publiceert in het Praagse tijdschrift *Deutsche Arbeit,* heeft hij zijn vaderstad allang verlaten. Het boek werd met zijn romantisering van het soldatenleven in de Eerste Wereldoorlog een bestseller. In zijn latere werken vindt Rilke de weg naar een expressie van het ik- en het realiteitsverlies in de moderne tijd.

Rainer Maria Rilke.

1912

Weltfreund

De uit de hogere joodse burgerij van Praag afkomstige Franz Werfel wordt in het hele Duitse taalgebied bekend met een verzameling extatisch-expressieve gedichten die verschijnen onder de titel *Weltfreund.* Later schrijft hij populaire historische romans.

Franz Werfel.

1915

Der Golem

De in Wenen geboren en in Praag opgegroeide Gustav Meyrink grijpt in zijn meest succesvolle boek terug op een joodse legende: als het droomvisioen van een bezoeker aan Praag vertelt hij het verhaal van de Golem, een door rabbi Löw tot leven gewekte figuur van leem. Ondanks reminiscenties aan de romantiek van het griezelgenre, draagt zijn groteske weergave van een wereld die uit haar voegen is geraakt moderne trekken.

1916

Tycho Brahes Weg zu Gott

Max Brod, die bij het nageslacht vooral als vriend en promotor van Kafka in de herinnering gebleven is, presenteert zijn historische roman over de in Praag werkzame Deense astronoom Tycho Brahe. Anders dan zijn tegenspeler Johannes Kepler houdt Brahe vast aan een geocentrisch wereldbeeld.

1952

Brieven aan Milena

De in Praag geboren Willy Haas, als uitgever van het Berlijnse tijdschrift *Die literarische Welt* een van de toonaangevende critici van de jaren twintig, behoort tot de omgeving van de Praagse kring. In 1952 geeft hij de brieven van Franz Kafka aan de journaliste Milena Jesenská uit.

Max Brod.

Massaal sterven in de hel van Verdun

De grootste uitputtingsslag van de Eerste Wereldoorlog, de loopgravenstrijd om Verdun van 21 februari tot 17 december 1916, geldt nog altijd als een symbool van de zinloosheid en de gruwelijkheid van de oorlog bij uitstek.

Duitse troepen verschansen zich tijdens de slag van Verdun in loopgraven.

Voor het voorjaar van 1916 hadden de geallieerden een Duitse aanval in de Champagne verwacht. Onder de codenaam *Gericht* bereidde het 5e Leger onder staf-chef generaal-luitenant Schmidt von Knobelsdorf echter een offensief bij Verdun voor, de noordelijke hoeksteen van het Franse front. Op 21 februari begon met een acht uur durend artillerietrommelvuur de stormaanval van de infanterie.

Maarschalk Pétain, de 'held van Verdun'.

Behalve de binnenste en de buitenste verdedigingslinie van Verdun beschikten de Fransen ook over veldstellingen op de oostoever van de Maas, over 60 in de grond ingebouwde forten van gewapend beton met gepantserde koepels die weg konden zakken. Daartussen een labyrint van versterkingen: een wirwar van prikkeldraad en betonnen schuilplaatsen lagen verspreid over het heuvelachtige, bosrijke terrein.
Voor de Duitse doorstoot stonden tien divisies klaar. Meer dan helft daarvan was gericht op het noordelijke deel van het front, over een breedte van 13 km, en beschikte over 858 kanonnen. Tegenover zich zagen ze slechts drie Franse divisies met 263 kanonnen.

Nieuw bij deze veldslag was de grote hoeveelheid artillerie die was bijeengebracht. De Duitsers zetten bij hun aanval op het fort Douaumont in het noorden ook vlammenwerpers in, een van de meest angstaanjagende wapens van de oorlog. Toch konden de Franse stellingen slechts met zware verliezen worden veroverd. Daarop brachten de Fransen in de periode tot 28 februari ongeveer zeven infanteriedivisies en meer dan 300 zware kanonnen naar het front. De Duitse poging om de oostelijke Maasoever in enkele dagen te veroveren, was mislukt. Integendeel: de Duitse troepen stonden zonder vaste stellingen bloot aan aanhoudend vuur van de vestingwerken van de geallieerden, bij wie de aanvoer het niet liet afweten: in een week transporteerden ze meer dan 190.000 man en 25.000 ton ravitaillering naar Verdun.
Van de ongeveer 25 in februari 1916 ingezette Duitse divisies waren er medio mei nog slechts vijf over; desondanks werden de zinloze aanvallen van het 5e Leger nog maanden voortgezet bij een onoverzichtelijke frontlijn. Verdun had zich ontwikkeld tot een prestigeslag. Op het door granaat-

trechters omgewoelde slagveld hoopten de doden zich op. Op 20 mei slaagden de Duitsers erin de hoogte 'Dode man' te bezetten. De al sinds 7 maart woedende strijd om deze stelling overtrof alle tot dan toe bekende oorlogsverschrikkingen. Na de bestorming van fort Vaux op 3 juni escaleerde de gruwelijkheid van de oorlog verder: het oppercommando van het 5e Leger liet groenkruisgas, een soort fosgeen, inzetten. Kort daarna kwam de Duitse opmars tot staan; midden juli moest de aanval op Verdun gestaakt worden, de loopgravenoorlog breidde zich uit.

Vanaf midden oktober voerden de Fransen hun tegenaanvallen met meer kracht uit. De strijd om Verdun eindigde op 17 december met een Franse overwinning: de Duitse troepen werden naar de uitgangsstellingen van februari teruggeworpen. De Franse bevelhebber, maarschalk Pétain, werd bejubeld als de 'held van Verdun'. In totaal waren er 335.000 Duitsers en 360.000 Fransen op het slagveld omgekomen, waarop 21 miljoen Duitse en 15 miljoen Franse granaten een kraterlandschap hadden achtergelaten.

Belangrijke slagen in de Eerste Wereldoorlog

1915

Slag aan de Isonzo
De eerste slag in het gebied van de rivier de Isonzo begint medio 1915. Tot 1917 vechten Italianen aan de ene, Oostenrijkers en Duitsers aan de andere kant in totaal twaalf slagen in dit gebied uit (Zie ook pagina 82-83).

1916

Brussilov-offensieven
Tweemaal leidt generaal Alexej Brussilov grote Russische offensieven tegen het Oostenrijk-Hongaarse leger. Beide keren (1916 en 1917) behalen de Russen door het overlopen van Slavische, vooral Tsjechische regimenten grote beginsuccessen, maar worden echter in hun opmars gestuit door Duitse troepen. Het uitblijvende militaire succes werkt in het door de oorlog verzwakte en uitgeputte Rusland het uitbreken van de oktoberrevolutie in de hand.

1916

Zeeslag in het Skagerrak
In deze zeeslag tussen Engelsen en Duitsers ontkomt de Duitse vloot aan zijn vernietiging louter door op tijd op de vlucht te slaan. De maar nauwelijks vermeden nederlaag vormt de aanzet tot de Duitse beslissing om de onbeperkte duikbootoorlog te beginnen. Dit provoceert in 1917 de deelname van de Verenigde Staten aan de oorlog.

1916

De slag aan de Somme
Met 1,2 miljoen doden is de slag langs de rivier de Somme de slag met de meeste verliezen uit de Eerste Wereldoorlog. Tussen de steden Saint-Quentin en Amiens beginnen Franse en Britse troepen over een 40 km breed front aan een grootscheeps offensief tegen de Duitse stellingen. Daarop reageren de Duitsers met een grote tegenaanval. De zware materiaalslag, waarbij de Britten voor het eerst tanks inzetten, brengt de geallieerden echter niet de gehoopte militaire doorbraak. Ze veroveren alleen een 40 km breed en 12 km diep stuk terrein aan de Somme.

De Russische generaal Alexej A. Brussilov.

Sir John R. Jellicoe, de Britse opperbevelhebber tijdens de Slag in het Skagerrak.

Loopgraven tijdens de slag aan de Somme.

Vergeefse vredesinitiatieven in de Eerste Wereldoorlog – achterkamertjesdiplomatie eindigt in totale oorlog

Pijlsnel groeiende verliezen en de verslechterende aanvoer van levensmiddelen hadden ertoe geleid dat de euforie waarmee in augustus 1914 de oorlog begonnen was, aanmerkelijk getemperd werd. Eind 1916 deden de Centrale mogendheden een vredesaanbod. In de confrontatie met de nieuwe dimensies van de geïndustrialiseerde massale oorlog was het echter gedoemd te mislukken, evenals een bemiddelingspoging van de Amerikaanse president.

De hoop op een snelle militaire beslissing was door de uitputtende loopgravenoorlog in het westen na twee jaar al lang vervlogen. In alle deelnemende staten gingen meer of minder openlijk stemmen op voor een compromisvrede. Het Duitse rijk, dat aan geen van beide fronten de oorlog een beslissende wending had kunnen geven, probeerde van de aanvankelijke successen te profiteren en door afzonderlijke vredesonderhandelingen de tweefrontenoorlog te beëindigen.

De politici Gustav Stresemann (links) en Aristide Briand (rechts) zorgden na de Eerste Wereldoorlog voor een toenadering tussen de oorlogsvijanden Duitsland en Frankrijk.

Afzonderlijke vrede 1915-1916

Talrijke oriënterende gesprekken voor afzonderlijke vrede gingen vooraf aan het formele vredesaanbod van de Centrale machten op 12 december 1916.

Het verst kwamen de Duitsers in hun gesprekken, vanaf november 1915, met een onderhandelaar van de Belgische koning Albert, die dankzij Duitse successen in het oosten (5 augustus 1915 bezetting van Warschau, 6 oktober verovering van Belgrado) en een verwacht Duits offensief in het westen verder kwamen dan het stadium van louter oriënterende gesprekken. De koning leek tot opgave van de Belgische neutraliteit bereid, maar verregaande Duitse eisen (onder meer doorgangsrecht voor Duitse troepen, recht op controle over de Belgische spoorlijnen en douane-unie met het Duitse rijk) trokken uiteindelijk een te grote wissel op zijn bereidheid tot onderhandelen. Toen er bovendien in februari 1916 geruchten over de Belgisch-Duitse onderhandelingen over een afzonderlijke vrede rondwaarden in België en Groot-Brittannië, strandden de gesprekken.

Een aanbod van het Vaticaan om te bemiddelen tussen Duitsland en België in april 1916 brachten even weinig succes als de door de Franse radicaal-socialisten op de rails gezette oriënterende gesprekken tussen Frankrijk en Duitsland (mei 1916). Duitse gesprekken met de Japanse gezant in Stockholm, die het doel hadden om Japan en Rusland los te weken uit de Entente, leidden ook niet tot resultaten, omdat noch Tokio, noch Petrograd bereid was om in strijd met de Overeenkomst van Londen van 5 september 1914 een afzonderlijke vrede te sluiten. Bovendien kwam Duitsland de Japanners en Russen niet zo ver tegemoet dat het voor hen had geloond om te breken met de westerse machten, die vooral aan Rusland verregaande territoriale toezeggingen hadden gedaan. Hierna werd de Duitse politiek tegenover Rusland geleid door de poging om de vijand in het oosten te verzwakken door steun te verlenen aan de nationalistische en de socialistische beweging tegen de tsaren.

Front en 'thuis'-front 1916

Vanaf februari 1916 wilde het Duitse rijk aan het westfront de beslissing forceren. Op strategisch en symbolisch beslissende plaatsen, zoals Verdun, hoopte de Duitse chef van de generale staf, Erich von Falkenhayn, Frankrijk een demoraliserende nederlaag te bezorgen, die het begin zou vormen van een wending in het westen. Het mislukken van de doorstoot – met 337.000 doden aan Duitse zijde en 362.000 aan Franse kant – bevestigde opnieuw dat er in het westen geen snelle militaire oplossing te bereiken was, vooral omdat begin juli 1916 het Brits-Franse offensief aan de Somme de Duitse krachten onder druk hield. Weliswaar verloren de troepen van Frankrijk (200.000) en Groot-Brittannië (500.000) samen meer soldaten dan het Duitse rijk en bereikten ze geen noemenswaardige terreinwinst, toch werd de materiële overmacht van de westerse mogendheden duidelijk.

In de Brussilov-offensieven in het oosten (vanaf 4 juni 1916) maakten de troepen van de tsaar in twee weken alleen al 200.000 krijgsgevangenen. Na de slag bij Kovel kwamen er daar nog eens 400.000 bij. Aan beide zijden waren 3 miljoen soldaten buiten gevecht gesteld voordat de Centrale machten de Russische opmars in augustus terugsloegen. Daarbij leden de Russen zware verliezen: ze verloren 1 miljoen soldaten.

Aan het begin van het derde oorlogsjaar groeiden in alle staten, vooral de Centrale mogendheden, de problemen rond de aanvoer van levensmiddelen. Evenals de enorme verliezen aan mensen doofden die het enthousiasme voor de oorlog. Zoals in Frankrijk de radicaal-socialisten een tijd hoopten op een compromisvrede met het Duitse rijk, begon ook daar de interne wapenstilstand breekbaar te worden: op 21 december 1915 stemden 20 afgevaardigden van de SPD tegen de oorlogskredieten. In Rusland raakte de tsaar in het nauw toen hij geconfronteerd werd met militaire ne-

derlagen en steeds grotere problemen bij de levensmiddelenvoorziening.
In deze situatie drongen in Duitsland de hoogste leiding van het 3e Leger (28 augustus 1916) en in Groot-Brittannië (6 december 1916) de grote coalitie onder David Lloyd George door tot het zenuwcentrum van de macht: beide drongen met onverminderde onverbiddelijkheid aan op de volstrekte vernietiging van de tegenstander. Zo verklaarde Lloyd George in een interview met een Britse krant op 28 september 1916: 'The fight must be to a finish – to a knock out.' Ook in Frankrijk en Rusland werden oorlogskabinetten gevormd.

Het aanbod van de Centrale mogendheden

Nadat op 27 augustus 1916 Roemenië aan de kant van de Entente was gaan deelnemen aan de oorlog, zagen gezaghebbende kringen in Duitsland in dat het tijdstip gekomen was om dat wat bereikt was zoveel mogelijk te consolideren. In oktober werden rijkskanselier Theobald von Bethmann Hollweg, keizer Wilhelm II en de leiding van het 3e Leger, Paul von Hindenburg en Erich Ludendorff, het in principe eens over een formeel vredesaanbod aan de Entente, zo gauw de militaire toestand het toeliet om dat zonder gezichtsverlies te doen.
Na langdurige gesprekken met Oostenrijk-Hongarije verklaarde het Polenmanifest van de Centrale mogendheden van 5 november 1916 dat het hun doel was een zelfstandige, maar onder Duitse suprematie staande staat Polen te vormen. In het centrale punt van conflict tussen de oorlogspartijen, de toekomst van België, zon de leiding van het rijk op mogelijkheden om directe invloed uit te oefenen, zoals dat al in de consultaties met afgezanten van koning Albert aan de orde was geweest. Annexatie van het Franse delfstoffengebied Longwy-Brie, Frans-Kongo, delen van Kurland en Litouwen en de vorming van een Poolse grensstrook ten oosten van Oost-Pruisen completeerden de Duitse oorlogsdoelen. Oostenrijk-Hongarije eiste de hegemonie over Albanië, Montenegro en Servië.
De verovering van Boekarest op 6 december 1916 bood de gelegenheid om tot actie over te gaan: op 12 december 1916 deden de Centrale mogendheden een vredesaanbod, zonder concrete voorwaarden voor de vrede te noemen. Alleen al de formulering van het verzoek maakte duidelijk dat de leiding van het rijk weinig interesse in de acceptatie van het aanbod had. Ze besloot haar appèl af met de woorden: 'Als de oorlog ondanks dit vredesaanbod (...) door moet gaan, dan zijn de verbonden mogendheden vastbesloten deze te voeren tot ze met een overwinning beëindigd wordt. Ze wijzen echter hoe dan ook iedere verantwoordelijkheid daarvoor tegenover de geschiedenis en de mensheid af.'

De bemiddelingspoging van Wilson

Zes dagen na het vredesaanbod van de Centrale mogendheden bood de Amerikaanse president Thomas Woodrow Wilson zijn diensten aan als bemiddelaar. Hij eiste dat de oorlogsdoeleinden van alle deelnemers op tafel zouden komen, wat de Duitsers echter afwezen. Hoe weinig interesse het Amerikaanse bemiddelingsvoorstel ook bij de Entente wekte, blijkt uit het feit dat Londen en Parijs langs diplomatieke weg in Washington probeerden om de president van zijn vredesoffensief af te houden. Op basis van de afhankelijkheid van Frankrijk en Groot-Brittannië van kredieten en wapen- en levensmiddelenleveranties uit de Verenigde Staten, was Wilson waarschijnlijk in staat geweest om de westelijke mogendheden te dwingen aan de onderhandelingstafel plaats te nemen. Maar door de onbuigzame houding van de Duitsers inzake de oorlogsdoeleinden, voelden de westelijke mogendheden zich niet verplicht om een concessie te doen. Op 30 december 1916 wezen de geallieerden het Duitse vredesaanbod af.
Zo wezen deze voorzichtig uitgestoken voelhorens slechts de weg die nog dieper de oorlog invoerde: op 1 februari 1917 kondigde het Duitse rijk de onbeperkte duikbootoorlog af. Op 6 april 1917 verklaarde Wilson in het Congres dat de Verenigde Staten bereid waren om aan de oorlog deel te nemen. Noch de Russische februarirevolutie met haar eis van 'vrede zonder schatplicht en annexaties', noch het Internationale Socialistisch Congres in Stockholm (2 juni 1917) of de pauselijke brief over vredesbemiddeling (15 augustus 1917) kon de eerste totale oorlog in de geschiedenis tegenhouden. Te onverzoenlijk stonden de vijanden tegenover elkaar, te groot waren de verliezen en te hoog waren de verwachtingen – in deze omstandigheden kon diplomatie geen overeenkomst meer forceren.

De Duitse kanselier Theobald von Bethmann Hollweg.

De Amerikaanse president Thomas Woodrow Wilson bij een redevoering voor leden van de Democratische Partij. In april 1917 kondigde hij Amerikaanse deelname aan de Eerste Wereldoorlog aan.

Ieren in opstand tegen Engeland

In het General Post Office van Dublin ging de Ierse strijd voor onafhankelijkheid in 1916 zijn beslissende fase in. Daar bevond zich het hoofdkwartier van de Paasopstand, die tot de onafhankelijkheidsoorlog en de deling van Ierland zou leiden.

Strijders van de radicale Sinn Féin, die gewapende strijd voor de onafhankelijkheid van Ierland voerde.

In de loop der eeuwen had Engeland het Ierse eiland stapje voor stapje onder zijn heerschappij gebracht. De tegenstelling Engels-protestants en Iers-katholiek werd met de Reformatie de scheidslijn tussen heersers en overheersten, tussen rijk en arm. In 1801 dwong de Act of Union de vereniging met het Engelse koninkrijk af. De herinvoering van autonomie (Home Rule), later van onafhankelijkheid, was sindsdien de centrale eis van de Ieren.

Britse soldaten beschieten in Dublin Ierse onafhankelijkheidsstrijders.

Verzet tegen het Ierse nationalisme kwam vooral uit de noordelijke graafschappen van Ierland, waar de door Londen geforceerde vestiging van Schotten en Engelsen een protestantse meerderheid had gecreëerd. Toen het Lagerhuis in 1912 een Home Rule-wet aannam – de eerste was in 1886 verworpen – namen de Noord-Ieren de wapens op binnen de Ulster Volunteer Force, om de wet desnoods met wapengeweld tegen te houden. Als reactie daarop formeerde zich ook aan katholieke zijde gewapend verzet – vanaf 1913 in de Irish Volunteers. Daarnaast ontstond het illegale Iers-republikeinse leger (IRA), waarvan de wortels teruggingen tot in de 19e eeuw. Toen in 1914 de Home Rule-wet door de koning bekrachtigd werd, trad deze wegens de Eerste Wereldoorlog niet in werking.

De Paasopstand van 1916 stond niet onder een gelukkig gesternte: de in Duitse ballingschap levende Ier Roger Casement was in april gearresteerd bij de poging om 20.000 geweren naar Ierland te smokkelen. Conflicten binnen de leiding van de onafhankelijkheidsbeweging verhinderden bovendien dat de opstand zoals gepland begon op paaszondag. Weliswaar riepen de leden van de Irish Volunteers en het Citizens Army van de vakbonden op paasmaandag de Ierse republiek uit, maar ze hadden slechts een derde van het geplande aantal mannen tot hun beschikking.

De overgebleven 1500 strijders verdedigden een week lang een deel van Dublin tegen het oppermachtige Engelse leger. De actie was van begin af aan uitzichtloos en werd door de meerderheid van

de Ieren afgekeurd. De leiders, de meesten jonge idealisten, kregen de doodstraf, veel mensen kwamen in de gevangenis. Pas deze harde reactie leidde tot een grote golf van sympathie voor de beweging.
Hierdoor kon bij de verkiezingen in 1918 de radicale onafhankelijkheidspartij Sinn Féin ('Wij zelf') tot het Lagerhuis doordringen. Sinn Féin riep opnieuw de Ierse republiek uit. Nadat diplomatieke inspanningen om tot onderhandelingen te komen mislukt waren, brak in 1919 weer de gewapende strijd tegen de Engelsen uit. De in 1920 aangenomen Government of Ireland Act leidde tot de opdeling van Ierland, die de radicale stromingen, in het bijzonder Sinn Féin, afwezen. In de volgende burgeroorlog wonnen weliswaar in 1922 de gemachtigde krachten in het zuidelijke deel van het eiland, maar het radicale bevrijdingsleger van de katholieken zette zijn strijd voort in het noorden – tot op de dag van vandaag.

Ierse vrijheidsstrijd tot 1921-1922

1912

Ulster Convenant
De protestanten van de Noord-Ierse provincie Ulster ondertekenen het Ulster Convenant. Daarin beloven ze weerstand te bieden tegen de oprichting van een zelfstandig Iers parlement.

1914

Home Rule-wet
Om het Ierse nationalisme tot bedaren te brengen, spant Londen zich in om autonomie (Home Rule) in te voeren. De wet strandt tweemaal in het Hogerhuis, wordt in 1914 aangenomen, maar wordt door het uitbreken van de Eerste Wereldoorlog niet van kracht.

De Britse koning George V (1910-1936) bekrachtigde in 1914 de Home Rule-wet.

1916

Paasopstand
Leiders van de Paasopstand zijn James Conolly van het Citizens Army en Patrick Pearse van de Irish Volunteers. De latere eerste minister van Ierland, Eamon de Valera, leidt bij de opstand de afdeling die zich als laatste aan de Engelse troepen overgeeft. Evenals de andere leiders ter dood veroordeeld, ontkomt hij als Amerikaans staatsburger aan executie.

1918

Verkiezingssucces
Bij de verkiezingen voor het Londense Lagerhuis, direct na het einde van de oorlog, weet Sinn Féin 73 van de 105 Ierse zetels te bemachtigen in het Parlement van Westminster. Een van hun leiders is Eamon de Valera. Hij wordt gearresteerd, omdat hij weigert de eed van trouw aan de koning af te leggen.

Eamon de Valera, een van de leiders van de Paasopstand.

1919

Iers parlement
Onder afkeuring van de rest van het Londense parlement komen de leden van de Sinn Féin in Dublin bijeen. Daar bevestigen ze de in 1916 uitgeroepen Republiek en richten het nationalistische Ierse parlement op. Tot hun president kiezen ze Eamon de Valera. Londen erkent het parlement niet: de Anglo-Ierse oorlog breekt uit.

1921

Vrije republiek met dominion-status
Met de Government of Ireland Act (1920) en het vredesverdrag (1921) wordt Ierland in 1922 een vrije republiek. De zes graafschappen van Ulster blijven als Noord-Ier and onder het bewind van het Koninkrijk. In 1949 wordt Ierland een geheel onafhankelijke republiek.

Ieren die als vrijwilligers in de Anglo-Ierse oorlog vechten.

T.E. Lawrence – Britse held van de Arabische vrijheidsstrijd

1916

De Brit Thomas Edward Lawrence maakte naam als leider van de Arabische opstand tegen de Turken. Onder de eretitel Lawrence of Arabia werd hij door de Arabieren voortaan vereerd als een oorlogsheld.

In juni 1916 – Europa was diep weggezakt in de Eerste Wereldoorlog – riep Hoessein Ibn Ali, sjerif van Mekka en afstammeling van de profeet Mohammed, de opstand tegen het Osmaanse rijk uit. Gesteund door de bedoeïenenstammen van Arabië, verklaarde hij in naam van de Arabische onafhankelijkheidsbeweging de oorlog aan de sultan.

De troepen van de sjerif hadden in Arabië al aanzienlijke overwinningen bevochten. Zo hadden ze Mekka en Djedda vast in handen. Ze behaalden deze successen met Britse hulp: een militaire missie onder leiding van een 28-jarige Arabist, kapitein Thomas Edward Lawrence, gaf Faisal, de derde zoon van de sjerif, adviezen bij de strijd tegen de Turken.

De Britse schrijver en archeoloog Thomas Edward Lawrence in zijn Arabische kostuum.

In augustus 1916 veroverden de bedoeïenen van de sjerif ook de Turkse vesting Hejaz en de garnizoensplaats Taïf. Aansluitend gingen Faisal en Lawrence aan het werk om de zeer goed bewapende Osmaanse troepen verder terug te dringen. Ze ondernamen riskante overvallen op de spoorverbinding tussen Medina en Damascus, die van cruciale betekenis was voor de proviandering van het Turkse leger.

In juli 1917 voerde Lawrence zijn bedoeïenen-eenheden dwars door de woestijn voor de aanval op het Turkse garnizoen in de strategisch belangrijke havenplaats Akaba; de inname daarvan was een zware slag voor de Turkse troepen. Hierdoor konden de Arabieren de Turken in de rug aanvallen, terwijl de Britten naar het noorden richting Jeruzalem oprukten.

Op dit tijdstip had de jonge officier met zijn militaire deskundigheid al grote indruk gemaakt. Vooral een document dat Lawrence een jaar eerder had opgesteld als medewerker van de geheime dienst, was opgevallen bij zijn meerderen. Het onderstreepte de strategische voordelen van Britse steun aan de Arabische opstand. Zijn grootste triomf vierde de Brit op 1 oktober 1918, toen Arabische bereden troepen zegevierend Damascus binnentrokken – met Faisal en zijn vriend Lawrence voorop. Bijna op hetzelfde tijdstip bereikten ook de eerste vooruitgeschoven patrouilles van de Australische bereden divisie van het leger van generaal Allenby de stad. Ze hadden zich een weg vanuit Egypte gebaand en onderweg Gaza en Jeruzalem ingenomen.

Lawrence of Arabia (links) met Lowell Thomas, die hem begeleidt als verslaggever.

De verovering van Damascus, de beroemdste stad van Arabië, was een emotioneel moment voor de inmiddels tot majoor benoemde Lawrence. Toch zou het voor Lawrence snel tot een bittere herinnering worden: zijn doel van een grote Arabische natie onder Faisal bleef ondanks Britse beloften een droom. Toch bereikte hij dat Faisal tot koning van Irak benoemd werd.

Op de Vredesconferentie van Versailles in 1919 behartigde Lawrence opnieuw de zaak van de Arabische onafhankelijkheid – echter weer zonder resultaat. In plaats daarvan werden Groot-Brittannië en Frankrijk het erover eens om het Nabije Oosten, dat de belofte van enorme olierijkdommen in zich droeg, onder elkaar te verdelen.

Verbitterd nam Lawrence in 1922 ontslag uit zijn post als adviseur voor het Nabije Oosten bij het Britse ministerie van Koloniën en begon zijn avonturen op te schrijven (*The Seven Pillars of Wisdom*, 1926). Hij nam een baantje als gewoon soldaat, onder andere bij de Britse luchtmacht, voordat hij in 1925 stierf na een motorongeluk.

Strijd om de vrijheid en onafhankelijkheid van Arabië

1919-1920

Mandaatgebieden

De mandaatgebieden waarin het Verdrag van Versailles voorzag en die waren omschreven in artikel 22 van het Volkerenbond-statuut, houden in dat de voormalige Turkse gebieden in Arabië onder controle van Groot-Brittannië en Frankrijk komen. Irak, Palestina en Transjordanië staan onder Brits, Libanon en Syrië onder Frans gezag.

Franse koloniale troepen in Beiroet.

1921

Irak

Na de militaire successen tegen de troepen van het Osmaanse rijk krijgt Faisal in 1920 de koningskroon van Groot-Syrië, maar moet kort daarna door Frans ingrijpen toch afzien van de troon. Door Britse invloed wordt Faisal een jaar later koning van Irak, dat vooralsnog onder het mandaatgezag van Groot-Brittannië staat. In 1932 krijgt het land zijn onafhankelijkheid.

Faisal, koning van Irak.

1932

Saoedi-Arabië

Troepen onder Abd Al Aziz ibn Saoed winnen in de periode tot 1918 een groot deel van het Arabische schiereiland terug van Turkije. In 1924 krijgt hij Mekka en Medina in zijn macht en benoemt zichzelf tot koning van de Hedsja – het westelijk deel van het schiereiland. Tot 1932 is hij bezig de volksstammen van de regio te verenigen, roept de staat Saoedi-Arabië uit en in 1933 wordt hij koning. Door de exploitatie van de olievoorraden maakt hij het land met de grootste oliereserves van de wereld tot een van de rijkste staten op aarde.

Troepen van Ibn Saoed bij hun opmars naar Mekka.

1971

Arabische emiraten

In het sinds 1853 als 'Gepacificeerd Oman' onder Brits gezag staande gebied aan de Perzische Golf bestaan in 1968 plannen voor een federatie van Arabische emiraten. Groot-Brittannië verleent de sjeikdommen in 1971 onafhankelijkheid, waarop zes gebieden de Verenigde Arabische Emiraten vormen. Nadat er in 1972 met Ras Al Khaima een zevende emiraat is bijgekomen, wordt drie jaar later de definitieve grondwet van de nieuwe staat uitgevaardigd.

Dood van Franz Joseph I schokt Habsburgmonarchie

Na 68 regeringsjaren stierf keizer Franz Joseph I in 1916 op het Weense slot Schönbrunn. De 'keizerlijke en koninklijke' monarch had zich tijdens zijn bewind ingespannen om de veelvolkerenstaat bijeen te houden, maar deze viel na de Eerste Wereldoorlog uit elkaar.

Op 21 november 1916 – midden in de Eerste Wereldoorlog – werd heel Oostenrijk geschokt door het nieuws van het overlijden van keizer Frans Jozef I. De 86-jarige vorst liet aan zijn opvolger, zijn achterneef Karel I, een rijk na dat aan het versplinteren was. Vooral Tsjechen, Slowaken en Zuid-Slaven wilden niet langer borg staan voor een staat die hun de medezeggenschap ontzegde waar ze al decennia om vroegen. Door zijn afwijzende houding tegen beloften aan de nationalisten, had Franz Joseph aan het verval van de veelvolkerenstaat bijgedragen.

Franz Joseph I, de op een na laatste monarch van Oostenrijk-Hongarije, regeerde van 1848 tot 1916.

Franz Joseph kwam ter wereld in Schönbrunn op 18 augustus 1830, als zoon van aartshertog Franz Karl en diens vrouw Sophie. Zij was de dochter van de eerste koning van Beieren. Na de abdicatie van zijn oom Ferdinand I – als gevolg van de revolutie van 1848 – besteeg hij al in datzelfde jaar de Habsburgse troon. Geleid door de adviezen van zijn moeder Sophie regeerde hij aanvankelijk centralistisch en absolutistisch. Pas nadat hij tegen Pruisen het gevecht om de hegemonie in de Duitse Bond had verloren (1866) en met Hongarije een schikking had getroffen (1867) die het oostelijke rijksdeel interne autonomie gaf, was Franz Joseph niet langer principieel tegen hervormingen. Toch namen de sociale problemen en de conflicten tussen de verschillende volkeren voortdurend toe. In de buitenlandse politiek sloot hij zich nauw aan bij het Duitse rijk, waarmee hij in 1879 een verdrag sloot voor een bilateraal verbond, dat in 1882 door toetreding van Italië tot een drievuldig verbond werd uitgebreid.

Door de oorlogsverklaring van Oostenrijk-Hongarije aan Servië – de Donaumonarchie zag de Oostenrijkse belangen op de Balkan bedreigd – ontketende Franz Joseph in 1914 de Eerste Wereldoorlog.

Zijn privé-leven werd bepaald door het noodlot en toenemende vereenzaming. In 1854 huwde hij Elisabeth, de dochter van de Beierse hertog Maximiliaan; zij was een nicht in de eerste graad. Bij haar had hij vier kinderen – Sophie (die stierf als klein kind), Gisela, Rudolf en Marie-Valerie. Het huwelijksgeluk was slechts van korte duur; Franz Joseph en Elisabeth

De keizer van Oostenrijk, Franz Joseph I (links) en keizer Wilhelm II van Duitsland.

raakten steeds meer vervreemd van elkaar. Deels lag dat aan de grote invloed van grootmoeder Sophie bij de opvoeding van de kinderen, deels aan het excentriek-romantische karakter van Elisabeth. De laatste jaren van haar leven bracht de keizerin vooral reizend door. De zelfmoord van haar zoon Rudolf (1889), de enige mannelijke erfgenaam van de troon, kon ze nooit verwerken. In 1898 werd ze vermoord door een anarchist.

De levensstijl van de keizer werd bepaald door discipline en plichtsbetrachting. Op zijn oude dag ontwikkelde hij zich steeds meer tot een pedant en een soort 'opperste ambtenaar' van zijn land, die, niet te benaderen en respect eisend, op Schönbrunn resideerde; hij bracht de dag vooral door met audiënties en het ondertekenen van documenten.

Met de dood van Franz Joseph eindigde een tijdperk dat al gauw door sommigen tot goede oude tijd werd verklaard, door anderen echter werd afgewezen als een tijdperk dat zichzelf al lang had overleefd.

De laatste vertegenwoordigers van het Habsburgse huis

1863-1914
Franz Ferdinand
Na de zelfmoord van kroonprins Rudolf in 1889 wordt de aartshertog troonopvolger van keizer Franz Joseph. Hij wil de Dubbelmonarchie veranderen in een federalistische staat, maar heeft weinig politieke invloed. De moordaanslag op de troonopvolger in Sarajevo in 1914 ontketent de Eerste Wereldoorlog.

1878-1922
Karel I
Karel wordt na de dood van keizer Franz Joseph (1916) gekroond tot de laatste keizer en koning van de Oostenrijks-Hongaarse monarchie. Zijn poging om door een afzonderlijke vrede met de Entente de oorlog voor de Dubbelmonarchie te beëindigen, mislukt. Na te hebben afgezien van iedere deelname aan regeringszaken vertrekt hij in 1919 naar het buitenland. Vier jaar later sterft hij op het eiland Madeira.

1892-1989
Zita van Bourbon-Parma
De vrouw van de laatste Oostenrijkse keizer Karel I woont na de dood van haar man eerst in Spanje, dan in België en vanaf 1940 in Canada. In 1962 verhuist ze naar Zwitserland, waar ze in 1989 sterft.

1912
Otto von Habsburg-Lothringen
In 1919 wordt door de Oostenrijkse nationale raad het besluit genomen tot de zogenaamde Habsburger-wetten. Deze heffen alle vorstelijke rechten op van het huis Habsburg-Lotharingen. Pas vanaf 1966 mag Otto von Habsburg weer Oostenrijk binnenreizen, omdat hij afgezien heeft van alle privileges. Sinds 1973 is hij de president van de Paneuropa-Union. Hij is CSU-politicus en sinds 1978 Duits staatsburger. In 1979 wordt hij afgevaardigde in het Europees parlement.

1961
Karel van Habsburg-Lotharingen
Het huwelijk van de kleinzoon van de keizer met de dochter van een industrieel, Franscesca Thyssen, brengt de familie Habsburg in 1993 opnieuw in de publiciteit. Honderdduizenden volgen het 'huwelijk van het jaar' op de televisie.

Franz Ferdinand met zijn vrouw.

Karel I.

Otto von Habsburg-Lotharingen.

Raspoetin, de invloedrijke gunsteling van de tsarina, wordt vermoord

In de herfst van 1912 kreeg de tsarevitsj, de zoon van de tsaar, inwendige bloedingen. Toen het kind op sterven lag, bad tsarina Alexandra om hulp bij Raspoetin. De bloedingen hielden op, Raspoetin was voortaan onaantastbaar. In 1916 werd hij vermoord door leden van de conservatieve adel.

De Russische monnik Raspoetin verkrijgt grote invloed op de echtgenote van tsaar Nicolaas II, Alexandra Fjodorovna.

Al als kind moet Grigorij Jefimovitsj Novitsj, genaamd Raspoetin, helderziende gaven hebben bezeten. Als jongeman werkte hij als koetsier. Op een dag bracht hij een reiziger naar het klooster Verchotoerje, een verbanningsoord voor ketterse monniken. Van hen behoorden velen tot de Chlysen, een sekte die haar weg naar God wilde vinden door seksuele extase. Raspoetin was zo gefascineerd dat hij er vier maanden bleef. Later verhuurde hij zich als landarbeider, totdat hij een visioen kreeg: hij trok naar de 3000 km verderop gelegen heilige berg Athos in Griekenland, waar hij twee jaar verbleef. Na de terugkeer in zijn geboortestreek, 400 km ten oosten van de Oeral, omgaf hem het aura van het mysterie.

Toen Raspoetin in 1903 voor de eerste maal naar Sint-Petersburg kwam, trad hij op als *starets* (reizende monnik) en liep al gauw in en uit in de voorname salons. Hoewel hij onverzorgd was en een geur verspreidde die de Franse gezant aan een geitenbok herinnerde, oefende hij een sterke aantrekkingskracht uit op vrouwen. Ettelijke avontuurtjes vergrootten zijn geheimzinnige roep. Daarbij preekte hij (in de lijn van de Chlysen) dat slechts rouwmoedige zondaren het ware heil konden vinden. Doch om berouw te kunnen hebben, moest men eerst zondigen – en Raspoetin eiste beide.

Twee jaar later werd hij ontvangen door de archimandriet Theofan, de biechtvader van keizerin Alexandra; hij was onder de indruk van de persoonlijkheid van Raspoetin. Kort daarna was Raspoetin dikwijls te gast bij de grootvorstinnen Miliza en Anastasia, die hem in november 1905 introduceerden op het tsarenpaleis Tsarskoje Selo bij de plaats Poesjkin. Net zoals in de salons was hij ook in het paleis nooit onderdanig. De keizer en zijn vrouw sprak hij bijvoorbeeld nooit aan als 'majesteit', maar met batjoesjka ('vadertje') en matjoesjka ('moedertje'), wat grote indruk maakt op tsarina Alexandra.

De reden voor zijn bezoeken was allereerst de doodzieke kroonprins Alexei Nikolajevitsj. De in 1904 geboren tsarevitsj kreeg al bij de geringste kneuzing last van inwendige bloedingen. Veel getuigen bevestigen dat zulke bloedingen dikwijls slechts door Raspoetin gestuit konden worden. Later liep het contact tussen het paleis en Raspoetin via een hofdame en vertrouwelinge van de keizerin.

Raspoetin te midden van de dames aan het hof van tsaar Nicolaas II.

Een grotere politieke betekenis kregen de bezoeken van Raspoetin aan het tsarenhof toen tsaar Nicolaas II in 1915 het opperbevel over het leger overnam en Alexandra zijn representatieve taken op zich nam. Een toespeling makend op verscheidene kabinetswisselingen vanaf dat tijdstip, riep de afgevaardigde Vladimir M. Purisjkjevitsj op 2 december 1916 in de Doema: 'Er is maar de aanbeveling van Raspoetin nodig, en de erbarmelijkste staatsburger bekleedt het hoogste ambt.'

Hierna gingen er veel meer kritische stemmen op. Raspoetin werd verdacht gemaakt als Duitse spion en zijn pronkfeesten brachten het tsarenhof in diskrediet in de publieke opinie. Om de monarchie te behoeden voor nog grotere schade, zworen in november 1916 leden van de adel samen, onder wie ook Poerisjkjevitsj. Hoewel hij meermaals gewaarschuwd was, ging Raspoetin op 30 december in op een uitnodiging voor een diner bij vorst Felix F. Joesoepov in Sint-Petersburg, waar de samenzweerders hem vermoordden. Zijn dood hield de val van de monarchie echter niet tegen.

Leden van de Russische tsarenfamilie

1856-1929

Nikolai Nikolajevitsj

De oudoom van tsaar Nicolaas II en de oppercommandant van de Russische strijdkrachten (1914-1915) geldt als een bekwame legerleider, maar toch wordt hij in augustus 1915 na een hofintrige afgezet. Tot aan de februarirevolutie van 1917 is hij opperbevelhebber aan het Kaukasusfront. Eind 1916 proberen conservatieve kringen hem ertoe te bewegen om zijn neef als regerend vorst af te zetten, wat hij echter weigert. Na de oktoberrevolutie gearresteerd, slaagt hij erin om in 1919 op een Brits oorlogsschip naar Frankrijk te vluchten.

1868-1918

Nicolaas II

De Russische keizer uit het huis Holstein-Gottorp-Romanov geldt als een stille, bescheiden man. Tegen de opgaven van het politiek leiderschap is hij echter niet opgewassen. Vanwege zijn onzekerheid klampt hij zich vast aan reactionaire adviseurs en weigert de door burgers en arbeiders geeiste hervormingen. Na de februarirevolutie van 1917 treedt hij af. Op 16 juli 1918 wordt hij gefusilleerd door de bolsjewieken, die sinds oktober 1917 aan de macht zijn.

Nicolaas II.

1872-1918

Alexandra Fjodorovna

De kleindochter van de Britse koningin Victoria en diep-religieuze echtgenote van Nicolaas II, vertegenwoordigt vanaf 1915 in Sint-Petersburg haar echtgenoot, die wordt beziggehouden door de strijd in de Eerste Wereldoorlog. De keizer negeert echter bijna al haar politieke voorstellen. De in 1916 door de oppositie veronderstelde intieme verhouding met Raspoetin ontkent ze resoluut. Samen met haar man en haar kinderen, de grootvorstinnen Maria, Olga, Tatjana en de troonopvolger Alexei, wordt ze in 1918 door de bolsjewieken in Jekaterinenburg vermoord.

Alexandra Fjodorovna.

1901-1918(?)

Anastasia Nikolajevna

Over de jongste dochter van Nicolaas en Alexandra woeden jarenlang discussies, omdat talrijke vrouwen – zoals de Poolse Anna Anderson – beweren de enige overlevende te zijn van de moordpartij in Jekaterinenburg. Door DNA-onderzoek sinds de jaren tachtig kunnen al dergelijke aanspraken weerlegd worden.

Anastasia Nikolajevna.

Dada: de traditionele kunst ad absurdum

De dadaïsten, die elkaar in 1916 troffen in het Cabaret Voltaire in Zürich, zagen hun werken als protest tegen de 'waanzin van de tijd'. Esthetische maatstaven verloren hun geldigheid, toeval en provocatie gaven vorm aan de nieuwe kunst.

De internationale artistieke beweging dada zit qua chronologie in tussen het kubisme en het surrealisme. De vertegenwoordigers ervan rebelleerden met hun theater, literatuur en beeldende kunst tegen de overgeleverde artistieke en maatschappelijke tradities. De dada-beweging, die zich ontplooide vanaf 1916, wees dergelijke regels evenzeer af als ambtelijk kunnen en 'goede smaak'. Initiatiefnemer en leider was de in ballingschap levende Roemeense dichter Tristan Tzara, die aan het publiek en de critici de spottende vraag stelde: 'U begrijpt niet wat wij doen? Tja, beste vrienden, wij begrijpen het nog minder.'

De dadaïst Man Ray (1890-1976) te midden van zijn objecten. Deze Amerikaan werd vooral beroemd door zijn foto's.

In 1916 ontstond in Zürich het Cabaret Voltaire, dat met esprit, bluf, opschudding en veel ironische zelfspot de toenmalige culturele smaak op de hak nam. Tot de oprichters behoorden behalve Tzara de toneelspeler Hugo Ball, de dichter en schilder Hans Arp en de schrijver Richard Huelsenbeck. De naam 'dada' die ze aan hun kunst gaven, hadden ze met vrije associatie gevonden: toen ze overeenkomstig het toevalsprincipe het woordenboek opensloegen, stuitten ze op het woord dada, een onomatopeïsche uitdrukking die Franse kinderen gebruiken voor 'paard' – te vergelijken met het Nederlandse 'hu!' Het begrip dekte de nagestreefde terugkeer naar de kinderlijke primitiviteit en spontaniteit.

In 1917 kwam het eerste nummer van het tijdschrift *Dada* uit en openden de dadaïsten een galerie in Zürich. Bij hun podiumopvoeringen droegen ze nonsensgedichten voor en lazen manifesten voor waarin ze de gevestigde waarden aanvielen. Ze lieten fluiten en sirenes klinken en riepen het gechoqueerde publiek beledigingen toe.

Ook in andere landen wist men elkaar in dadaïstische groepen te vinden: in de Verenigde Staten richtten de beide Fransen Marcel Duchamp en Francis Picabia samen met de Amerikaanse fotograaf Man Ray het tijdschrift *291* op voor de galerie van Alfred Stieglitz. In 1917 schiep Duchamp met het werk *Fountain* een van de iconen van het dadaïsme, en tegelijkertijd zijn bekendste ready-made: hij zette een urinoir op zijn kop en verklaarde het zonder omhaal tot kunst.

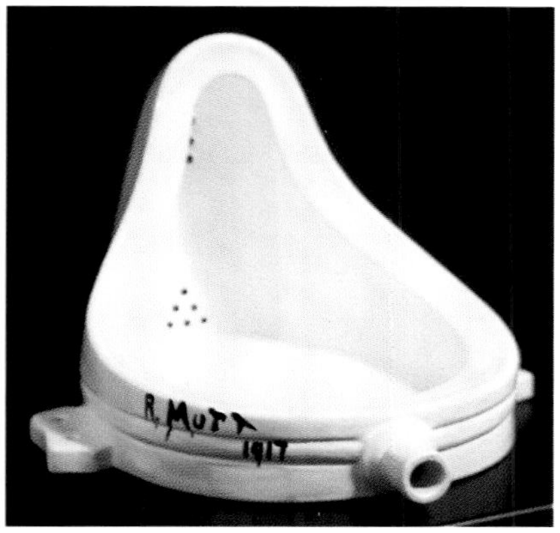

De *Fountain* van Marcel Duchamp (1917) geldt als een cruciaal werk van het dadaïsme.

In Nederland werd het dadaïsme vertegenwoordigd door Theo van Doesburg en in België door de dichter Paul van Ostaijen. In Berlijn ontstond er een groep rondom George Grosz en Richard Huelsenbeck, waartoe later onder anderen Raoul Hausmann, John Heartfield en Hannah Höch behoorden.

De Berlijnse dadaïsten ontwikkelden de techniek van de fotomontage; hun collages stelden ze samen uit tijdschriftenknipsels. In Hannover werkte een van de bekendste dadaïsten, Kurt Schwitters. Hijzelf verzette zich echter tegen dat etiket.

In Parijs riepen Louis Aragon en André Breton het blad *Littérature* in het leven, aan het begin van de jaren twintig het bekendste dada-tijdschrift. Omstreeks 1922 namen de conflicten onder de dadaïsten toe. Breton wierp zich op tot de woordvoerder van een nieuwe beweging; hij was de 'nihilistische potsenmakerij' van Tzara beu en wilde iets nieuws creëren. In 1924 presenteerde hij het *Eerste Surrealistische Manifest*. Daarmee was er een nieuwe kunstrichting geboren, het surrealisme, wat het einde betekende van het dadaïsme.

Belangrijke kunstenaars van het dadaïsme.

1879-1953

Francis Picabia

De Fransman Picabia behoort tot de kring van de New Yorkse dadaïsten. In de VS ontwikkelt hij zijn 'mechano-morfologische werken': uit diagrammen van machineonderdelen ontstaat een vormenrepertoire waarmee hij ideeën en menselijke eigenschappen weergeeft. Begin jaren twintig breekt Picabia met de dadaïsten. Hij distantieert zich ook van het surrealisme, hoewel zijn werken vanaf circa 1925 dicht bij deze kunstrichting staan.

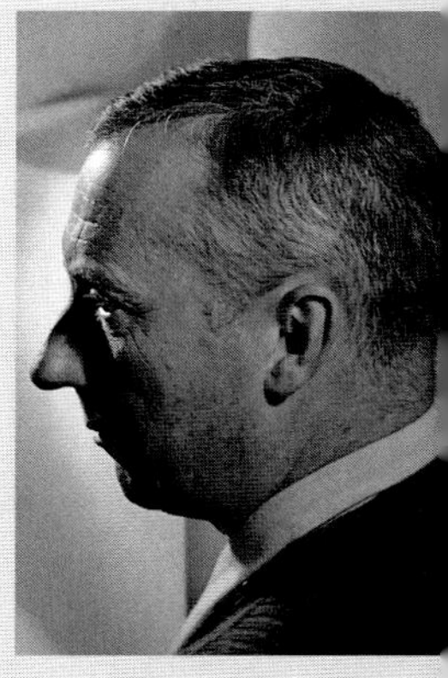
Hans Arp.

1886-1966

Hans Arp

In 1916 behoort de Zwitser Hans Arp tot de oprichters van het dadaïsme, acht jaar later is hij een van de opstellers van het *Eerste Surrealistische Manifest*. In het midden van de jaren twintig werkt Arp met abstract-geometrische vormen en wordt daardoor een voorloper van de moderne kunst.

Marcel Duchamp.

1887-1968

Marcel Duchamp

Deze Fransman wijdt zich eerst aan de schilderkunst. Zijn *Naakt, de trap afdalend* (1911-1912) behoort tot de belangrijkste werken van het kubisme. In 1913 kiest Duchamp voor een radicaal nieuw kunstconcept: hij monteert het voorwiel van een fiets op een keukenkruk. Deze collage van alledaagse voorwerpen duidt hij aan als *ready-made*.

Kurt Schwitters.

1887-1948

Kurt Schwitters

De Duitse schilder en graficus Schwitters streeft in zijn werk naar de verbinding van verschillende artistieke richtingen. In zijn zogeheten MERZ-kunst werkt hij overwegend met collages. Het bekendst wordt *Ode aan Anna Blüm*, een spel met woorden, geluiden en associaties.

1896-1928

Paul van Ostaijen

In de Nederlandstalige dada-literatuur neemt de Vlaming Paul van Ostaijen een vooraanstaande plaats in. Hij vult de ritmische uitstoting van klanken in zijn poëzie aan met ritmische typografie, waarbij type en grootte van de letters, alsmede de plaatsing ervan in de bladspiegel hun rol spelen.

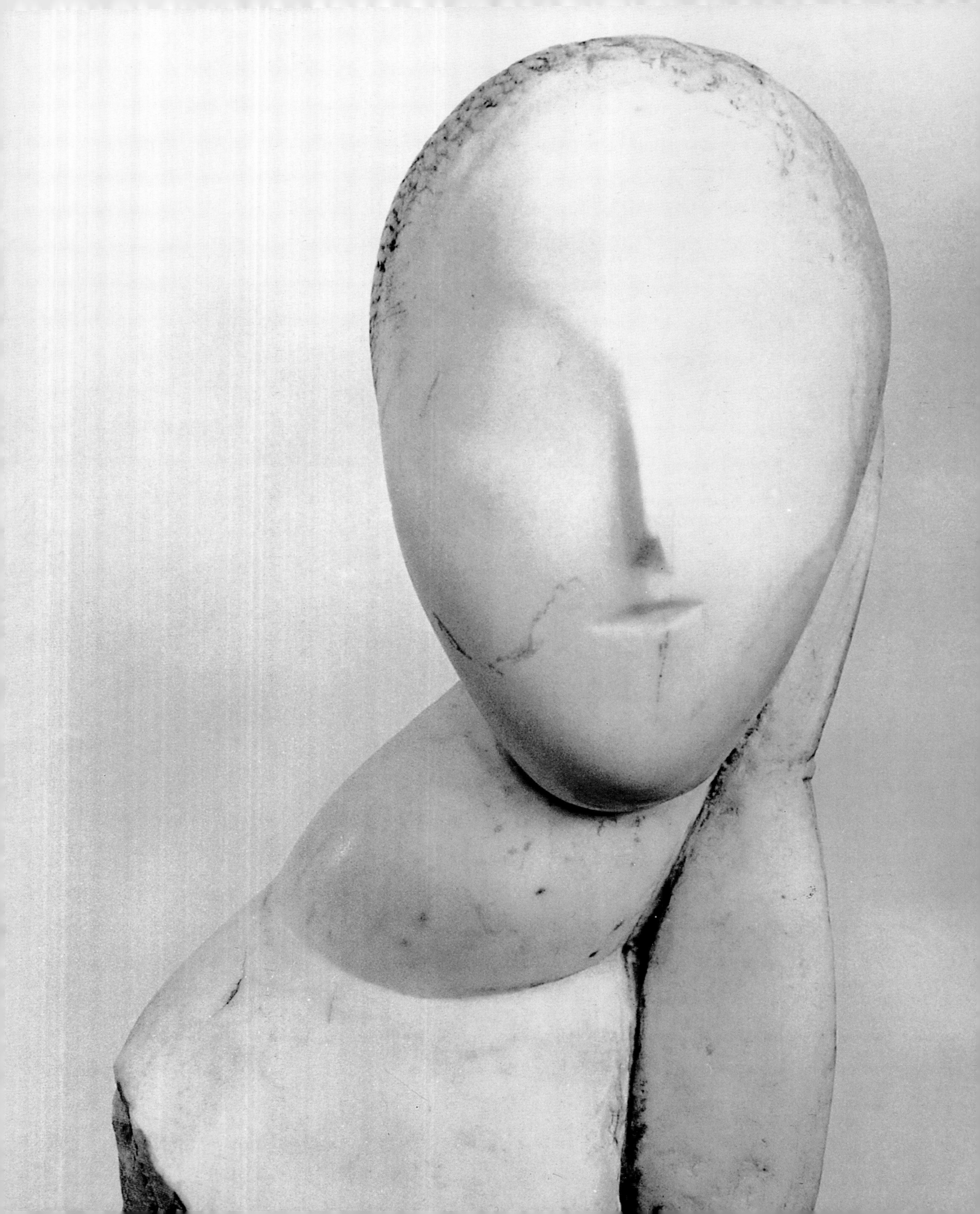

Een veelvoud aan vormen definieert de moderne beeldhouwkunst

Evenals de schilderkunst was ook de beeldhouwkunst aan het begin van de 20e eeuw onderhevig aan vernieuwingen. Na een oplossing van de vormen – zoals bij Auguste Rodin – volgden sterke reducties en de introductie van technisch-constructieve principes.

De Fransman Auguste Rodin, eigenlijk de grote beeldhouwer van de 19e eeuw, wees de beeldhouwkunst met zijn beeldengroep *De burgers van Calais* de weg naar een nieuw begin. Hij bevrijdde de sculptuur uit haar standbeeldachtige verstarring en probeerde met behulp van ruwe vlakken licht- en schaduwwerking mede te betrekken in het scheppen van de vorm. Tegelijkertijd vertoonden zijn figuren de directe expressie van hartstochtelijke emoties.

Ook Rodins landgenoot Aristide Maillol oefende met zijn klassiek-eenvoudige, maar toch expressieve werken uit de 19e eeuw grote invloed uit. De Roemeen Constantin Brancusi kwam vanuit de Jugendstil bij de geometrische vormen uit, waarmee hij de kubistische sculptuur beïnvloedde. Door steeds verdergaande reductie en concentratie van de expressie vond hij uiteindelijk zijn niet verder te ontwikkelen oervormen. Brancusi's vormentaal is terug te vinden in de gestileerde, langgerekte figuren van de Italiaan Amedeo Modigliani. Ook Wilhelm Lehmbruck, een van de belangrijkste Duitse beelhouwers uit deze periode, liet zich leiden door Brancusi. Onder diens invloed vereenvoudigde Lehmbruck zijn in de ruimte grijpende gestaltes tot een archetypische, algemeen geldige vorm.

Constantin Brancusi, Marmerplastiek (1912).

De weg naar de abstracte beeldhouwkunst werd geplaveid door de Oekraïener Alexander Archipenko. Omstreeks 1912 droeg hij het kubistische principe van de ontleding over van de schilderkunst naar de plastische vormgeving en ontdekte daarbij het 'negatieve volume': de omringende ruimte dringt door uithollingen en uitsparingen als het ware binnen in de sculptuur en wordt een bestanddeel van de plastische structuur.

De werken van de constructivisten betekenen een radicale vernieuwing. Hier waren de Russische broers Naum Gabo (pseudoniem voor Naum Pevsner) en Antoine Pevsner de voorlopers. Vanaf ongeveer 1922 zagen zij in hun werken af van ieder volume. Ze bouwden hun sculpturen op uit lijnen en vlakken en betrokken er licht en beweging bij. Gabo werkte met plexiglas en gespannen nylondraden. Zijn werken maken een immateriële indruk en reflecteren het licht. Gabo's doel was om de 'lege ruimte' te omvatten.

Ernst Barlach, *Het weerzien* (1926). De figuren van Barlach belichamen fundamentele ervaringen van de mens.

Een volstrekt andere richting sloeg Marcel Duchamp in, die experimenteerde op bijna alle terreinen van de kunst. Zijn niet-aflatende speurtocht naar iets nieuws voerde hem naar de anti-kunst: hij signeerde industriële producten zoals een fiets, een flessendroger en een urinoir en verklaarde deze voorwerpen tot kunst.

Een belangrijke expressionistische beeldhouwer was de Duitser Ernst Barlach. De ontheroïserende monumentaliteit van de vormen bij Barlach is gevormd door het expressionisme, de Russische volkskunst en zijn mystieke, visionaire gevoelswereld. Omdat de sculpturen van Barlach door hun duidelijke expressie de toeschouwer direct aanspreken, bleven ze altijd populair.

Voorzover er aan het begin van de eeuw een trend te constateren valt, is de enige trend dat de kunstenaars steeds meer uiteenlopende stijlen hanteerden om hun kunst vorm te geven.

Belangrijke beeldhouwers voor 1945

1840-1917

Auguste Rodin

De Fransman Rodin geldt als de belangrijkste tussenpersoon tussen de traditionele en de moderne beeldhouwkunst. In 1880 begint hij te werken aan *Hellepoort*, een monumentale, maar nooit voltooide deur: Rodin plant het werk als een expressionistische compositie met massa's van in elkaar verstrengelde lichamen. Uit de voorstudies is het beeld *De denker* afkomstig. Tot de beroemdste beelden van Rodin behoort *De kus* (1886).

Auguste Rodin.

1861-1944

Aristide Maillol

Met zijn eenvoudige, vanuit een innerlijke structuur opgebouwde figuren grijpt Maillol terug op de vroege sculptuur van het Middellandse-Zeegebied. Bij zijn werk gaat het vooral om vrouwelijke naakten.

1876-1951

Constantin Brancusi

In Parijs komt in 1912 zijn sculptuur *De kus* tot stand, al sterk vereenvoudigd, maar nog ver verwijderd van de vormen die hij in de jaren twintig en dertig bereikt en waarvan *Eindeloze zuil* (1935-1938) als het hoogtepunt geldt. Zijn 'oervorm' vindt Brancusi in gladde, glanzende oppervlakken van steen, gips of messing, in objecten waarin alleen aanduidingen van een gestalte zijn te herkennen.

Constantin Brancusi.

1881-1919

Wilhelm Lehmbruck

De sculpturen van Lehmbruck zijn meestal volslank gevormd en tonen een religieus aandoende verinnerlijking. Tot zijn belangrijkste werken behoren de naakte figuur *Grote knielende* (1911) en het gedenkteken *De gevallene* (1915-1916).

Wilhelm Lehmbruck.

1890-1977

Naum Gabo

De Rus Gabo behoort tot de belangrijkste representanten van de abstract-constructivistische kunst. In het *Realistisch manifest* (1920) presenteert Gabo zijn theorie van het constructivisme, maar wijst de door Vladimir Tatlin geëiste politieke richting van de kunst af. In 1922 verlaat Gabo de Sovjet-Unie en komt naar Berlijn, waar hij contacten heeft met het Bauhaus.

Februarirevolutie maakt einde aan tsarenheerschappij

Hoewel begin 1917 ook bij de Russische adel de ontevredenheid groeide, hield niemand serieus rekening met een revolutie. Ook de burgerlijke en de proletarische oppositie werden verrast door de onlusten van februari 1917.

Ondanks de defaitistische stemming in Petrograd (zoals Sint-Petersburg van 1914 tot 1924 heette) die aan het eind van 1916 zelfs de hoge adel in haar greep had, leken de Russische staat en economie nog verregaand intact. Grote problemen bestonden er vooral bij de door de oorlog verruïneerde spoorlijnen. Daardoor

De Russische tsaar Nicolaas II op een jugendstil-afbeelding.

moesten eind 1916 voor het eerst de levensmiddelen worden gerantsoeneerd, hoewel er in de landbouwgebieden nog voldoende graan voorradig was. Begin 1917 werd brandstof schaars. In de extreem koude februarimaand werd de toestand erger: de ketels van de locomotieven bevroren en explodeerden.

Toen ontstond er op 20 februari in Petrograd het gerucht dat de regering plannen had om de verkoop van brood te beperken. Meteen begon men in paniek te hamsteren; de volgende dag vonden er de eerste gevechten voor de winkels plaats. Bedrijven moesten worden gesloten, omdat de mensen in de rij stonden voor brood. Tsaar Nicolaas II bekommerde zich niet om de gebeurtenissen en vertrok met zijn familie voor enkele dagen naar de Krim om zich te verpozen.

Op 8 maart, de internationale vrouwendag (op de Russische kalender 23 februari), trokken vrouwen door de stad om te demonstreren voor gelijkberechtiging. Talrijke arbeiders sloten zich bij hen aan en eisten uitdeling van brood. De volgende dag gingen er 150.000 arbeiders de straat op. Voor het eerst riepen sommigen ook om de afschaffing van de autocratie. Daarop volgde de eerste politiek georganiseerde protestmars, waaraan meer dan 200.000 arbeiders en studenten deelnamen. Het kwam tot bloedige botsingen tussen soldaten en demonstranten: 50 mensen kwamen om het leven. 's Avonds liep er een compagnie soldaten over naar de opstandelingen.

Vanuit de verre Krim besloot Nicolaas II – die een volstrekt verkeerd beeld van de situatie had – tot ontbinding van het parlement. De parlementsleden weigerden daar echter toe over te gaan; uit de 'apolitieke hongeropstand' ontstond een politieke revolutie. De veranderde situatie bleek al de volgende dag, toen 30.000 soldaten voor de Doema demonstreerden. De helft van het 150.000

Alexander F. Kerenski (midden vooraan), de leidende vertegenwoordiger van de linkervleugel van de revolutionaire beweging, met strijdmakkers voor het Russische parlement in Petrograd.

man sterke garnizoen sprak zich uit voor de opstand. De eerste arbeiders- en soldatenraden vormden zich, evenals het Voorlopige Uitvoerende Comité, waarin de macht van de raden (sovjets) geconcentreerd was.

Nu verontrust geraakt over de toestand, wilde de tsaar op 13 maart terugkeren naar de stad. Onderweg werd de trein echter naar Pskov, naar het hoofdkwartier van generaal Russkij, omgeleid. Deze neigde naar de kant van de burgerlijke oppositie. Tegenover Russkij stemde Nicolaas II toe in een kabinet dat verantwoording schuldig was aan de Doema – maar het was al te laat.

Ondertussen ging het in Petrograd nog om de vraag of de door de burgerij gedomineerde Doema of de arbeiders- en soldatenraden de macht moesten overnemen. De politici, die jaren over revolutie hadden gepraat, aarzelden echter. De voorlopige regering vormde zich pas na de abdicatie van de tsaar op 15 maart. De burgerlijke regeringen – eerst onder vorst Georgi J. Lvov – hielden het niet lang vol: in oktober werd de oude orde definitief aan de kant geschoven door de bolsjewieken onder leiding van Vladimir I. Lenin.

Mijlpalen van de februarirevolutie

3 maart 1917

Arbeidersstaking

In de Putilov-fabrieken, een wapenproducent in Petrograd, staken de arbeiders. Ze keren zich tegen de tsaristische regering, eisen hervormingen en een verbetering van de steeds slechtere voedselvoorziening. Een week later komt het tot het eerste treffen met politie en militairen. In Petrograd breekt een algemene staking uit.

Demonstratie in Petrograd.

11 maart 1917

Soldaten lopen over

Een groot deel van het garnizoen van Petrograd sluit zich aan bij de opstandige arbeiders en maakt de overwinning van de revolutie mogelijk. Tegelijkertijd weigeren de afgevaardigden in de Doema te gehoorzamen aan het keizerlijk bevel om het parlement te ontbinden.

Zitting van de Doema.

12 maart 1917

Uitvoerende comités

Onder voorzitterschap van Michail M. Rodsjanko vormt de Doema een uitvoerend comité met twaalf vertegenwoordigers uit alle grote partijen. Tegelijkertijd wordt in Petrograd de raad (sovjet) van arbeidersafgevaardigden opgericht; via het Voorlopige Uitvoerende Comité vormt zij een tegenregering tegen de door de burgerij gedomineerde Doema. Vladimir I. Lenin eist namens de talrijke sovjets die ontstaan de voortzetting van de revolutie en pleit voor beëindiging van de Eerste Wereldoorlog.

Revolutionairen bewaken het parlement.

15 maart 1917

Abdicatie van de tsaar

Nicolaas doet ten gunste van zijn broer Michail afstand van de troon. De beoogde tsaar wijst de kroon echter af, omdat hij vindt dat hij daartoe niet geroepen is door het volk. Nicolaas wordt met zijn familie gearresteerd, gevangengezet en in juli 1918 gefusilleerd.

15 maart 1917

Burgerlijke regering

In de Doema vormt zich een voorlopige regering, die wordt geleid door vorst Georgi J. Lvov. De enige vertegenwoordiger van links is de minister van Justitie Alexander F. Kerenski, die in juli de nieuwe minister-president wordt. Medio maart legt het garnizoen van Petrograd de eed van trouw af aan de voorlopige regering.

De eerste voorlopige regering.

I WANT YOU
FOR U.S. ARMY

Onbeperkte duikbootoorlog leidt tot deelname VS aan oorlog

Geschokt door de oorlog in Europa spande de Amerikaanse president Thomas Woodrow Wilson zich in voor een 'vrede zonder winnaars en verliezers'. Zijn pogingen om vrede te stichten mislukten. In april 1917 verklaarden de Verenigde Staten Duitsland de oorlog.

Bij het uitbreken van de oorlog in 1914 bleven de Verenigde Staten neutraal: toen de opkomende mogendheid haar invloed in Midden-Amerika na 1898 had uitgebreid, had Engeland zich daarin geschikt. Ook Duitsland kon niet tegen de Amerikaanse belangen ingaan. Maar de Duitse uitbreiding van de vloot vanaf 1898 en het vertoon van de vloot van het Duitse rijk voor Samoa (1889), Manilla (1898) en de kust van Venezuela (1902-1903) maakten Washington achterdochtig.
In februari 1916 was Duitsland overgestapt op een verscherpte oorlogvoering met duikboten: ook onbewapende handelsschepen die zich in het oorlogsgebied bevonden, werden aangevallen, zonder waarschuwing vooraf. Het slechts aanhouden van handelsschepen door duikboten zou te gevaarlijk zijn, omdat ook deze schepen steeds meer bewapend werden en in konvooien gingen varen.

Een van de affiches waarmee in de Verenigde Staten vrijwilligers voor het leger werden geworven.

Op 7 mei 1915 bracht een Duitse U-boot voor het eerst een groot passagiersschip tot zinken, de Britse 'Lusitania' met 1257 mensen aan boord. Kapitein Walter Schwieger had het schip voor een troepentransportschip gehouden. Slechts 59 opvarenden overleefden de ramp; bij de doden waren ook ruim 100 Amerikanen, wat in de Verenigde Staten tot grote verontwaardiging leidde. Duitsland zegde toe het tot zinken brengen van passagiersschepen stop te zetten.
Op 24 maart bracht een Duitse onderzeeër echter het Franse passagiersschip 'Sussex' tot zinken, wederom omdat men dacht dat het om een troepentransportschip ging. Bij de doden waren ook nu weer Amerikanen, wat tot nieuwe verontwaardiging in de Verenigde Staten leidde. Duitsland was weer overgegaan op onbeperkte duikbootoorlog. De Amerikanen meenden dat het recht op de vrije zee en de handel bedreigd werd. Men wilde overeenkomsten sluiten die het toestonden om handelsschepen te bewapenen.
Ook economische belangen speelden een belangrijke rol: de handel tussen de Verenigde Staten en Groot-Brittannië en Frankrijk (onder meer oorlogsmaterieel) kwam in gevaar.
President Wilson bleef echter streven naar een vredesovereenkomst. Zijn oproepen daartoe in april en mei 1916 aan de Britse en Franse regering brachten echter geen vooruitgang. Daarna werd de politiek van Wilson offensiever. Op 27 mei verklaarde hij dat de oorlog beëindigd moest worden door de oprichting van een volkenbond, die de veiligheid van lidstaten en de vrijheid van de zee zou garanderen.

6 april 1917: de Amerikaanse president leest de oorlogsverklaring aan Duitsland voor.

Nadat de Duitse regering op 12 december aanbiedingen had gedaan voor vredesbesprekingen, richtte Wilson acht dagen later een oproep aan de oorlogvoerende partijen om hun voorwaarden voor vrede te noemen. Deze opvattingen bleken echter onverenigbaar.
Op 22 januari 1917 hield Wilson een rede in de Senaat, waarin hij nogmaals vroeg om een 'vrede zonder overwinning'. Het Duitse rijk zag echter in de onbeperkte duikbootoorlog een kans om de eigen oorlogsdoelen te bereiken. Nadat de Duitsers vervolgens acht Amerikaanse schepen getorpedeerd hadden en Mexico een voorstel gedaan hadden voor een bondgenootschap (het Zimmermann-telegram), verklaarde het Congres op voorstel van de president dat de Verenigde Staten zich in oorlog met Duitsland beschouwden: op 6 april ondertekende Wilson de oorlogsverklaring.

De Eerste Wereldoorlog in Amerikaanse ogen

4 augustus 1914
Neutraliteit
President Woodrow Wilson verklaart na het begin van de Eerste Wereldoorlog dat de Verenigde Staten neutraal zijn en vraagt van de bevolking om onpartijdig te blijven.

7 mei 1915
Torpedering van de 'Lusitania'
De schending van de Belgische neutraliteit door Duitse troepen leidt in de Verenigde Staten tot sympathie-verklaringen voor de tegenstanders van Duitsland. Na het tot zinken brengen van de 'Lusitania' door een Duitse duikboot kiest de bevolking definitief partij tegen het Duitse rijk. Aan boord van het Britse luxestoomschip sterven 1198 mensen, onder wie ruim 100 Amerikanen.

Het Britse luxestoomschip 'Lusitania'.

1 maart 1917
Het Zimmermann-telegram
Nadat Duitsland op 1 februari 1917 de onbeperkte duikbootoorlog heeft hervat, dwingt het Zimmermann-telegram president Wilson tot een verandering van standpunt. Nog een jaar eerder had hij de verkiezingen gewonnen door zijn politiek van niet-inmenging. Arthur Zimmermann, een Duitse staatssecretaris van Buitenlandse Zaken, doet in het telegram aan de Mexicaanse regering een voorstel voor een bondgenootschap, voor het geval de Amerikanen aan de oorlog gaan deelnemen, ook om de in 1848 verloren gebieden (Texas, Arizona, Nieuw-Mexico) te herwinnen. Daarop verklaren de Verenigde Staten op 6 april de oorlog aan Duitsland.

Een marineluchtschip begeleidt een Brits handelskonvooi.

6 juni 1918
Eerste Amerikaanse soldaten
Het eerst contingent van ongeveer 2 miljoen Amerikaanse soldaten bindt op het Franse front de strijd aan. Tot dan toe hebben de Verenigde Staten vooral financiële en logistieke hulp aan de Entente-mogendheden gegeven.

Amerikanen vieren de wapenstilstand in de Eerste Wereldoorlog.

11 november 1918
Wapenstilstand
Met als uitgangspunt de 14 punten van de Amerikaanse president Wilson (zie blz. 121) biedt het Duitse rijk op 6 oktober een wapenstilstand aan, die vijf weken later definitief wordt. De 14 punten dienen als grondslag voor het vredesverdrag van Versailles in 1919 en de nieuw gestichte Volkenbond, waar de Verenigde Staten echter geen lid van worden.

Deelnemers aan de vredesconferentie van Versailles verpozen zich op het bordes van het paleis in de Parijse voorstad.

11 NOVEMBRE
1918
1914
1918
AUX HEROIQUES SOLDATS DE FRANCE
DEFENSEURS DE LA PATRIE ET DU DROIT
GLORIEUX LIBERATEURS DE L'ALSACE ET DE LA LORRAINE

Oorlogsmoeheid neemt toe, vrede komt in het verschiet

Miljoenen soldaten stierven op het slagveld, miljoenen mensen verhongerden aan het thuisfront. Zo vervloog vanaf 1917 het aanvankelijke enthousiasme voor de oorlog – het maakte plaats voor diepe onverschilligheid en het verlangen naar vrede.

De Duitse burgers en soldaten klonk nog in de oren wat keizer Wilhelm II hun aan het begin van de Eerste Wereldoorlog in augustus 1914 had toegeroepen: 'U zult weer thuis zijn voordat het blad van de bomen valt!' Ook de regering en het leger geloofden in een snelle overwinning. Alle reserves waren daarom afgemeten op een oorlog van korte duur. Al tijdens de eerste oorlogswinter verschrompelden vooral aan Duitse zijde de voorraden koper, kolen, katoen, lood, petroleum en fosfaat.

Lange rijen voor de winkels en hamstertochten op het platteland behoorden in Duitsland voortaan tot het dagelijks leven. De prijzen voor levensmiddelen als vlees en vis, melk en eieren schoten omhoog. Het broodrantsoen werd in het Duitse rijk vastgesteld op 225 gram meel per persoon per dag, maar daalde voor het einde van de oorlog naar 160 gram.

Er brak een bloeitijd voor surrogaatstoffen aan, van kunsthoning tot eikeltjeskoffie. Maar de belangrijkste levensmiddelen konden ook zij niet vervangen. In 1916 was bovendien de aardappeloogst uiterst slecht, de opbrengst bedroeg slechts de helft van de laatste oogst van vóór de oorlog. Zo waren aan het eind van het jaar alleen nog de knolrapen vrij te kopen – de eerste 'knolrapenwinter' stond voor de deur.

Vooral de armere delen van de bevolking begonnen hun stem te verheffen tegen de oorlog. Er braken stakingen uit, die door de Russische februari- en oktoberrevolutie aangemoedigd werden. Ze breidden zich in Duitsland – zoals ook in Groot-Brittannië en Frankrijk – uit in 1917 en bereikten met de Duitse en Oostenrijks-Hongaarse januaristaking van 1918 hun hoogtepunt. Als strafmaatregel moesten duizenden stakers naar het front toe.

Ook bij het Duitse leger verschenen in 1917 de eerste tekenen van oorlogsmoeheid; afwezigheid zonder verlof en insubordinatie namen toe. Op de grote stations hielpen verscheidene organisaties de soldaten om te deserteren op weg naar het front. Bij de vloot kwam het al in 1916 tot dienstweigering van grotere eenheden, meestal vanwege beledigende behandeling door officieren of slechte verzorging. In het begin van augustus 1917 brak er in Wilhelmshaven een muiterij uit op het linieschip 'Prinzregent Luitpold'. Ze kreeg een gewelddadig einde: ter afschrikking werden twee doodvonnissen voltrokken en lange tuchthuisstraffen gegeven.

Een Frans monument voor de gesneuvelden van de Eerste Wereldoorlog.

Gesneuvelde soldaten na een aanval van Duitse troepen.

In april 1917 werd ook het Franse leger geschokt door uitgebreide muiterijen. Hele legerkorpsen kwamen in opstand, vooral toen opnieuw de mars naar het front bevolen werd. De eisen van de soldaten betroffen meer humane verlofregelingen en betere sociale zorg. Ook de roep om vrede greep snel om zich heen.

Maar behalve de verbittering en de oorlogsmoeheid had het oproer nog een andere oorzaak: de onmetelijke en onmenselijke belasting van de strijd. Als ze in de hel van de strijd zaten, dan bleef de soldaten niets anders over dan te vechten voor het naakte overleven. Pas bij de aftocht naar meer teruggeschoven stellingen drong bij hen door hoe bedenkelijk hun bezigheid was. Als ze dan kort daarna opnieuw naar het front moesten marcheren, weigerden velen van hen het bevel uit te voeren.

Prominente tegenstanders van de oorlog

1843-1914

Bertha von Suttner
Haar roman *Die Waffen nieder!* maakt de Oostenrijkse wereldberoemd. Deze feministe groeit uit tot de meest vooraanstaande vertegenwoordigster van het pacifisme. Vanaf 1891 is ze vice-presidente van het Internationale Vredesbureau in Bern. Ze geeft de aanzet voor de instelling van een Nobelprijs van de vrede, die ze als eerste vrouw zelf krijgt in 1905.

Bertha von Suttner.

1895-1914

Jean Jaurès
Jaurès, leider van de Franse radicale socialisten, wordt wegens zijn bereidheid tot een overeenkomst met het Duitse rijk hevig aangevallen. Nog medio 1914 propageert hij een algemene staking als middel om de oorlog te verhinderen. Deze pacifist wordt op 31 juli 1914 in Parijs neergeschoten door een nationalist.

Jean Jaurès.

1870-1919

Rosa Luxemburg
De Duitse socialiste Luxemburg roept de arbeiders op met massale acties het militarisme en de imperialistische oorlog te bestrijden. Luxemburg wordt in februari 1914 wegens aanzetten tot burgerlijke ongehoorzaamheid veroordeeld tot een jaar gevangenis.

Rosa Luxemburg.

1870-1924

Vladimir I. Lenin
Als oorlogstegenstander geldt ook Lenin, die de oorlog echter toch als een kans voor de wereldrevolutie begroet. Vanuit zijn Zwitserse ballingschap komt hij in april 1917 in Petrograd aan. Om na de oktoberrevolutie alle krachten te kunnen bundelen voor de overwinning van het bolsjewisme in eigen land, stemt Lenin in maart 1918 toe in een voor Rusland ongunstige vrede met Duitsland (vrede van Brest-Litovsk). Als voorzitter van de sovjet van volkscommissarissen sticht hij in 1922 de Unie der Socialistische Sovjet Republieken.

1872-1970

Bertrand Russell
In de Tweede Wereldoorlog neemt deze filosoof en wiskundige tijdelijk afstand van het pacifisme, om de nazi's te bestrijden. Maar in de Eerste Wereldoorlog is hij een van de actiefste pacifisten in Engeland. Daardoor verliest hij in 1916 niet alleen zijn hooglearaarschap in Cambridge, maar wordt hij in 1918 ook tot zes maanden gevangenis veroordeeld. In de jaren zestig verzet hij zich tegen de oorlog in Vietnam.

Oktoberrevolutie in Rusland brengt bolsjewieken aan de macht

1917

Op 15 maart 1917 deed tsaar Nicolaas II troonsafstand. De nieuwe republiek onder een regering van liberalen en gematigde socialisten bleek al gauw een tijdelijke zaak te zijn: op 7 november grepen de bolsjewieken de macht in Rusland.

Vladimir I. Lenin, leider van de oktoberrevolutie, tijdens een toespraak op het Rode Plein in Moskou.

Enkele weken na het einde van de februarirevolutie keerde Vladimir I. Lenin terug uit een jarenlange ballingschap in het westen en begon meteen plannen te maken voor een machtsgreep door de bolsjewieken. Maar in tegenstelling tot de revolutie van 1905 en februari 1917, waaraan dagenlange stakingen, massa-optochten en onrust voorafgegaan waren, vond de 'Grote Socialistische oktoberrevolutie' van 6 tot 8 november 1917 (24-26 oktober op de Juliaanse kalender) bijna zonder deelname van de massa's plaats. De meeste burgers merkten niet eens iets van de revolutie: de trams reden zoals normaal, het werk in de fabrieken en bedrijven ging ongestoord door. De eerste socialistische revolutie herinnerde eerder aan een door de generale staf geplande coup.

Het definitieve besluit tot de revolutie viel op 23 oktober op een zitting van het centrale comité van de bolsjewieken. Zes dagen later werden de stadssovjets van Petrograd gevormd, waarin de bolsjewieken over een meerderheid beschikten, en onder voorzitterschap van Leo Trotski een revolutionair militair comité, dat de leiding van de gewapende opstand overnam. In de volgende dagen lukte het dit comité om stapje voor stapje het commando over het 150.000 man sterke garnizoen van de stad te krijgen. Op 4 november vaardigde het Revolutionaire Militaire Comité het bevel uit dat voortaan alle eenheden van het militaire district moesten gehoorzamen aan het comité en 'andere bevelen als contrarevolutionair' te beschouwen waren. Daarmee verloor de door de burgerij gedomineerde regering het opperbevel over de troepen in Petrograd.

Op de ochtend van 6 november verkreeg Trotski bovendien de macht over de Peter-en-Paulusvesting in het centrum van de stad. De volgende nacht bezetten revolutionaire troepen strategisch belangrijke punten. Het Revolutionaire Militaire Comité verklaarde op 7 november in een door Lenin opgestelde verklaring dat de macht in handen van de sovjets was.

Op dit tijdstip zat de Russische regering nog ongestoord in het Winterpaleis, en minister-president Alexander F. Kerenski kon naar enkele bevelhebbers aan het front rijden, teneinde hulp te vragen. Pas 's avonds werden er kanonnen opgesteld

7 november 1917: bestorming van het Winterpaleis tijdens de oktoberrevolutie.

voor de regeringszetel. Na een ultimatum dat om overgave vroeg gaf om 21.45 uur een schot van de pantserkruiser 'Aurora' het signaal voor de beroemde bestorming van het Winterpaleis.

Het Tweede Algemene Sovjetcongres werd 70 minuten later geopend. Geconfronteerd met de 'militaire samenzwering' van de bolsjewieken verlieten de meeste niet-bolsjewistische afgevaardigden onder protest de zaal. De achtergebleven vertegenwoordigers kozen op de volgende dag de Raad van Volkscommissarissen – de nieuwe regering, waarin alleen bolsjewieken en linkse sociaal-revolutionairen zitting hadden. De eerste socialistische revolutie had gezegevierd, maar de erop volgende burgeroorlog sleepte zich nog tot 1921 voort, voordat de heerschappij van de bolsjewieken gevestigd was.

De tegenspelers in de oktoberrevolutie

1850-1928
Pavel B. Axelrod
Axelrod, aanhanger van de narodniki – een pre-marxistische socialistische groep in Rusland vanaf 1865 – is in 1898 medeoprichter van de Sociaal-democratische Arbeiderspartij van Rusland (SDAPR). Sinds hun Londense partijvergadering (1903) geldt hij als de leidende theoreticus van de mensjewieken (minderheidsleden) en als tegenstander van Vladimir I. Lenin. In 1917 zit hij in het Uitvoerend Comité van de sovjet van Petrograd, in 1919 gaat hij in ballingschap.

Georgi V. Plechanov.

1856-1918
Georgi V. Plechanov
Als voormalig narodniki geldt hij als grondlegger van het marxisme in Rusland. Bij de oprichtingsvergadering van de SDAPR is hij actief in een leidende functie. Als voorzitter van de mensjewieken (vanaf 1903) keert hij zich vanaf 1917 in de voorlopige regering tegen de revolutieplannen van Lenin.

1870-1924
Vladimir I. Lenin
In ballingschap (vanaf 1900) ontwikkelt hij de grondslagen van het leninisme. Na de splijting van de sociaal-democraten leidt hij vanaf 1903 de bolsjewieken, neemt in 1905-1906 deel aan de revolutie en keert in 1917 definitief terug uit ballingschap. Na de oktoberrevolutie wordt hij regeringsleider en bouwt de communistische partij (vanaf 1918) en de Sovjet-Unie (vanaf 1922) op.

Vladimir I. Lenin.

1873-1923
Joeri O. Martov
Deze vooraanstaande mensjewiek is in 1900 in Zwitserland de medeoprichter van het SDAPR-blad *Iskra*, dat het marxisme moet verbreiden in Rusland. Na de februarirevolutie komt hij op voor een regering van alle socialistische gezindten. Omdat hij zich keert tegen de arrestatie van socialisten door de bolsjewieken, wordt hij vervolgd. Hij emigreert in 1920.

1879-1940
Leo (Lev) D. Trotski
Aanvankelijk een mensjewiek, voegt Trotski zich in juli bij de bolsjewieken en neemt het voorzitterschap van de sovjet van Petrograd over. Deze hoofdorganisator van de militaire coup (1917) verliest na de dood van Lenin (1924) de machtsstrijd tegen Josif V. Stalin. In 1940 wordt hij door diens geheime dienst vermoord in zijn Mexicaanse ballingschap.

Leo D. Trotski.

Burgeroorlog en oorlogscommunisme – Sovjet-Rusland na de oktoberrevolutie van 1917

Na de oktoberrevolutie was de macht van Lenin en zijn bolsjewieken allesbehalve veilig: de roden moesten hun heerschappij verdedigen tegen de interventie van buitenlandse mogendheden en de opstand van antibolsjewistische krachten in het binnenland. Drie jaar lang woedde de burgeroorlog. Uiteindelijk zegevierden de bolsjewieken dankzij Lenin, Trotski en de onenigheid van hun tegenstanders.

Het was geen verrassing dat het economisch achterlijke Rusland al in het derde oorlogsjaar blijk gaf van grote zwakke plekken. De februarirevolutie in 1917 bracht tsaar Nicolaas II ten val; de nieuwe regering probeerde om het land nog in oorlog te houden. Maar Rusland was niet langer opgewassen tegen deze inspanning: in oktober 1917 (volgens de oude Russische tijdrekening) grepen de bolsjewieken de macht. Het Russische rijk viel uit elkaar, afzonderlijke gebieden als de Oekraïne scheidden zich af en verklaarden zich onafhankelijk.
Meteen na de oktoberrevolutie probeerde Lenin een wapenstilstand en vrede overeen te komen met Duitsland en Oostenrijk – een 'vrede tegen iedere prijs', om te verhinderen dat de Duitsers nog verder oprukten in de richting van Petrograd. Op 3 maart 1918 dwongen de Centrale mogendheden aan het land de vrede van Brest-Litovsk op, met haar voor Rusland ongunstige voorwaarden.

Burgeroorlog

Kort daarna brak er een burgeroorlog uit. Lang niet alle politieke krachten waren het eens met de staatsgreep van de bolsjewieken. Politiek en sociaal verdeeld onder elkaar, sloten de tegenstanders van het nieuwe regime, de witten, zich aaneen. Als eersten kwamen in het zuiden de kozakken tegen de sovjets in opstand. Al in de winter van 1917-1918 boden ze verzet aan de nieuwe regering. Op 10 (respectievelijk 23) januari 1918 riepen ze een eigen Don-republiek uit. Tsaristische generaals sloten zich bij de opstandelingen aan.
De bolsjewieken in de grote steden, vooral in Moskou en Petrograd, kwamen in een moeilijke situatie. Het ontbrak hun vooral aan betrouwbare soldaten, zodat de nieuwe commissaris van Defensie allereerst een nieuw leger opbouwde: het Rode Leger, een massaleger met algemene dienstplicht voor arbeiders en boeren. Trotski moest daarbij teruggrijpen op tsaristische officieren. Om zich van hun betrouwbaarheid te verzekeren, plaatste hij communistische oorlogscommissarissen naast hen, naar het voorbeeld van de Jacobijnse *commissaire* in de tijd van de Franse Revolutie. Als vertegenwoordiger van de partij en het staatsgezag bewaakte de oorlogscommissaris het officierskader en was verantwoordelijk voor de politieke vorming van de eenheid.
In de zomer van 1918 werd er onder leiding van de sociaal-revolutionairen, die probeerden een agrarisch socialisme te ontwikkelen, in Samara aan de Wolga een antibolsjewistische regering geformeerd. Om te voorkomen dat rondom de tsarenfamilie nog een kern van verzet zou ontstaan, fusilleerden de bolsjewieken op 16 juli 1918 tsaar Nicolaas II met zijn familie in Jekaterinenburg (Sverdlovsk).
In het begin van augustus 1918 viel de stad Kasan in handen van de witten, die daarmee tegelijkertijd de aanzienlijke goudreserves van de Russische bank buitmaakten. In september kwam er in het Siberische Ufa een pan-Russische rijksconferentie bij elkaar, om alle antibolsjewistische krachten – monarchisten en nationalistisch conservatieven, sociaalrevolutionairen en liberalen – te verenigen in een gemeenschappelijke strijd. Ondertussen had zich ook in Omsk een antibolsjewistische regering van sociaal-revolutionairen en nationalistisch-conservatieven gevormd. In Ufa vonden de beide groeperingen elkaar: ze benoemden een vijfkoppig directoraat, waarin de sociaal-revolutionairen de toon aangaven. Een tijd lang zag het ernaar uit dat het sovjetexperiment snel zou mislukken.

De interventie

Al voor het einde van de oorlog hadden buitenlandse mogendheden ingegrepen in de Russische burgeroorlog. Zo ondersteunde het Duitse rijk tot dusverre de bolsjewieken. De antibolsjewistische krachten ondervonden in steeds sterkere mate hulp uit het buitenland. De motieven van de interveniërende machten liepen uiteen: Duitse vrijwilligers vochten in het Baltische gebied tegen de bolsjewieken omdat ze hun ideologische tegenstanders waren. Bovendien hadden de bolsjewieken het verdrag van Brest-Litovsk na het einde van de oorlog opgezegd. Een Tsjechisch legioen van 35.000 voormalige krijgsgevangenen bevocht eveneens de bolsjewieken. Engelse en Franse troepen vielen aan vanuit de Noordelijke IJszee, om de nationale belangen te beschermen. De Japanners stootten uit het Verre Oosten diep door in Siberië om de bodemschatten van Siberië te kunnen exploiteren. De Verenigde Staten zonden van hun kant een klein troepencontingent als tegenwicht tegen de Japanners. Als geheel wilden de geallieerden met hun interventie verhinderen dat het bolsjewisme zich uitbreidde en dat het oorlogsmaterieel dat ze aan de tsaristische regering hadden geleverd, in Duitse handen viel.
In de zomer van 1919 stortte de bolsjewistische heerschappij in het Baltische gebied ineen; te-

Herdenking van de oktoberrevolutie in Vladivostok: arbeiders dragen borden met portretten van de revolutieleiders.

gelijkertijd moest de roden in de Oekraïne zware nederlagen slikken. Hun poging om in de zomer van 1920 Polen terug te veroveren, mislukte. Maar nu maakten de witten doorslaggevende fouten: admiraal Alexander W. Koltsjak had op 18 november 1918 de sociaal-revolutionaire regering in Omsk ten val gebracht, riep zichzelf uit tot rijksstadhouder van heel Rusland en bouwde een dictatoriaal regime op.

Daarmee schaadde Koltsjak de zaak van de witten, want de Russische boeren verdedigden zich vastberaden tegen de mogelijkheid dat de oude machthebbers zouden terugkeren en hun weer hun land zouden ontnemen. Ook probeerden de witten om de volkeren aan de periferie van Rusland weer onder het Russische juk te dwingen. Militair raakten ze steeds meer in het defensief.

Een groot succes boekten de bolsjewieken toen ze in november 1919 Omsk veroverden en daar de boeren, die ze land beloofd hadden, aan hun kant kregen. In de herfst van 1919 begon de aftocht van de geallieerde interventietroepen; begin 1920 besloten de geallieerden om de economische blokkade rond Sovjet-Rusland op te heffen. De tsaristische officieren vluchtten. In de winter van 1919-1920 liep de burgeroorlog ten einde, zij het dat er hier en daar in het oosten nog gevochten werd en dat de bolsjewistische heerschappij zich nog niet geconsolideerd had. Ook in de Kaukasus en in Centraal-Azië overwonnen de sovjets pas in het volgende jaar.

Oorlogscommunisme

Het programma van de sovjetmacht in de burgeroorlog heette logischerwijs 'oorlogscommunisme'. Na de onteigening van de grootgrondbezitters, wier land door de plaatselijke dorpssovjets onder individuele particulieren werd verdeeld, nationaliseerde de sovjetregering in 1918 de banken, de hele zware industrie, het elektriciteitsnet en de transportbedrijven. Daarna volgde tot het einde van het jaar een stroom van decreten, waarmee bolsjewieken de lichte industrie, de handel en ten slotte elk ambachtelijk bedrijf en iedere handelsonderneming met meer dan vijf personeelsleden nationaliseerden. Op 22 februari 1921 werd Gosplan, de nationale planningscommissie, opgericht. Alleen de staat mocht produceren, de goederen distribueren en beschikken over de arbeidskrachten.

Het gevolg van deze ingrijpende maatregelen was een snelle inflatie en een economische crisis van grote omvang. De schuld daarvan werd echter aan de burgeroorlog gegeven. Van 1917 tot 1921 daalde de industriële productie naar een kwart tot een zevende, de landbouwproductie naar de helft van de totale productie van 1913. Vanuit de steden trokken 8 miljoen mensen het platteland op, in de hoop daar grond te vinden. Maar in de dorpen woedde de door de bolsjewieken geënsceneerde 'klassenstrijd van de dorpsarmoede' tegen de koelakken. Uit protest tegen de willekeurige vorderingen van landbouwproducten door de zogeheten levensmiddelenafdelingen lieten de boeren hun land braak liggen en vochten vanaf eind 1920 in anticommunistische partizaneneenheden. De roep om meer vrijheid en versoepeling van de centralistische leiding werd binnen de partij steeds luider.

Tsaar Nicolaas II in gevangenschap: onder toezicht van twee leden van het bewakingspersoneel werkt hij in de moestuin.

Hongersnood: de bevolking verheugt zich over het kleinste beetje eten.

Vijanden van de arbeidersklasse

Een van de eerste officiële daden van Lenin was geweest om in december 1917 een Buitengewone Commissie voor de Strijd tegen Contrarevolutie en Sabotage op te richten, de Tsjeka. Aan het hoofd stond Felix Dzerzjinski. Ook economische delicten, zoals speculatie en hamsteren van levensmiddelen, vielen al snel onder de bevoegdheid van de Tsjeka. Lenin zelf gaf het bevel op te treden tegen 'alle vijanden van de arbeidersklasse': herenboeren, geestelijken, witte gardisten en sociaal-revolutionairen. Veel burgerlijke intellectuelen werden 'geliquideerd'.

Uiteindelijk hadden de bolsjewieken de burgeroorlog gewonnen en heersten ze over het hele territorium van het voormalige tsarenrijk, met uitzondering van Finland, de Baltische staten en Polen in het westen en de in het zuidwesten aan Roemenië en Turkije afgestane randgebieden. Echter, de economie van het land stond voor een bankroet. In 1921-1922 heerste er hongersnood, die in de Oekraïne miljoenen doden kostte. Naar schatting 15 miljoen mensen waren het slachtoffer geworden van de burgeroorlog, niet meegerekend de miljoenen die omkwamen door epidemieën en hongersnoden. Zo waren alleen al 2 tot 3 miljoen mensen weggerukt door een vlektyfusepidemie.

Manfred Vasold.

Danseres Mata Hari in Frankrijk gefusilleerd als Duitse spionne

1917

De Friese danseres Margaretha Geertruida Zelle – alias Mata Hari – is de bekendste spionne aller tijden. De wereldberoemde danseres hoorde in de Eerste Wereldoorlog hoge Franse officieren uit voor de Duitse geheime dienst.

De op 7 augustus 1876 in Leeuwarden geboren dochter van een hoedenmaker zou eigenlijk kleuterleidster worden. Tijdens haar opleiding ging ze in op een huwelijksadvertentie van de in Nederlands-Indië gelegerde officier Rudolph MacLeod. Een paar maanden later vond de bruiloft plaats. Na de geboorte van zoon Norman John woonde het paar een jaar op Java. De beeldschone Margaretha kon echter noch met het tropische klimaat noch met de jaloezie van haar man uit de voeten. Na terugkeer in Nederland liep het huwelijk in 1902 definitief schipbreuk.
Kort daarna reisde de 25-jarige vrouw naar Parijs om daar een nieuw bestaan op te bouwen; vanaf 1905 trad ze op als naaktdanseres in exclusieve Parijse salons. Bij haar voorstellingen liet ze, verkleed als Javaanse danseres, de sluiers van haar oosterse kostuum één voor één vallen, totdat haar lichaam alleen nog door glinsterende sieraden bedekt werd. Om het exotische van haar verschijning nog te benadrukken, nam ze de naam Mata Hari aan, Maleis voor 'Oog van het morgenrood'. Haar optredens groeiden snel uit tot een society-gebeurtenis van de eerste orde.
Na verscheidene jaren opgetreden te hebben trok Mata Hari zich in juni 1910 terug in haar privé-leven – ze woonde met een Parijse effectenmakelaar op een kasteel aan de Loire. Het teruggetrokken bestaan duurde echter niet lang: al in het winterseizoen van 1911-1912 nam ze een engagement aan de Scala van Milaan aan, waarbij ze in twee balletpartijen voor een geestdriftig publiek het hoogtepunt van haar danscarrière beleefde.
In het eerste oorlogsjaar, 1914, liet Mata Hari zich werven door de Duitse geheime dienst. Dit aanbod kwam haar goed uit, aangezien ze intussen in grote financiële problemen was gekomen. Voor een honorarium van 20.000 francs kreeg ze de opdracht om in de Franse hoofdstad haar voortreffelijke society-contacten te gebruiken voor het bemachtigen van de aanvalsplannen van de geallieerden en het ontdekken van de toekomstige bewegingen van het Franse leger. Met haar in code doorgegeven berichten leverde ze de Duitse legerleiding waardevolle diensten.

Mata Hari, dubbelagente voor Duitsland en Frankrijk. Welke informatie ze precies leverde is tot op de dag van vandaag niet opgehelderd.

Tekening met Elisabeth Schragmüller, een Duitse spionne in de Eerste Wereldoorlog in België.

Een foto en een radiobericht uit de Zuid-Franse grensplaats Hendaye werden haar midden januari 1916 fataal: de Britse geheime dienst ving een telegram op, ontcijferde het en ontmaskerde Mata Hari als Duitse agente. Bovendien hadden Franse spionnen de Nederlandse gefotografeerd in Madrid in het gezelschap van officieren van de Duitse geheime dienst. In plaats van haar te arresteren, overreedde het hoofd van de Franse geheime dienst, kapitein Ladoux, de danseres om voor de Franse geheime dienst te gaan werken – Mata Hari stemde daarmee in.
Kort daarna vingen Franse experts echter een radiobericht op waaruit bleek dat de Duitsers al op de hoogte waren van de Franse pogingen om Mata Hari te werven. Daarop werd ze door de Franse politie gearresteerd en aangeklaagd wegens spionage. Het proces tegen de artieste begon op 24 juli; reeds een dag later stond het doodvonnis vast. Op 15 oktober werd de executie uitgevoerd in het bos van Vincennes.

Spionnen in de vroege 20e eeuw

1864-1913
Alfred Redl
Als Alfred Redl, kolonel bij de generale staf van het Oostenrijkse leger en twaalf jaar actief als spion voor Rusland, wordt ontmaskerd, is dat het meest opzienbarende spionagegeval van vóór de Eerste Wereldoorlog. Hij verlamt bijna het hele inlichtingen- en defensiesysteem van zijn land.

Alfred Redl na zijn ontmaskering.

1869-1918
Jevno F. Asev
Als dubbelagent is deze Rus actief voor de Antitsaristische Revolutionaire Strijdgroep (KO) en voor tsaristische geheime politie, de Ochrana. Asev, hoofd van de KO, beraamt in 1904 met succes een aanslag op zijn tegenstrever, minister van Binnenlandse Zaken Vjatsjeslav K. Pleve. Na zijn ontmaskering in 1908 moet hij Rusland verlaten.

1877-1914
Carl Hans Lody
Lody werkt als spion voor de Duitse geheime dienst en geeft Britse vlootbewegingen door. Met behulp van zijn inlichtingenwerk brengen duikboten het oorlogsschip 'Pathfinder' tot zinken. Na zijn arrestatie in 1914 wordt hij als eerste Duitse spion in Groot-Brittannië terechtgesteld.

Carl Hans Lody.

1888-1935
Thomas Edward Lawrence
De als Lawrence of Arabia bekende kolonel is in de Britse militaire inlichtingendienst verantwoordelijk voor de Arabische gebieden onder Turks gezag. De veelzijdige Lawrence is geleerde, diplomaat, schrijver, inlichtingenofficier en guerrillastrijder. Hij geeft actieve steun aan de vrijheidsstrijd van de Arabieren tegen de Turken. Voor het Britse imperium weet hij de strategisch belangrijke landbrug tussen de Middellandse Zee en de Perzische golf te veroveren.

Thomas Edward Lawrence.

1888-1940
Elisabeth Schragmüller
Deze Duitse politicologe leidt de tegen Frankrijk gerichte sectie van de inlichtingenpost Antwerpen. Daar bouwt ze een goed georganiseerd agentennetwerk op. Tijdens de Eerste Wereldoorlog wordt ze bevorderd tot luitenant-kolonel en onderscheiden met het IJzeren Kruis Eerste Klasse.

Eerste Wereldoorlog versnelt vrouwenemancipatie

In Duitsland waren er in het tweede oorlogsjaar al 9 miljoen mannen gemobiliseerd. De industriële productie – ook in Engeland en Frankrijk – dreigde vast te lopen door gebrek aan arbeidskrachten. Al snel vulden vrouwen de plek op van de mannen die naar het front gestuurd waren.

Voor de Eerste Wereldoorlog ging de strijd voor gelijkberechtiging van de vrouw veelal om het stemrecht; alleen Nieuw-Zeeland (1893), Australië (1902), Finland (1906) en Noorwegen (1913) hadden vrouwenkiesrecht ingevoerd. Duitsland kende in 1914 nog geen vrouwenkiesrecht, maar toen de oorlog uitbrak, kende het vrouwen al snel enkele rechten toe. Reeds op 4 augustus 1914 veranderde de Rijksdag de Arbeidsbeschermingswet overeenkomstig 'de vereisten van de oorlog'. Vrouwen waren plotseling gelijkberechtigd – wat duur, zwaarte en intensiteit van de arbeid betrof. Bovendien kwam er sociale wetgeving voor vrouwen, waarvoor ze in het verleden verbitterd, maar vergeefs hadden gevochten: steun voor kraamvrouwen en staatssteun voor de familie van gemobiliseerden (die zelfs gold voor buitenechtelijke kinderen).

Tijdens de oorlog werden veel vrouwen in de wapenfabrieken ingezet.

In de late zomer van 1916 ontwierp de hoogste legerleiding van Duitsland een politiek van totale militarisering van economie en maatschappij. Vooral generaal Erich Ludendorff eiste nadrukkelijk de invoering van een algemene, wettelijke arbeidsplicht voor vrouwen. Alle fabrieken die niet voor de oorlogsproductie werkten, moesten gesloten worden en werken op zondag moest algemeen worden ingevoerd. Na heftige controverses nam de Rijksdag op 2 december de 'Wet op de hulp aan het vaderland aan', zoals de arbeidsplicht werd genoemd. In het nieuwe Oorlogsbureau bereidde een Vrouwenarbeidscentrale de door de staat georganiseerde tewerkstelling van vrouwen voor. Voor het intens mannelijk ingestelde keizerrijk ongewoon: de leiding van de nationale Vrouwenarbeidscentrale was toevertrouwd aan twee voorvechtsters voor de vrouwenrechten, Marie-Elisabeth Lüders en Agnes von Zahn-Harnack; er bestond een order dat bij alle vrouwenafdelingen de leiding 'in principe in handen van een vrouw' gegeven moest worden. Als 'mannenvervangster' waren vrouwen zelfs welkom op terreinen waarop ze tevoren nooit actief waren geweest.

Zo steeg aan het einde van de oorlog in de zware industrie in Duitsland het vrouwelijke aandeel van het personeel tot een kwart. Bij Krupp werkten voor de oorlog minder dan 3000 vrouwen, in 1918 waren het er 50.000 – op 175.000 werknemers. In de belangrijkste takken van de wapenindustrie steeg hun aantal tot ongeveer het zesvoudige. Ook het leger nam vanaf begin 1917 talloze helpsters aan. Vanaf juni 1918 werden vrouwen geworven voor de verbindingstroepen om mannen vrij te maken voor het front.

Britse vrouwelijke soldaten op een motorpatrouille tijdens de Eerste Wereldoorlog.

Hoewel na afloop van de oorlog de terugkerende mannen de meeste plaatsen weer van de vrouwen overnamen, zouden de vrouwen zich het bewustzijn over hun prestaties en hun mogelijkheden niet meer laten ontnemen.

Ook in Frankrijk en Engeland hadden vrouwen gedurende de oorlog onder meer in munitiefabrieken gewerkt, ondersteunende functies in de strijdkrachten bekleed of ambulances gereden. Het meest tastbare resultaat van hun toegenomen betekenis was het in 1918 in Duitsland en Groot-Brittannië ingevoerde stemrecht voor vrouwen. Ook de partijen die tot dan toe het vrouwenkiesrecht hadden afgewezen, begonnen nu ijverig stemmen te werven: terwijl het vrouwenoverschot in Duitsland bij het begin van de oorlog op 150.000 had gelegen, waren er na de oorlog 1,55 miljoen meer vrouwen dan mannen. Daarmee was het voor alle partijen duidelijk hoe ze in de toekomst een meerderheid moesten krijgen.

Vrouwen in de strijdkrachten van de 20e eeuw

1917

Rusland en Sovjet-Unie
In de nasleep van de oktoberrevolutie en tijdens de Tweede Wereldoorlog vochten talloze vrouwelijke soldaten mee. Na 1945 werd het aandeel van vrouwen in het leger sterk verminderd. In vredestijd is de legerdienst van vrouwen vrijwillig, maar tijdens de oorlog bestaat er voor hen dienstplicht. Voor vrouwen staan bijna alle takken van het leger open, maar ze kunnen hoogstens de rang van kolonel bereiken.

Russische vrouwelijke soldaat.

1942

Verenigde Staten
In de Tweede Wereldoorlog ontstaat er een vrouwenhulpkorps in het leger, dat echter niet bij gevechtshandelingen betrokken is. Tot 1945 dienen 100.000 vrouwen in het korps, dat in 1948 tot een regulier onderdeel van de strijdkrachten wordt verklaard. In het midden van de jaren negentig tellen de troepen 85.000 vrijwillige vrouwelijke soldaten.

Amerikaans vrouwenregiment.

1946

Groot-Brittannië
In de Eerste en de Tweede Wereldoorlog zet het Verenigd Koninkrijk veel vrouwen in binnen het leger. In 1946 wordt het vrouwenkorps een officieel onderdeel van het reguliere leger. Vrouwen tussen 17 en 33 jaar kunnen zich vrijwillig aanmelden bij de drie krijgsmachtonderdelen, voor verschillende tijdsduur. Ze worden opgeleid bij de ondersteunende diensten, zodat ze mannelijk personeel kunnen vervangen.

1948

Israël
Sinds de oprichting van de staat en de opbouw van het leger geldt algemene dienstplicht ook voor vrouwen (vanaf 18 jaar). Hun diensttijd is korter, de leeftijd tot waarop ze kunnen worden opgeroepen is lager dan bij de mannen. De vrouwelijke soldaten worden om redenen van zelfverdediging geleerd hoe met wapens om te gaan.

Israëlische vrouwelijke soldaten bij een schiettraining.

1952

China
Op 8 maart 1952 vliegen de eerste vrouwelijke piloten van het Volksbevrijdingsleger boven Peking. Sindsdien worden er honderden vrouwelijke piloten en honderdduizenden vrouwen in de ondersteunende diensten ingezet. Ze melden zich vrijwillig of ze worden door hun arbeidseenheid gestuurd.

Vrouwelijke soldaten van het Chinese leger.

Drink
Coca-Cola
TRADE MARK

Coca-Cola – de drank van de 20e eeuw breekt door

In 1917 trok de oprichter van de Coca-Cola Company, Asa G. Candler, zich terug uit zijn bedrijf. In nauwelijks twintig jaar had hij *Coke* tot een nationaal instituut gemaakt en voor de wereldwijde verbreiding van deze cafeïnehoudende limonade gezorgd.

In het voorjaar van 1886 mengde Doc John Pemberton een siroopachtige niet-alcoholische drank. De drogist en industrieel chemicus, die nooit kon bewijzen dat hij zijn academische graad op een legale manier verkregen had, had bij zijn speurtocht naar de ideale smaak de roos getroffen. De ingrediënten – grotendeels geheim, maar in ieder geval cocabladeren, kolanoten en een aanzienlijke hoeveelheid suiker – gaven de limonade haar naam: Coca-Cola. De drank werd in ijssalons voor de prijs van 5 dollarcent per glas verkocht, in de eerste week precies dertien keer.

Advertentie voor Coca-Cola uit de jaren veertig.

Asa G. Candler: de man die Coca-Cola tot een wereldmerk maakte.

Daarna ging het steeds sneller. In 1888 liet Pemberton het merk inclusief het nog steeds gebruikte geschreven logo registreren bij het Amerikaanse patentbureau. In hetzelfde jaar verkocht hij zijn firma aan de koopman Asa G. Candler uit Atlanta, die eerst was aangewezen op de financiële ondersteuning van enkele partners, voordat hij de firma drie jaar later helemaal voor zichzelf overnam. Totaal had Candler voor zowel alle rechten als het recept slechts iets meer dan 2300 dollar betaald.

Nadat de Coca-Colahandel eerst tot Atlanta beperkt was gebleven, probeerde Candler met geweldige reclame-inspanningen zijn drank in de hele Verenigde Staten te introduceren. Daarbij gebruikte zijn in 1892 gestichte Coca-Cola Company het destijds populaire reclamemiddel van de gratis tegoedbon. Tegen inlevering daarvan kreeg de klant kostenloos een glas van de limonade.

In 1895 bereikte Candler zijn doel: in alle staten van de Verenigde was Coca-Cola verkrijgbaar. Beslissend voor de groei van de firma was het verkoopbeleid van Candler: hij liet de cola in flessen stoppen, opdat de drank op tal van plekken verkocht kon worden. Bovendien gaf hij bottel-licenties en ontwikkelde een concessiesysteem met streng afgebakende grenzen. Rond 1900 schoten in het hele land bottelarijen als paddestoelen uit de grond.

Een jaar later bereikten de aanvallen dat Coca-Cola vanwege het cocaïnegehalte tot drugsverslaving zou leiden een hoogtepunt. Weliswaar bestelden de klanten in de cafés de drank vaak met de woorden 'Geef me stuff' of 'Ik heb een shot nodig', maar ze werden in het vervolg alleen nog door suiker en cafeïne opgekikkerd.

In 1903 gaf Candler aan de grootste cocaïneproducent van de Verenigde Staten opdracht om een procédé te ontwikkelen om Coca-Cola cocaïnevrij te krijgen. Cafeïne bleef echter een belangrijk ingrediënt. Cola bevatte begin 20e eeuw viermaal zoveel cafeïne als tegenwoordig.

In 1917 trok Candler, de oprichter van de firma, zich terug uit de softdrinks. Twee jaar na zijn dood (1929) verkocht de familie de onderneming voor 25 miljoen dollar aan een bankenconsortium in Atlanta. Begin jaren twintig versterkte de nieuwe voorzitter nog de geheimzinnigdoenerij over het Coke-recept. Hij deponeerde de gegevens over de samenstelling van de drank in de kluis van een bank in Atlanta. Slechts twee werknemers van de onderneming mochten het mengsel kennen, en de identiteit van deze personen moest geheim blijven. Later werd de beide 'schatbewaarders' verboden hetzelfde vliegtuig te gebruiken. Dit verbod geldt tot op de dag van vandaag.

Succesvolle ondernemers in de VS vóór 1945

1854-1932

George Eastman

De ondernemer Eastman vervaardigt vanaf 1881 fotografische platen die niet meer met bijtende chemicaliën worden behandeld. In 1884 vindt hij de rolfilm uit, die het einde inluidt van de 'gevoelige plaat'. Vier jaar later richt Eastman de eerste ontwikkelcentrale op, waardoor fotograferen ook voor amateurs interessant wordt. In 1895 presenteert hij de eerste zakcamera. Na de eeuwwisseling bouwt Eastman het door hem gestichte Kodak-concern uit tot marktleider in de Verenigde Staten.

George Eastman.

1860-1951

William Keith Kellogg

Vanaf de jaren tachtig van de 19e eeuw werkt Kellogg met zijn broer John in een ziekenhuis. De broers experimenteren met graanvoeding om de revaliderende patiënten van een goede voeding te kunnen voorzien. Door toeval vinden ze daarbij in 1894 de cornflakes uit. Begin 20e eeuw begint Kellogg met de opbouw van de Kellogg Company, dat zal uitgroeien tot een wereldwijd handelsconcern.

William Keith Kellogg.

1863-1947

Henry Ford

De autoproducent Ford beheerst de Amerikaanse markt in de eerste helft van de eeuw, hoewel hij meestal slechts één model ter verkoop aanbiedt. Verkoop-klapper wordt het vanaf 1908 gebouwde Model T. Dankzij de door Ford ingevoerde massaproductie (lopendebandwerk) stijgen de omzet en de winst van de fabriek. Tegelijkertijd geeft hij zijn werknemers prestatieprikkels, zoals hogere lonen en kortere arbeidstijden.

Henry Ford.

1892-1976

Jean Paul Getty

Getty treedt in 1914 toe tot de oliefirma van zijn vader. Buiten de boorplaatsen van de grote maatschappijen zoekt hij op nauwelijks ontsloten terreinen naar het zwarte goud. Dankzij succesvolle boringen verhoogt hij voortdurend zijn winst; in de jaren dertig behoort zijn Company naast Exxon (Esso), Shell en Texaco tot de leiders in de branche. Na de Tweede Wereldoorlog wordt Getty de rijkste man van de wereld.

Jean Paul Getty.

De 14 punten van Wilson – het visioen van een nieuwe wereldorde zonder oorlog

1918

Wilsons voorstellen voor een wereldorde in vredestijd gaven de internationale betrekkingen van 1918 nieuwe impulsen. Ondanks het latere mislukken ervan bleef de door Wilson geïnitieerde Volkenbond een mijlpaal in de geschiedenis van het volkerenrecht.

In een redevoering in het Congres over zijn toekomstige programma, op 8 januari 1918, presenteerde president Wilson zijn ideeën. Hij stelde voor 'een algemene statenbond te vormen', om 'grote en kleine staten in dezelfde mate wederzijdse garanties voor hun onafhankelijkheid en hun territoriale onschendbaarheid te geven'.

In een verklaring van 14 punten verbond hij de oorlogsdoelen en vredesvoorwaarden van de geallieerden met ideële doelen die een nieuwe territoriale orde van Europa veilig moesten stellen: het eerst noemde Wilson de principes die in internationale verdragen geregeld moesten worden. Zo moest geheime diplomatie worden afgeschaft. Bovendien wilde hij de vrijheid van de scheepvaart garanderen en vrije wereldhandel bereiken. Gecontroleerde beperkingen van de bewapening moesten het risico van conflicten verkleinen, en koloniale aanspraken moesten onpartijdig en internationaal geregeld worden. Het zelfbeschikkingsrecht van de volken zag Wilson als het fundamentele principe van de naoorlogse wereldorde. Door territoriale aanpassingen wilde hij een duurzame vrede 'zonder overwinnaars en overwonnenen' bereiken.

De Amerikaanse president deed daartoe alle oorlogvoerende staten voorstellen voor een nieuwe opzet van de grens- en soevereiniteitsverhoudingen die het imperialistische tijdperk had achtergelaten: troepenterugtrekking uit en vrijheid voor Rusland, alsmede autonomie voor de daar wonende volkeren, herstel van België, ontruiming door Duitsland van alle Franse gebieden en afstand van Elzas-Lotharingen aan Frankrijk, en grenscorrecties in Italië volgens het nationaliteitsprincipe. Punt tien voorzag in de vrijheid tot autonome ontwikkeling van de volkeren in Oostenrijk-Hongarije. Voor de Balkanstaten eiste Wilsons voorstel internationale garanties en toegang tot de Adriatische Zee voor Servië. Nationale autonomie moest er ook zijn voor de niet-Turkse volkeren van het Osmaanse rijk; de zee-engten wilde Wilson openstellen en onder internationale controle brengen. Voor een onafhankelijke Poolse staat garandeerde hij een vrije en veilige doorgang naar de zee, op een gebied dat bewoond moest worden door een onbetwistbaar Poolse bevolking.

De kern van Wilsons ideeën lag echter in het laatste punt: de oprichting van een Volkenbond voor de bescherming van de vrede. Dit werd goedgekeurd door de Parijse conferentie van 1919. Een dienovereenkomstig ontwerpstatuut werd onderdeel van alle vier de vredesverdragen die op de conferentie gesloten werden. De Volkenbond kon de collectieve veiligheid niet handhaven, niet in de laatste plaats omdat de Verenigde Staten zelf niet toetraden. De enige toepassing van het sanctieartikel 16, tegen Italië in 1935 vanwege de oorlog in Ethiopië, zou zonder uitwerking blijven. Het zelfbeschikkingsrecht der volkeren werd weliswaar in enkele gevallen door referenda gehandhaafd (bijvoorbeeld in Oost-Pruisen), maar men nam het niet op in de statuten.

De territoriale ideeën van Wilson kregen voor een deel hun beslag in de vredesverdragen. Zijn inspanningen voor een democratische gemeenschap van volken mislukten echter door de expansieoorlogen van de jaren dertig.

De Parijse vredesverdragen van 1919, die een teleurstelling waren voor de volkeren die dankzij de bemoeienis van Wilson op een milde vrede hadden gehoopt, konden de talrijke conflicten niet op een constructieve manier uit de wereld helpen.

Ondertekening van het verdrag van Versailles in de Spiegelzaal van het paleis van Versailles, 1919.

De Amerikaanse president Thomas Woodrow Wilson.

Mijlpalen in het leven van Thomas Woodrow Wilson

1902

President van Princeton

Wilson wordt eerst advocaat, promoveert in 1890 aan de universiteit van Princeton en neemt daar in 1902 de functie van universiteitsvoorzitter over. Zijn poging om deze onderwijsinstelling te democratiseren, mislukt echter.

Wilson spreekt bij zijn nominatie tot presidentskandidaat in 1912.

1910

Gouverneur van New Jersey

Met hulp van de krantenuitgever George Harvey wordt Wilson gouverneur van New Jersey. Tegen de verwachting van zijn begunstiger neigt hij naar de ideeën van de progressieve stromingen. Zijn programma om te zorgen voor gelijke concurrentiekansen en onderlinge verdeeldheid bij de Republikeinen dragen bij tot zijn overwinning bij de presidentsverkiezingen van november 1912.

4 maart 1913

President van de VS

Wilson treedt in functie als Amerikaanse president, welk ambt hij tot 1921 bekleedt. Zijn binnenlandse politiek wordt gekenmerkt door economische vernieuwingen: ondanks verzet uit de industrie en landbouw brengt hij de invoerheffingen omlaag, hij voert een inkomstenbelasting in met een progressieve schaal, vaardigt een anti-trustwet uit en hervormt het bank- en geldwezen. In de buitenlandse politiek grijpt hij in bij de Mexicaanse Revolutie ter bescherming van de Amerikaanse economische belangen. Ondanks zijn neutraliteitspolitiek spreekt hij zich april 1917 uit voor oorlogsdeelname.

Amerikaanse troepen in Mexico, 1917.

10 december 1919

Nobelprijs voor de vrede

In 1918 presenteert hij zijn 14 punten; op de Parijse vredesconferentie bewerkstelligt hij de stichting van de Volkenbond. Hoewel hij kritiek heeft op de onbuigzaamheid van Frankrijk, ondertekent Wilson het verdrag van Versailles, dat het Amerikaanse Congres echter niet ratificeert. In hetzelfde jaar krijgt Wilson de Nobelprijs voor de vrede.

3 februari 1924

Dood

Ondanks een zware ziekte blijft Wilson tot 1921 in functie; hij voert een politiek van moraliserende vernieuwing. De 'drooglegging' en immigratiebeperkingen doen de kritiek op zijn beleid toenemen. Hij sterft in 1924 in Washington; het land glijdt af in nieuw isolationisme.

Wilson in het Amerikaanse Congres, 1917.

Vrede aan het oostfront

Aan het begin van de onderhandelingen op 22 december 1917 zagen Rusland en de Centrale mogendheden af van annexaties. Toch moest Sovjet-Rusland bij de vrede van Brest-Litovsk (3 maart 1918) grote verliezen accepteren.

Meteen na de oktoberrevolutie, op 21 november 1917, eiste Leo Trotski dat de Entente een wapenstilstand in acht zouden nemen. Toen de westerse machten dit afwezen, opende de nieuwe Russische regering afzonderlijke onderhandelingen met de Centrale mogendheden. Na het sluiten van een tijdelijke wapenstilstand op 15 december drong Vladimir Lenin aan op een snelle vrede. Hij wilde na de succesvolle revolutie allereerst de positie van de bolsjewieken consolideren.

De Duitse delegatie begroet de Russische onderhandelaars in Brest-Litovsk.

De februarirevolutie had Rusland niet alleen de val van de monarchie gebracht, maar leidde ook tot onafhankelijkheidsverklaringen van veel niet-Russische volken. In Brest-Litovsk accepteerde de Russische delegatie de autonomie van Finland, Polen, de Oekraïne en ten dele ook van het Baltische gebied; de bedoeling was om de territoriale problemen pas op te lossen na het sluiten van de vrede, als de partijen in alle gebieden hun plaats definitief hadden verworven – dus ook de bolsjewieken. De Centrale mogendheden, die bang waren voor expansie van het socialisme, wezen dat af.

Ondertekening van het vredesverdrag van Brest-Litovsk.

De Russische regering was het hierover intern oneens. Ervan overtuigd dat de Duitsers niet in staat waren om de oorlog voort te zetten, opperde Trotski zijn formule 'Noch oorlog, noch vrede'. De linksen, rondom Nikolai I. Boecharin, wilden een revolutionaire oorlog. De nuchtere Lenin meende daarentegen dat, waar men geen leger had, men noodgedwongen vrede moest sluiten. Bovendien zouden de omstreden gebieden na de overwinning van de socialistische revolutie aldaar weer binnen de Russische invloedssfeer komen.

De gespannen toestand was het duidelijkst te bespeuren in de Oekraïne. Bij de verkiezingen van november 1917 kregen de Oekraïense partijen 70, en de bolsjewieken slechts 10 procent van de stemmen. Daarop erkende Frankrijk de Oekraïne; vanaf begin januari onderhandelden de Centrale machten rechtstreeks met Kiev. Als tegenzet riepen de bolsjewieken op 12 december in Charkov de Oekraïense Sovjetrepubliek uit, lieten het Rode Leger langzaam naar het westen oprukken en op 8 februari

1918 Kiev bezetten. Hoe duidelijker zich de ineenstorting van de Oekraïne aftekende, des te minder waren delen van de Russische leiding bereid de vrede te tekenen.
Hoewel Lenin de Russische delegatie opdracht gaf om te tekenen, weigerde Trotski op 10 februari het vredesverdrag te accepteren. Toen de wapenstilstand op 18 februari afliep, hervatte Duitsland daarom de oorlog. Al twee dagen later tekende zich het einde af: Rusland moest nog hardere voorwaarden accepteren van de Centrale mogendheden.
Op 3 maart werd het verdrag ondertekend, waarmee Rusland een deel van het in de 18e en 19e eeuw verworven grondgebied weer verloor – ten gunste van de onafhankelijke staten Finland, Polen en de Oekraïne. De Baltische staten moesten na het einde van de oorlog 'in overleg met de bevolking' een eigen staatkundige indeling krijgen. Het westen van Armenië aan de Zwarte Zee kwam weer terug aan Turkije.

Verval van het tsarenrijk 1916-1918

5 november 1916
Polen
De Centrale machten proclameren het onafhankelijke koninkrijk Polen en benoemen twee maanden later een 25-koppige staatsraad. Op 27 september 1917 neemt een regentschapsraad voor een toekomstige koning de ambtelijke taken over. Deze raad benoemt op 22 november de eerste regering van Polen.

Onrust in Polen na de stichting van deze staat.

26 maart 1917
Livland en Kurland
De landsraad van Livland eist autonomie voor de Letten; de door Baltische Duitsers gedomineerde raad van Kurland wil daarentegen aansluiting bij het Duitse rijk. Op 18 november 1918 gaan de beide regeringen samen en roepen de onafhankelijke republiek Letland uit. In de Pools-Russische oorlog van 1920-1921 erkent Rusland de zelfstandigheid van de republiek.

Demonstratie voor nationale onafhankelijkheid in Riga, 1990.

11 oktober 1917
Litouwen
De landsraad in Vilnius verklaart Litouwen zelfstandig. De regering van Rusland sluit in de Pools-Russische oorlog op 12 juli 1920 vrede met Litouwen.

20 november 1917
Oekraïne
De Oekraïne verklaart zich tot een soevereine republiek, wat door Rusland echter niet wordt geaccepteerd. De hierop volgende opmars van het Rode Leger naar Kiev leidt eerst tot de proclamatie van volledige soevereiniteit (25 januari 1918) en vervolgens tot het sluiten van een eigen vredesverdrag met de Centrale machten (9 februari). In de Pools-Russische oorlog wordt het land veroverd door het Rode Leger en in 1921 bij de vrede van Riga verdeeld tussen Polen en Rusland.

Protesten in Vilnius, 1990.

31 november 1917
Finland
De landdag van het grootvorstendom Finland verklaart het land onafhankelijk. De Russische regering accepteert deze verklaring op 31 december in eerste instantie. In januari 1918 breekt in Finland echter een burgeroorlog uit, waarin de pro-Russische partij wordt verslagen.

De eerste president van Finland, Pehr Svinhufvud.

eind 1918
Estland
Na de terugtrekking van de Duitsers eind 1918 roepen de Esten een eigen republiek uit. Op 2 februari 1920 erkent Rusland de nieuwe republiek.

Nieuwe oorlogen in Oost-Europa

Na het einde van de Eerste Wereldoorlog kwam het in Oost-Europa tot nieuwe conflicten: de jonge naties hamerden op het zelfbeschikkingsrecht der volkeren.

De Duits-Russische vrede van Brest-Litovsk werd weliswaar buiten werking gesteld in het verdrag van Versailles van 28 juni 1919, maar toch kwamen de voormalige westelijke gebieden niet terug aan Rusland. Inderdaad berustte de vredesopzet van Versailles van 1919-1920 – althans in naam – op het zelfbeschikkingsrecht van de volkeren. Omdat de geallieerden echter de nieuwe orde in het oosten koppelden aan de bedoeling om de bolsjewieken op een afstand te houden, raakte dit concept al snel vleugellam.

Eerst steunden de geallieerden in 1918-1919 in het Baltische gebied en in Finland de lokale onafhankelijkheidsbewegingen tegen het Rode Leger, dat die landen wilde heroveren. Het nieuwe, pas in 1916 herrezen Polen, werd uitgebouwd tot een grendel op de Sovjet-Russische of Duitse machtsontplooiing. Toen het Rode Leger de Oekraïense nationalisten overwon en verder naar het westen dreigde te marcheren, viel Polen onder Józef Klemens Pilsudski in 1920 Rusland aan zonder de oorlog te verklaren. De troepen van Pilsudski dreven de Russische eenheden eerst ver terug, voordat het Rode Leger ze tot voor Warschau terugdrong. Slechts met geluk kon Pilsudski een catastrofe voorkomen en de Russen terugslaan. Bij de vrede van Riga (1921) kreeg Polen meer dan het veroverd had.

Het door de burgeroorlog verzwakte Rusland verloor in 1920-1921 belangrijke gebieden: Finland, Estland, Letland en Litouwen verwierven hun onafhankelijkheid, westelijk Wit-Rusland en het westen van de Oekraïne kwamen bij Polen, Bessarabië bij Roemenië en de Karpato-Oekraïne bij Tsjecho-Slowakije. De nieuwe staten omvatten daarmee sterke nationale minderheden, en waren dus geen natiestaten in enge zin.

Oekraïne

Hoofdstad: Kiev
Oppervlakte: 452.000 km^2
Inwonertal: 31,8 miljoen (1932)
Economie: Aanzienlijke bodemschatten in het Donetzbekken (steenkolen, antraciet, mangaan), zware industrie en hoogovens; elektriciteitsproductie

Het Oekraïense parlement, de *Zentralrada,* riep op 22 januari 1918 de onafhankelijkheid van het land uit. Nog voor Brest-Litovsk sloot het een afzonderlijke vrede met de Centrale mogendheden. Sovjet-Rusland erkende in Brest-Litovsk de onafhankelijkheid van de Oekraïne. Haar bestaan werd bedreigd toen de West-Oekraïense Volksrepubliek rondom Lemberg (Lvov) zich afscheidde. Dit gebied kwam snel in handen van Polen, dat bij de vrede van Riga in 1921 heel oostelijk Galicië bemachtigde. In 1922 werd de Oekraïne bij de Sovjet-Unie gevoegd.

Armenië

Hoofdstad: Jerevan
Oppervlakte: 380.000 km^2
Inwonertal: 2,4 miljoen (1927)
Economie: Vooral veeteelt; bodemschatten, waardevolle mineralen (lood, zilver, ijzer, koper)

Armenië verklaarde zich na de oktoberrevolutie onafhankelijk van Rusland, dat in Brest-Litovsk afzag van Turks-Armenië. Op 28 mei werd Armenië een onafhankelijke republiek, die echter te maken had Turkse aanspraken op haar gebied. Na de ineenstorting van het Osmaanse rijk bezette het Rode Leger het land. Op 29 november 1920 riep een revolutionair comité de Sovjet-republiek uit. Na een opstand beloofde de volkscommissaris voor Nationaliteitenvraagstukken, Josif V. Stalin, de door Armeniërs bewoonde enclave Berg-Karabach toe aan Azerbeidzjan. In 1922 werd Armenië binnen de Transkaukasische Federatie een deel van de Sovjet-Unie.

Georgië

Hoofdstad: Tbilisi
Oppervlakte: 69.700 km^2
Inwonertal: 2,46 miljoen (1920)
Economie: Rijke bodemschatten, vooral mangaan, kolen, koper; textiel- en machine-industrie

Na het einde van het tsarenrijk in 1917 had Georgië als onderdeel van de Transkaukasische Federatie zijn onafhankelijkheid uitgeroepen, maar deze na korte tijd weer verloren. Onder de indruk van de Russische nederlaag in de Eerste Wereldoorlog en de vrede van Brest-Litovsk deed het land onder Duitse en Turkse bescherming een tweede poging. Het riep op 26 mei 1918 de Democratische Republiek Georgië uit, die in 1920 door de centrale leiding in Moskou werd erkend. Toch marcheerde het Rode Leger op aandringen van Josif Stalin Tbilisi binnen. Twee jaar later werd Georgië binnen de Transkaukasische Federatie een deel van de Sovjet-Unie.

Europa na de vrede van Brest-Litovsk

Finland

Hoofdstad: Helsinki
Oppervlakte: 388.279 km^2
Inwonertal: 3,6 miljoen (1928)
Economie: Voor tweederde landbouw, industrie (vooral hout, ijzer, papier) met elektriciteitslevering door waterkracht

Finland verklaarde zich op 6 december 1917 onafhankelijk, na de Russische oktoberrevolutie. Een communistische opstand in Helsinki en in het zuiden van het land werd in 1918 met hulp van Duitse troepen neergeslagen. Zoals eerder reeds in Brest-Litovsk erkende Sovjet-Rusland bij de vrede van Dorpat op 14 oktober 1920 Finland als onafhankelijke staat. Het land kreeg in het noorden de ijsvrije haven Petsamo, maar moest de aanspraken op Oost-Karelië opgeven. Het conflict met Zweden over de Aland-eilanden werd na arbitrage door de Volkenbond ten gunste van Finland beslist.

Polen

Hoofdstad: Warschau
Oppervlakte: 'Congres-Polen' (grenzen volgens het Warschause Congres van 1815)
Inwonertal: 27,2 miljoen (1921)
Economie: Steenkool- en ertslagen, landbouw (1921: 72,3 procent van de werkende bevolking, industrie 10,3 procent)

In november 1916 proclameerden de Centrale mogendheden het koninkrijk Polen, dat in oktober 1917 een regentschapsraad kreeg. De Centrale machten hoopten daarbij op Poolse steun bij de strijd tegen Rusland. Ook de Amerikaanse president Woodrow Wilson beloofde in zijn 14 punten van 8 januari 1918 een zelfstandig Polen. Na de nederlaag van de Centrale mogendheden riep de regentschapsraad de onafhankelijkheid van Polen uit, nadat Sovjet-Rusland in Brest-Litovsk had afgezien van aanspraken op het land. Op 14 november 1918 benoemde de Raad Józef Klemens Pilsudski tot staatshoofd.

Baltisch gebied

Estland

Hoofdstad: Tallinn
Oppervlakte: 47.548 km^2
Inwonertal: 1,1 miljoen (1922)

Letland

Hoofdstad: Riga
Oppervlakte: 65.791 km^2
Inwonertal: 1,9 miljoen (1930)

Litouwen

Hoofdstad: Kaunas/Vilnius
Oppervlakte: 52.882 km^2 (zonder het Memelgebied)
Inwonertal: 2,03 miljoen (1923)

Economie: Belangrijkste bedrijfstak in alledrie de landen is de landbouw.

Sovjet-Rusland moest in Brest-Litovsk afzien van de Baltische staten. Ook de Verenigde Staten stonden op een onafhankelijk Baltisch gebied. Na de ineenstorting van Duitsland in november 1918 bleven er op verzoek van de westerse mogendheden Duitse vrijkorpsen in het gebied om de sterke communistische groeperingen te bestrijden. In 1920 erkende Sovjet-Rusland de onafhankelijkheid van de Baltische staten. Litouwen raakte echter het gebied rondom Vilnius kwijt, dat in 1920 werd geannexeerd door Polen, maar kreeg in 1924 het Memelgebied in handen. Estland en Letland bezaten een grote Russische minderheid (8,2 en 10,6 procent).

Verenigde Staten de grootste aardolieproducent

Met de ontdekking van reusachtige olievelden in Texas groeiden de Verenigde Staten aan het begin van de eeuw uit tot de belangrijkste aardolieleverancier van de wereld. Het 'zwarte goud' ontwikkelde zich tot de belangrijkste energiebron.

Omstreeks de eeuwwisseling vermoedde nog nauwelijks iemand welk belang aardolie in de toekomst zou hebben. Petroleum diende als smeermiddel in de industrie, als brandstof voor lampen in huishoudens die niet op het gas- of lichtnet waren aangesloten, of voor de asfaltering van straten en

Oliebron van de Union Oil Company in Marycopa County, Arizona.

wegen. In de vorm van benzine was het beschikbaar als brandstof voor de eerste auto's, waarvan er in 1911 net 2 miljoen exemplaren bestonden. Bovendien waren de marines van de belangrijkste zeevarende machten inmiddels van kolen overgeschakeld op olie. Meer en meer leek het erop dat aardolie al gauw de kolen zou verdringen als de belangrijkste energiebron.

In het begin van de eeuw waren er vier belangrijke aardoliegebieden: Pennsylvania in de Verenigde Staten, Azerbeidzjan met het belangrijke olieveld van Bakoe, en verder Birma en Nederlands Oost-Indië, waar de Koninklijke Shell ontstond. Andere olievelden waren reeds in 1857 in Roemenië en 1899 in Oklahoma ontdekt, maar nog niemand kon de ware omvang van de voorraden bevroeden.

In 1900 begon een Amerikaan, Luchich genaamd, olie te zoeken in het zuiden van Texas, waar voordien de veeteelt de belangrijkste tak van bedrijvigheid was geweest. Luchich had een heel bijzondere uitrusting bij zich: een zelfgebouwde roterende boorkop, die zich als een kurkentrekker in de aarde boorde. Nadat hij van een ranch-houder in Spindletop (bij Houston) toestemming had gekregen tot boren, ging Luchich met twee partners uit Pittsburgh aan de slag. Op 10 januari 1901 stuitten ze inderdaad op olie. Toen de olieboorders op een diepte van 200 m de voorraden bereikten, spoot de olie er met zoveel geweld uit, dat de hele boortoren in elkaar stortte. De olie vatte vlam en al snel verspreidde er zich een brandende zee. De vlammen konden pas na twee weken worden geblust.

De drie partners waren overweldigd door de omvang van hun vondst: ze hadden het tot dusverre grootste olieveld ter wereld gevonden. Omdat ze niet genoeg

De olievelden van Signal Hill in Californië werden doorsneden door meerbaanswegen; aan de rand daarvan regen de boortorens zich aaneen.

geld hadden, wendden ze zich tot Andrew Mellon, die met een aandeel van 40 procent aan het kapitaal van hun firma, de Guffey Petroleum Company, deelnam. Ondertussen was er een run op Texas begonnen: de boortorens schoten als paddestoelen uit de grond. Toen Mellon de Company te koop aanbood aan John D. Rockefeller, weigerde deze. Een contract voor 20 jaar met de Britse admiraliteit voor de levering van 4,5 miljoen vaten aardolie maakte het bedrijf kort daarna tot een grote maatschappij. Uit het kleine bedrijf groeide Gulf Oil; tegelijkertijd ontstond ook de Texas Oil Company (Texaco). De olieproductie van de Verenigde Staten steeg van 9 miljoen ton in het jaar 1900 tot ongeveer 33 miljoen ton in 1933; de wereldvraag steeg in deze tijd van 20 miljoen naar 51 miljoen ton. De Russische en Amerikaanse olieproductie lagen jaren lang gelijk, tussen 1897 en 1902 had Rusland zelfs meer geleverd. Met de vondsten in Texas ontwikkelden de Verenigde Staten zich echter tot de grootste producent van de wereld.

Aardolie in de 20e eeuw

1938

Olie in Saoedi-Arabië
Een Amerikaans consortium stuit in Saoedi-Arabië op aardolie. Het land van koning Abd Al Aziz ibn Saoed groeit door het 'zwarte goud' uit tot een van de rijkste staten van de wereld. Met ongeveer 250 miljard barrel bezit het land aan het begin van de jaren negentig de grootste oliereserves van de wereld.

Oliewinning in Saoedi-Arabië.

1960

Oprichting van de OPEC
In Bagdad wordt de organisatie van olie exporterende landen opgericht. Het doel van de eerste vijf leden (Irak, Perzië, Koeweit, Saoedi-Arabië en Venezuela) is het maken van afspraken over de winning, de geproduceerde hoeveelheid en over de aardolieprijzen. De OPEC heeft in de jaren negentig een aandeel van 40 procent in de wereldolieproductie.

1969

Oliewinning in de Noordzee
Onder de Noordzee worden grote olievelden ontdekt: deskundigen schatten de totale hoeveelheid op 2,5 miljard ton. De exploitatierechten worden verdeeld tussen de landen aan de Noordzeekust. In de jaren zeventig begint de winning van Noordzee-olie, waarmee Europa hoopt op een grote onafhankelijkheid ten opzichte van de OPEC-landen. In het begin van de jaren negentig bedraagt de winning ongeveer 170 miljoen ton per jaar.

Booreiland in de Noordzee.

1973

Oliecrisis
Om druk op de westerse mogendheden uit te oefenen, gebruiken de Arabische leden van de OPEC hun olie-export als politiek wapen. Uitvoer aan landen die in 1973 Israël hebben gesteund tijdens de Jom Kippoer-oorlog wordt beperkt of gestaakt; in enge zin gaat het daarbij om de Verenigde Staten en het doorvoerland Nederland. In de westerse industrielanden wordt het autoverkeer beperkt – de 'autoloze zondag' – en noodgedwongen komt de discussie over alternatieve energiebronnen op gang.

1977

Oliepijpleiding door Alaska
Een 1300 km lange pijpleiding van het olieveld aan Prudhoe Bay naar de haven Valdez wordt in gebruik genomen. Rusland verkocht het aan bodemschatten rijke Alaska in 1867 aan de Verenigde Staten, dat sinds 1959 een van de Amerikaanse staten is.

Aanleg van de Alaska-pijpleiding.

Geometrie bepaalt het moderne Europese design

1918

Na de Eerste Wereldoorlog wilden de ontwerpers een nieuwe, betere wereld opbouwen met functionele, heldere en zakelijke lijnen. Een in het oog springend voorbeeld is de stoel uit 1918 van de Utrechtse architect en meubelontwerper Gerrit Rietveld.

De grondslagen van de nieuwe vormgevingsideeën tekenden zich al omstreeks de eeuwwisseling af. De vernieuwingsbewegingen in de toegepaste kunsten waren bijvoorbeeld voor een zeer begaafd kunstenaar als Henry van de Velde aanleiding om zijn beroep als schilder op te geven en voortaan te werken als architect en ontwerper. Zijn voorbeeld was de 19e-eeuwse Engelse vernieuwer van de kunstnijverheid, William Morris. Diens idee van het 'totaalkunstwerk', van de 'eenheid van kunst en leven', werd opgepakt door talrijke hervormingsbewegingen, zoals de Wiener Werkstätte, het Duitse Bauhaus en de in 1917 opgerichte Nederlandse kunstenaarsgroep De Stijl.

De in 1918 door Gerrit Rietveld ontworpen en uit beuken en sparrenhout vervaardigde stijlbepalende stoel.

Veel vormgevers en architecten die eerst met de Jugendstil verbonden waren geweest ontwikkelden zich tot pioniers van de klare lijn. Ze bevrijdden de Jugendstil van zijn overladenheid en ontdekten steeds eenvoudiger vormen. In 1908 publiceerde de Weense architect Adolf Loos, de belangrijkste vertegenwoordiger van de zakelijke stijl, het provocerende essay *Ornament und Verbrechen* (Ornament en misdaad). Daarin verwees hij onder meer naar het nut van het produceren van zakelijk-eenvoudige, functionele gebruiksvoorwerpen. Het aanbrengen van ornamenten op producten was voor hem een verspilling van arbeidstijd, geld en materiaal. Daarmee verwees Loos naar de Amerikaanse architect Louis Henry Sullivan, die aan het einde van de 19e eeuw zijn devies *Form follows function* had verkondigd.

Een regelmatig terugkerend discussiepunt onder de moderne vormgevers was of goed vormgegeven producten in industriële massaproductie konden worden vervaardigd of slechts in ateliers, wat ze weer tot een eliteproduct zou maken. Uiteindelijk was het de industriële productie waaraan de kunstenaars-vormgevers zich hadden aan te passen.

Het moderne design kreeg sterke impulsen van avant-gardistische stromingen als het constructivisme en De Stijl. Veel kunstenaars presenteerden hun eigen productontwerpen. Zo nam de Nederlander Gerrit Thomas Rietveld (1888-1964) in 1918 het systeem van loodrechte en horizontale lijnen van Piet Mondriaan over voor de constructie van zijn beroemd geworden stoel *Rood en blauw,* nog voor hij zich in 1919 aansloot bij De Stijl; de stoel is bekend geworden als de 'Rietveldstoel', hoewel Rietveld ook nog andere succesvolle stoelontwerpen op zijn naam heeft staan, zoals de zigzagstoel (1934), een kunststofstoel geperst uit één stuk materiaal (1942) en de balkenstoel uit 1964. Het bekende Rietveld-Schröderhuis uit 1925 in Utrecht is ook volgens de De Stijl-principes ontworpen.

De Hongaar László Moholy-Nagy gaf vanaf 1923 aan het Bauhaus de esthetiek van het Russische constructivisme door. De typische Bauhaus-stijl werd vertegenwoordigd door de architecten Marcel Breuer en Ludwig Mies van der Rohe met hun functionele ontwerpen. Na hun emigratie naar de Verenigde Staten bezorgden ze de Bauhausstijl internationaal aanzien.

Tot het begin van de jaren dertig beheerste het functionalisme in veel landen de kunst en het design. Luciano Baldessari, Le Corbusier en Giuseppe Terragni vertegenwoordigden in hun ontwerpen een koel rationalisme. Beeldbepalend in hun zitmeubel werd de stalen buis, die ook door tegenwoordige ontwerpers nog veel gebruikt wordt.

Een elektrische waterketel van de Duitse ontwerper Peter Behrens.

Baanbrekend design tot 1945

1908

Architectonische meubels
De Amerikaanse architect Frank Lloyd Wright versterkt zijn stoelontwerpen met houten latten. Daardoor maken deze een stabiele, solide en tegelijk moderne indruk. De verstevigingen zorgen ervoor dat de stoel een architecturale indruk maakt. Wright ontwerpt meestal ook het interieur voor de huizen die hij bouwt.

Frank Lloyd Wright.

1923-1924

Bauhauslamp
De industrieel vormgever Wilhelm Wagenfeld maakt met zijn lamp een opvallend ontwerp overeenkomstig de ideeën van het Bauhaus. De in meer uitvoeringen bestaande lamp is een typisch voorbeeld van functionalistische design: een duidelijk herkenbare functie, heldere lijnen, ontwikkeld uit rechte lijnen, een cirkel en een halve bol. Als materialen dienen glas en verchroomd staal. Bauhaus zie pagina 143.

1925

Een stoel voor de schilder
Voor het huis van de schilder en Bauhaus-leermeester Wassily Kandinsky in Dessau ontwerpt de architect Marcel Breuer een stoel van stalen buizen. Eerst wordt hij vervaardigd uit naadloos getrokken, vernikkelde buizen. De latere verchroming dient ertoe een 'stralende, pure lijn in de ruimte' te bereiken. Breuer wil met de lijnen een kubus omvatten.

De 'Freischweber' van Ludwig Mies van der Rohe.

1929

De Barcelonastoel
Voor het door hem ontworpen Duitse paviljoen op de wereldtentoonstelling van Barcelona in 1929 ontwerpt Ludwig Mies van der Rohe een stoel. Daarmee grijpt hij terug op een ijzeren stoel van de 19e-eeuwse Duitse architect Karl Friedrich Schinkel.

1935

Meubels dicht bij de natuur
Berkenhout met een bekleding van riemen en katoen zijn de materialen van de 'Freischwinger', de vrij wiebelende stoel, die wordt ontworpen door de architect Alvar Aalto. Zijn meubels zijn functioneel en wijzen op een sterke relatie met het landschap en de natuur, een typisch kenmerk voor Scandinavisch design.

Alvar Aalto.

CHEN VOLKE

Eind aan Duitse rijk en Dubbelmonarchie

1918

In november 1918 kwam er zowel aan het keizerrijk Duitsland als aan de Dubbelmonarchie Oostenrijk-Hongarije een eind. In Duitsland werd de republiek uitgeroepen, Oostenrijk-Hongarije viel bijna vanzelf uit elkaar.

In augustus 1918 begon de nederlaag van Duitsland en Oostenrijk-Hongarije zich steeds duidelijker af te tekenen. Zowel in het oosten als in het westen stortte het front ineen en Bulgarije en het Osmaanse rijk, bondgenoten van de Centrale mogendheden, verzochten officieel om een wapenstilstand. Op 6 oktober boden de Duitsers een wapenstilstand aan, die op 11 november definitief werd. Op 3 november waren Oostenrijk-Hongarije en de Entente een wapenstilstand overeengekomen.

In Duitsland leidde de naderende nederlaag tot revolutie. Toen de marineleiding bevel gaf opnieuw uit te varen om 'de eer van de vloot' te redden, weigerden matrozen en stokers in Kiel en Wilhelmshaven daaraan gehoor te geven. Al snel sloegen de onlusten over naar andere legeronderdelen elders in het land. Ook industriearbeiders, moe van de oorlog, sloten zich bij de opstand aan en in verschillende delen van het land ontstonden soldaten- en arbeidsraden.

Nadat Philipp Scheidemann op 9 november 1918 vanaf het balkon van de Rijksdag de republiek had uitgeroepen, verzamelde zich een grote menigte voor het gebouw.

In München kwam het tot de eerste omwenteling. Op 7 november riep Kurt Eisner, leider van de Onafhankelijk Socialistische Partij (USPD), de 'Democratische en Sociale Republiek Beieren' uit. Binnen enkele dagen sloeg in Berlijn de vlam in de pan en moesten tal van Duitse vorsten het veld ruimen. Op 9 november riep de SPD-politicus Philipp Scheidemann vanaf het balkon van de Rijksdag in Berlijn de republiek uit. Twee uur daarvoor had keizer Wilhelm II afstand van de troon gedaan, een dag later vluchtte hij naar Nederland. Rijkskanselier Max von Baden droeg aan SPD-voorzitter Friedrich Ebert de functie van staatshoofd over. Reeds op 19 januari 1919 vonden er verkiezingen plaats, die gewonnen werden door antimonarchistische en democratische partijen. De nieuw gevormde Rijksdag, bijeen in Weimar, koos Friedrich Ebert tot rijkspresident, terwijl Philipp Scheidemann rijkskanselier werd. Het grootste probleem voor de jonge Weimar-republiek was om de extreemlinkse en extreem-rechtse groeperingen in toom te houden. Ook onderling was de regering geen eenheid. Er bestond bijvoorbeeld geen overeenstemming over de structuur van Duitsland: een eenheidsstaat of een federatie. Zo begon de Weimar-republiek al met een valse start.

Oostenrijk-Hongarije viel bijna vanzelf uit elkaar, een proces dat zich al voor de Eerste Wereldoorlog had ingezet. De veelvolkerenstaat had er nooit veel werk van gemaakt om de verschillende bevolkingsgroepen een vorm van gelijkberechtiging te geven. De oorlog versnelde het desintegratieproces, zeker toen Wilson met zijn voorstellen kwam 'voor autonome ontwikkeling van de volkeren in Oostenrijk-Hongarije'.

Friedrich Ebert (links) voor de vergaderzaal in Weimar.

Op 17 oktober 1918 beloofde keizer Karel de Donauvolkeren een federatief staatsbestel. Hij was echter te laat. Op 28 oktober 1918 riepen de Tsjechen een eigen staat uit, waar de Slowaken zich bij aansloten. Galicië sloot zich aan bij Polen. Ook Hongarije scheidde zich af. Op 11 november verklaarde keizer Karel dat hij afzag van iedere deelname aan regeringszaken en vertrok naar het buitenland.

Een Voorlopige Nationale Vergadering nam op 12 november een voorlopige grondwet aan. Even was er nog sprake van dat het nieuwe land zich zou aansluiten bij Duitsland, omdat de kleine staat – met het grote Wenen als waterhoofd – niet levensvatbaar zou zijn. Bij het vredesverdag van Saint-Germain tussen de geallieerden en de landen die tot 1918 deel hadden uitgemaakt van de Dubbelmonarchie, verboden de overwinnaars dat. Oostenrijk werd een kleine, onafhankelijke republiek.

Duitsland en Oostenrijk 1918-1919

9 november 1918

Duitsland republiek

De SPD-politicus Scheidemann roept op 9 november 1918 zonder medeweten en tegen de zin van SPD-voorzitter Friedrich Ebert de republiek uit. Na de verkiezingen van januari 1919 wordt Scheidemann rijkskanselier onder Ebert als president. In juni 1919 treedt hij af uit protest tegen de voorwaarden die het verdrag van Versailles aan Duitsland stelt.

Philipp Scheidemann.

10 november 1918

Wilhelm II naar Nederland

Wilhelm bestijgt de troon in 1888. Hij raakt al snel in conflict met rijkskanselier Otto von Bismarck, die in 1890 het veld moet ruimen. Wilhelm benoemt over het algemeen gewillige kanseliers, maar mist de capaciteiten om een standvastige, zelfstandige regeerstijl te ontwikkelen. Begin november 1918 verliest Wilhelm het vertrouwen van het leger. Op 9 november doet hij afstand van de troon, een dag later wijkt hij uit naar Nederland. Hij woont tot 1921 op kasteel Amerongen en vervolgens tot zijn dood in 1941 in het Huis te Doorn.

Keizer Wilhelm II in legertenue.

11 februari 1919

Eerste rijkspresident

Als voorlopig staatshoofd probeert Friedrich Ebert eind 1918 een eind te maken aan de onlusten in Duitsland. Hiertoe sluit hij een pact met de legerleiding. Op 11 februari 1919 kiest de Rijksdag hem tot rijkspresident.

Karl Renner.

12 november 1918

Republiek Duits-Oostenrijk

De provisorische nationale vergadering roept de republiek Duits-Oostenrijk uit. De vergadering benoemt ook een regeringsraad. Na de eerste verkiezingen van februari 1919 vormen sociaal-democraten en christelijk-socialen een regering. De sociaal-democraat Karl Renner wordt de eerste kanselier.

10 september 1919

Republiek Oostenrijk

De nationale vergadering accepteert de bepalingen uit het vredesverdrag van Saint-Germain. Dit verdrag regelt onder meer de naam van het land (republiek Oostenrijk), de staatsvorm (een bondsstaat) en de staatsgrenzen van Oostenrijk (de grenzen zoals ze thans ook zijn).

Opening van de Oostenrijkse nationale vergadering, 1919.

Rosa Luxemburg – een leven voor het socialisme

In de nacht van 31 mei op 1 juni 1919 werd uit het Berlijnse Landwehrkanal het lichaam van een vrouw geborgen. Ze werd geïdentificeerd als Rosa Luxemburg, de meest compromisloze socialiste aan het begin van de 20e eeuw.

Rosa Luxemburg, een van de meest vooraanstaande vertegenwoordigsters van links aan het begin van de 20e eeuw.

Rosa Luxemburg, de dochter van een welvarende joodse koopman werd geboren op 5 maart 1870 in Zamosc (Polen). Op 4-jarige leeftijd kreeg ze last van een heupaandoening, wat leidde tot levenslange problemen bij het lopen.

Al toen ze pas 15 jaar oud was, sloot ze zich vanwege antisemitische discriminatie aan bij de ondergronds opererende arbeidersbeweging. Om te ontsnappen aan een dreigende arrestatie vluchtte Luxemburg in 1889 naar Zürich, waar ze economie en politicologie studeerde. In Zwitserland kwam de jonge vrouw in contact met vooraanstaande marxisten als Paul Axelrod en Georgi Plechanov. Ze groeide uit tot de leidster van een marxistisch-revolutionaire kring van vluchtelingen. In 1893 was ze een van de oprichters van Sociaal-Democratische Partij van het koninkrijk Polen, waaruit later de Communistische Partij voortkwam.

Kort na haar promotie verhuisde Luxemburg in 1898 naar Berlijn. Door een schijnhuwelijk met de machinist Gustav Lübeck (scheiding in 1903) had ze het Duitse staatsburgerschap gekregen. Luxemburg werd lid van de SPD, destijds de machtigste en best georganiseerde socialistische partij van Europa. Haar hoop hier politiek onderdak te vinden, werd echter niet vervuld. Samen met Karl Kautsky keerde ze zich heftig tegen de ideeën van de SPD-partij-ideoloog Eduard Bernstein, die vond dat de marxistische leer rijp was voor herziening en die de maatschappelijke revolutie afwees. Rosa Luxemburg keerde zich vastbesloten tegen de opvatting dat het kapitalisme hervormd kon worden en propageerde in plaats daarvan de heerschappij van het volk. Tegelijkertijd keerde ze zich tegen het centralistische partijconcept van Lenin en later tegen het gewelddadige optreden van de Russische bolsjewieken tegen andersdenkenden.

Het kwam tot een breuk met de SPD toen de partij in 1914 instemde met de door de regering voorgestelde oorlogskredieten. In de advocaat Karl Liebknecht vond Rosa Luxemburg een bondgenoot tegen de officiële SPD-politiek. Samen met hem voerde zij de linkse oppositie tegen de oorlog aan en richtte in 1916 de 'Gruppe Internationale' op (vanaf 1918 Spartacusbond). De groep sloot zich in 1917 aan bij de door Karl Kautsky opgerichte Onafhankelijke Socialistische Partij van Duitsland (USPD). In deze tijd zat Luxemburg een gevangenisstraf van tweeëneenhalf jaar uit wegens deelname aan een vredesdemonstratie.

Communistische demonstratie tijdens de Spartacusopstand in Berlijn.

Midden in de revolutionaire herfst van 1918 kwam Luxemburg weer vrij. In het tijdschrift *Rote Fahne* probeerde ze de opstandige arbeiders en soldaten in de richting van een socialistische opstand te duwen. Daarmee keerde ze zich tegen SPD-kopman Friedrich Ebert, die na de abdicatie van de keizer een parlementaire democratie nastreefde. Op 31 december 1918 werd de Communistische Partij van Duitsland gesticht (KPD), waar ook Liebknecht en Luxemburg lid van waren. Met haar propaganda kreeg Luxemburg talrijke vijanden, wier haat tegen de revolutionaire socialiste gestaag toenam. Bij de Spartacusopstand in januari 1919 werden Luxemburg en Liebknecht door soldaten van de regeringstroepen opgepakt en doodgeschoten.

Duitsland tussen monarchie en republiek

29 september 1918

Militairen aan het eind van hun Latijn

De hoogste legerleiding, die ziet hoe uitzichtloos voortzetting van de oorlog is, wil een onmiddellijke wapenstilstand en een vernieuwing in de politieke leiding van het rijk.

Karl Liebknecht.

9 november 1918

Geboorte-uur van de republiek

Rijkskanselier prins Max von Baden maakt het aftreden van keizer Wilhelm II bekend. Een dag eerder had de vorst nog laten weten dat hij aan het hoofd van zijn leger orde op zaken zou stellen. Twee uur na de bekendmaking door prins Max roept de SPD-politicus Philipp Scheidemann de republiek uit. Prins Max draagt aan SPD-voorzitter Friedrich Ebert de functie van staatshoofd over. SPD en USPD (zie hiernaast) vormen een Raad van Volksvertegenwoordigers; de USPD stapt op 29 december uit deze voorlopige regering.

De ex-keizer vertrekt ondertussen naar het neutrale Nederland, dat hem ondanks de geallieerde roep om berechting – Hang the Kaiser! – niet uitlevert. Wilhelm sterft in 1941 in het Huis te Doorn.

Revolutionairen tijdens de Spartacusopstand.

30 december 1918 – 1 januari 1919

Communistische Partij van Duitsland

Op een tweedaagse partijvergadering in Berlijn stichten vooraanstaande leden van de Spartacusbond – een vleugel van de USPD – de Communistische Partij van Duitsland (KPD). Doel van de partij is een directie radendemocratie naar het voorbeeld van Sovjet-Rusland.

Friedrich Ebert, de eerste rijkspresident van Duitsland.

5 januari 1919

Spartacusopstand

Met de bezetting van krantengebouwen, uitgeverijen en drukkerijen wil de KPD de Raad van Volksvertegenwoordigers ten val brengen. Op 12 januari slaan regeringstroepen en het Vrijkorps de opstand neer; deze was naar vele steden in het Duitse rijk overgeslagen.

14 augustus 1919

Grondwet van kracht

Friedrich Ebert, die op 11 februari door de Nationale Vergadering is gekozen tot rijkspresident, ondertekent op 11 augustus de grondwet van Weimar, die drie dagen later in werking treedt.

Nationale vergadering van de republiek van Weimar.

De Europese arbeiders op weg naar medezeggenschap en gelijkberechtiging in staat en maatschappij

Na de Eerste Wereldoorlog had de arbeidersbeweging in Europa aanzienlijke invloed. Ze wist onder meer invoering van de achturige werkdag te bereiken. Door economische problemen sloeg het klimaat aan het begin van de jaren twintig echter om. De vakbonden raakten in het defensief. Toch maakte de arbeidersbeweging in tussen 1910 en 1930 goede vorderingen op weg naar gelijkberechtiging.

Het einde van de Eerste Wereldoorlog leidde tot een stakingsgolf in Europa. Gestimuleerd door de revolutie in Rusland en het Duitse rijk, steeg het aantal vakbondsleden sterk, in veel landen tot het hoogste niveau van de eeuw. Op het programma van de arbeidersbeweging stond echter niet een radicale omwenteling. Ze wilde veeleer de emancipatie van de arbeidersklasse bereiken. Tot de economisch-politieke doelen behoorden de nationalisatie van de zware industrie, de spoorwegen, de banken en het mijnwezen, naast betere arbeidsvoorwaarden en hogere lonen.

Suikerbrood en zweepslagen

De Europese regeringen reageerden op de macht van de vakbonden met een mengeling aan repressie en toegevendheid. Daarbij ging het er in de eerste plaats om de gematigde meerderheid binnen de arbeidersbeweging tevreden te houden. In 1919 behaalde ze een van de eerste grote successen: in dat jaar gaf Frankrijk toe aan de eisen van het Internationale Arbeidsrechtencongres en bracht de werktijd terug van tien tot acht uur per dag.

De Britse regering koos vooralsnog voor geweld en stuurde troepen naar het Schotse industriegebied aan de Clyde om een einde te maken aan de stakingen aldaar. Geconfronteerd met 100.000 stakende arbeiders resteerde haar echter geen andere mogelijkheid dan sociaal-politieke concessies te doen. Daarbij behoorde onder meer een woningbouwprogramma dat vóór het jaar 1921 voor 200.000 extra huizen zou zorgen. Ook een dreigende staking van mijnwerkers, spoorwegbeambten en transportwerkers werd op deze manier voorkomen. De mijnwerkers bereikten een tijdelijke verhoging van de lonen, maar moesten hun eisen tot nationalisatie van de mijnen opgeven.

In Nederland riep de socialistische leider Pieter Troelstra, geïnspireerd door de opstanden in Rusland en Duitsland en door enige binnenlandse onrust, op 12 november 1918 in zijn eentje de revolutie uit. Dat leidde uiteindelijk slechts tot een massale aanhankelijkheidsdemonstratie aan het Oranjehuis op het Haagse Malieveld en groot gezichtsverlies voor Troelstra. Men was echter wel zo geschrokken dat de regering concessies deed: zo kwamen er kiesrecht voor vrouwen, een ziekte- en een ouderdomsverzekering, en een 45-urige werkweek. Ook België voerde in 1919 een achturige werkdag in, alsmede het minimumloon en stakingsrecht.

In veel Europese landen proberen de arbeiders hun eisen met stakingen ingewilligd te krijgen. In Parijs, 1911, schermen politieagenten winkels waar gestaakt wordt voor boze klanten af.

In Duitsland gaven de ondernemers uit vrees voor een omwenteling toe aan de eisen van de arbeidersbeweging: op 15 november 1918 sloten de grote industriëlen onder leiding van Hugo Stinnes en Walter Rathenau een pact met vakbondsleider Carl Legien. Daarmee werden de vakbonden erkend als de 'aangewezen vertegenwoordigers van de arbeiders'. Voortaan gold er een achturige werkdag en moesten de arbeidsvoorwaarden in goed overleg worden vastgelegd in collectieve arbeidsovereenkomsten. De overeenkomst tussen Stinnes en Legien werd de sociaal-politieke grondwet van de republiek van Weimar. In ruil daarvoor zagen de vakbonden af van verdergaande eisen. In feite was niets zo ver van het bed van de vakbondsleiders en sociaal-democraten als een revolutie. Dat bleek ook uit de politiek van de revolutionaire Raad van Volksvertegenwoordigers onder Friedrich Ebert. De latere president van het rijk ging uit angst voor een communistische omwenteling door arbeiders- en soldatenraden een bondgenootschap aan met de pilaren van het oude regime.

Veel arbeiders waren door deze koers al snel teleurgesteld. De vonk die de revolutionaire stemming opnieuw deed opvlammen werd de rechtsradicale coup van Kapp en Lüttwitz op 13 maart 1920. Een algemene staking van de arbeiders, middelbaar personeel en ambtenaren verdreef de couppIegers al na vijf dagen. Om de revolutie eindelijk op háár manier te voltooien, ging de arbeidersbeweging in het offensief en riep aan de Rijn en de Roer tot opstand op. In de periode tot 22 maart kreeg het Rode Roer-leger het hele Roergebied in zijn macht. Een staking van meer dan 330.000 mijnwerkers onderstreepte de kracht van de proletarische massabeweging. De staking werd ten slotte door de troepen van het Rijksleger neergeslagen.

In het defensief

Ten gevolge van de economische crisis en werkloosheid raakte de arbeidersbeweging in Europa vanaf het begin van de jaren twintig in het defensief. De ondernemers reageerden op de moeilijke economische situatie met loonsverlagingen, ontslagen en intimidaties. Politieke conflicten binnen de vakbond verzwakten de positie van de arbeidersbeweging nog verder. Als gevolg daarvan moest ze zware nederlagen slikken.

In Duitsland holde de burgerlijke regering van Wilhelm Marx de achturige werkdag volledig uit, onder druk van ondernemers uit de zware industrie rondom Stinnes. Bovendien drukte de Duitse hyperinflatie van 1923 de lonen zozeer, dat de doorsneearbeider nog maar 70 procent van het inkomen van 1913 verdiende. Omdat het geld voor contributies voor en ook het vertrouwen in de vakverenigingen ontbrak, verlieten de leden de bonden bij bosjes. In 1924 behoorden nog maar 4 miljoen arbeiders tot de ADGB, de overkoepelende Duitse vakvereniging, nauwelijks de helft van twee jaar eerder. Om het recht op vrije loonvorming te behouden, moesten de vakbonden aanspraak maken op steun van de staat. Deze verhinderde met opgelegde arbitrage bij arbeidsconflicten dat het evenwicht tussen de sociale partners nog verder verstoord werd.
Nadat in Groot-Brittannië het aantal vakbondsleden tussen 1919 en 1924 van 8 naar 5,5 miljoen gedaald was, leidde ook daar het zwaarste arbeidsconflict van de jaren twintig tot een nederlaag: de 1,1 miljoen mijnwerkers slaagden er ondanks een staking van zes maanden niet in loonsverlagingen en een verlenging van de werkdag – van zeven naar acht uur – te voorkomen.
In België, Nederland en Frankrijk weigerden de meeste werkgevers om centrale arbeidsovereenkomsten met de vakbonden te sluiten. In Italië en Portugal verboden de dictators Benito Mussolini en António de Oliveira Salazar arbeidsorganisaties.

De staking van de mijnwerkers in Groot-Brittannië in 1917 leidt tot ernstige problemen in de kolendistributie. De mensen moeten uren wachten om aan de gewenste kolen te komen.

Bescherming voor werklozen

In maar weinig industrielanden kon de arbeidersbeweging het levensonderhoud van haar leden veiligstellen. Voor de Eerste Wereldoorlog had alleen Groot-Brittannië steun aan werklozen wettelijk geregeld. Staat, werkgevers en verzekerden droegen elk een even groot deel van de kosten. Toen het Internationale Arbeidsbureau na de oorlog een dergelijke regeling aanbeval, namen enkele staten het model van een verplichte verzekering over. België voerde in 1920 een vrijwillige werkloosheidsverzekering in, waarbij de staat de premies van de verzekerden aanvulden. Ook Tsjecho-Slowakije, Zwitserland, Spanje en Zweden gaven slechts steun aan vrijwillige betalingen van de vakbonden aan werklozen. In Duitsland sneuvelde in 1930 de laatste parlementair-democratische regering over de strijd om de werkloosheidsverzekering.

Toch hadden de vakbonden in de belangrijke industrielanden de emancipatie van de arbeiders in de jaren twintig verder geholpen: door het algemeen kiesrecht, de vrijheid van vereniging, de wet op de ondernemingsraad en de uitbreiding van de sociale politiek. Verdere voortgang door democratisering van de economie en medezeggenschap stuitte ondertussen op sterke tegenkrachten van de kant van de ondernemers.

Bloeitijd van de arbeidersverenigingen

Ongestoord door alle crises beleefden de arbeidersverenigingen in de jaren twintig een laatste bloeitijd. Arbeidersverenigingen omspanden het leven van de proletariërs van de wieg tot het graf: te beginnen bij de jeugdverenigingen en het arbeiderskoor, via de sport- en de gymnastiekbond voor de arbeiders en de sociale dienst voor arbeiders tot aan de crematieverenigingen. De verenigingen zorgden bij de arbeiders voor een rotsvast 'wij-gevoel' en verankerden de afscheiding met de 'burgerlijke maatschappij'. Toch was de werking niet zo allesomvattend als de massale vertoningen van de turnbond deed vermoeden.
Een onderzoek aan het eind van de jaren twintig verried dat de arbeiders ondanks decennia van sociale educatie niet homogeen dachten. Een voorbeeld daarvan zijn de ideeën over de emancipatie van de vrouw. Hoewel de arbeidersbeweging reeds lang opkwam voor de gelijkberechtiging, wilde 68 procent van de ondervraagde proletariërs in West-Europa de vrouwen zoals voorheen bij de huiselijke haard zien.

Armoede en een benauwend gebrek aan ruimte beheersen het leven van de arbeidersklasse. Deze kamer in een slum in New York loopt 's avonds vol met een dozijn mensen (1911).

Roland Peter

De communisten verenigen zich

De door Vladimir Lenin in 1919 opgerichte Communistische Internationale moest ervoor zorgen dat er een wereldwijde dictatuur van het proletariaat kwam. In de loop van haar bestaan ontwikkelde ze zich tot een instrument van de nationale politiek van de Sovjets.

De Russische revolutie had in 1917 gezegevierd, en ook elders leken de communisten in opmars te zijn. Hopend op een wereldrevolutie riep Lenin op 2 maart 1919 het oprichtingscongres van de Communistische Internationale (Komintern), de organisatie van de communistische partijen van de wereld bijeen. De internationale crisis kon, volgens de theorieën van Lenin, alleen nog door een proletarische revolutie op wereldschaal worden overwonnen. Lenin meende dat de Russische revolutie niet was veiliggesteld zolang ze niet ook in de Europese industrielanden voet aan de grond had gekregen. De oorlogsverklaring was vooral gericht aan de gematigde sociale en sociaal-democratische partijen. De communisten verweten hun dat ze verraad pleegden aan de revolutie.

Vladimir Lenin op het oprichtingscongres van de Communistische Internationale.

Op het Tweede Wereldcongres van de Komintern in augustus 1920 formuleerde Lenin toetredingsvoorwaarden die de suprematie vastlegden van de Russische Communistische Partij, de enige partij die tot dusverre de revolutie had bewerkstelligd. De andere partijen moesten hun zelfstandigheid opgeven, zich organiseren naar het voorbeeld van de bolsjewieken en zich ondergeschikt maken, als afdelingen van de Centrale in Moskou. Formeel was het wereldcongres het hoogste orgaan, maar het kwam niet zoals bepaald was jaarlijks bijeen, maar slechts zeven keer in 24 jaar. Zo nam het door de Sovjets gedomineerde uitvoerend comité in Moskou de leiding over. Het mocht ingrijpen in de aangelegenheden van iedere partij die lid was. In de politiek van de Komintern weerspiegelde zich daardoor vooral de strategie van de Sovjet-Russische communistische partij. Eind 1922 distantieerde de Komintern zich op het Vierde Wereldcongres van de wereldrevolutie. Nadat was gebleken dat de revolutionaire stromingen geen vaste vorm aannamen als wereldrevolutie, maar eerder wegebden, maakte Lenin een ommezwaai en gaf opdracht voor de strategie van het eenheidsfront: het samengaan met sociaal-democratische groepen was een middel dat door het doel geheiligd werd. Toen de kansen op een revolutie in West-Europa verder slonken, verplaatste de activiteit zich naar Afrika en het Verre Oosten, waar de Sovjets opriepen tot

Bolsjewieken demonstreren in Parijs voor het communisme.

bondgenootschappen tussen proletariaat, boeren en bourgeoisie.

Met de theorie van de mogelijkheid van 'Socialisme in één land' verwijderde Stalin zich verder van de revolutionaire idealen. Hij zag de Komintern eerder als middel om politieke doelen van de Sovjet-Unie te bereiken. In 1928 gaf Stalin opdracht voor een ruk naar links: de strijd richtte zich nu tegen de als 'sociaal-fascisten' aangeduide sociaal-democraten. Deze politiek verhinderde in Duitsland bijvoorbeeld een gemeenschappelijk verzet van communisten en sociaal-democraten tegen de nazi's. Pas op het Zevende Wereldcongres in juli 1935 pleitte de Komintern voor een coalitie van communisten, sociaal-democraten en burgerlijke stromingen tegen het fascisme.

Na de Duitse overval op de Sovjet-Unie in 1941 werd de Komintern een blok aan het been voor de sovjetbetrekkingen met de westerse mogendheden. Daarom liet Stalin de organisatie op 15 mei 1943 ontbinden. Ze was door zijn 'zuiveringen' toch al verzwakt.

Belangrijke vertegenwoordigers van de Komintern

1882-1949

Georgi M. Dimitrov

Hoewel aanvankelijk sociaal-democraat, behoort de Bulgaar Dimitrov in 1919 tot de oprichters van de communistische partij van zijn land. Van 1935 tot 1943 is hij secretaris-generaal van de Komintern in Moskou, in de jaren 1937-1945 afgevaardigde van de opperste sovjet. Hij roept in 1946 de volksrepubliek uit in Bulgarije, wordt haar eerste minister-president en in 1948 secretaris-generaal van de communistische partij.

Georgi M. Dimitrov.

1883-1936

Grigori J. Sinovjev

De bolsjewiek (vanaf 1903) Sinovjev wordt in 1919 lid van het politburo en voorzitter van het uitvoerend comité van de Komintern. Sinovjev, na de dood van Lenin plaatsvervangend partijvoorzitter, behoort tot de collectieve leiding van de partij, de 'troika'. In 1926-1927 verliest hij als tegenstander van Stalin alle partijfuncties en in 1936 wordt hij als 'trotskist' ter dood veroordeeld.

1885-1939

Karl Radek

Vanaf 1917 werkt Radek voor het centrale comité van de bolsjewieken in Petrograd. Als lid van het presidium van het uitvoerend comité van de Komintern is hij tot 1923 verantwoordelijk voor de Duitse communistische partij. Hij wordt als 'trotskist' in 1924 van alle partijfuncties ontheven en in 1927 uit de Communistische Partij van de Sovjet-Unie gezet. Tussentijds weer toegelaten, wordt Radek in 1936 gearresteerd in het kader van de stalinistische 'zuiveringen'.

Nikolai I. Boecharin.

1888-1938

Nikolai I. Boecharin

De Russische econoom Boecharin behoort vanaf 1905 bij de linkervleugel van de Sociaal-Democratische Arbeiderspartij. Tijdens de oktoberrevolutie in 1917 leidt hij de opstand in Moskou. Als hoofdredacteur van *Pravda* wordt hij in 1924 lid van het politburo. Vanaf 1926 is Boecharin voorzitter van de Komintern. Hij keert zich later af van Stalin en wordt in 1938 geëxecuteerd.

1900-1964

Maurice Thorez

De Fransman Thorez stapt in 1920 over van de socialisten naar de Franse communistische partij, wordt in 1925 lid van het politburo en in 1930 secretaris-generaal. Als stalinist maakt hij carrière binnen de Komintern.

Maurice Thorez.

Het verdrag van Versailles: een harde vrede

Op 28 juni 1919 werd het verdrag ondertekend dat een eind maakte aan de oorlog tussen Duitsland enerzijds en de geallieerden anderzijds. De compromisvrede waar de Amerikaanse president Wilson op hoopte, kwam er niet: het gevolg was de roep om wraak in Duitsland.

De 'Grote Drie' op de vredesconferentie van Versailles: de Britse premier David Lloyd George (zittend, tweede van links), de Franse premier Georges Clemenceau (zittend, derde van links) en de Amerikaanse president Woodrow Wilson (zittend rechts).

Aan de opening van de vredesconferentie in de Spiegelzaal van het paleis van Versailles op 18 januari 1919 namen 70 gedelegeerden uit de 32 overwinnende staten deel. De tekst van het verdrag werd uitgewerkt zonder dat de Duitsers erbij betrokken werden, in beraadslagingen die meestal geheim waren. De belangrijke beslissingen vielen na maandenlange onderhandelingen

In deze wagon in het Noord-Franse Compiègne werd op 11 november 1918 de wapenstilstand ondertekend.

niet in de plenaire zittingen, maar in bijeenkomsten van de vijf belangrijkste mogendheden Frankrijk, Groot-Brittannië, Italië, Japan en de Verenigde Staten. Later werd deze kring beperkt tot Thomas Woodrow Wilson, de Britse premier David Lloyd George, de premier van Frankrijk, Georges Clemenceau, en die van Italië, Vittorio E. Orlando.

Wilsons ideaal van een rechtvaardige vrede op basis van het zelfbeschikkingsrecht van de volkeren werd het centrale punt van het overleg. De meningen over de verwezenlijking van dit principe liepen echter ver uiteen: de Britse premier deed samen met Wilson zijn best de hoge Franse eisen voor Duitse herstelbetalingen milder te maken. Frankrijk wilde veelomvattende veiligheidsgaranties en was bang voor wraak van zijn buurland. Frankrijks wens van een permanente militaire bezetting aan de Rijn en de Saar wezen Lloyd George en Wilson echter af. De hoogte van de herstelbetalingen bleef onbepaald, de bezetting van het Rijnland werd tot maximaal 15 jaar beperkt en het Saarland kwam onder hoede van de Volkenbond.

Het verdrag week aanzienlijk af van de idealen van de Amerikaanse president: om zijn duurzame, vreedzame orde van gelijkberechtigde staten op te bouwen, had Wilson 14 punten geformuleerd, die inderdaad de grondslagen van de Duitse capitulatie en van het vredesverdrag van Versailles regelden. Het belangrijkste punt, de oprichting van de Volkenbond, kon hij echter pas doorzetten nadat de Amerikaanse delegatie de Franse eis van herstelbetalingen door Duitsland had geaccepteerd. Het Amerikaanse Congres ratificeerde deze vrede en de toetreding tot de Volkenbond nooit en sloot in 1921 een afzonderlijke vrede met Duitsland.

De bekendmaking van de vredesvoor-

waarden bracht in Duitsland verontwaardiging teweeg, omdat het verdrag weinig had van de compromisvrede waar men op gehoopt had: Duitsland moest ongeveer 70.000 km^2 land en zijn koloniën afstaan, werd gedemilitariseerd en moest als enige de schuld van de oorlog dragen. Het Duitse rijk moest naast de geldbedragen – waarvan de hoogte nog vastgesteld moest worden – ongeveer 90 procent van zijn handelsvloot afstaan. Daarbij kwamen onder andere eisen op fabrieksinventarissen, bouwmaterialen, kolen en andere grondstoffen, locomotieven, vrachtwagens en machines.

De Rijksdag besloot echter de voorwaarden toch te slikken, om te voorkomen dat de geallieerde troepen Duitsland binnen zouden marcheren. Verzachtingen, bijvoorbeeld een referendum over de toekomst van Opper-Silezië, werden slechts op enkele punten bereikt. Het was koren op de molen van nationalistische krachten, die een 'herziening', zo niet vernietiging van het verdrag van Versailles eisten.

Nadat het verdrag van Versailles getekend was, sloten de geallieerden afzonderlijke verdragen met Oostenrijk, Hongarije, Bulgarije en het Turkse rijk.

De onderhandelaars van Versailles

1841-1929

Georges Clemenceau

De leider van radicaal-socialistisch links wordt in 1902 senator en is van 1906 tot 1909 eerste minister. Na het uitbreken van de oorlog eist hij de mobilisatie van alle krachten van het land, dat hij vanaf november 1917 als minister-president en als minister van Oorlog met veelomvattende bevoegdheden leidt. Overtuigd van de Duitse schuld aan de oorlog, dringt Clemenceau aan op harde vredesvoorwaarden. Hij verliest de presidentsverkiezingen van 1920.

Georges Clemenceau.

1856-1924

Thomas Woodrow Wilson

De Amerikaanse president (1913-1921) voert in de Eerste Wereldoorlog eerst een op neutraliteit gerichte politiek, maar laat wapenleveranties aan de Entente toe. Door de onbeperkte duikbootoorlog worden de Verenigde Staten gedwongen aan de oorlog deel te nemen. Met zijn 14-puntenprogramma van 1918 zet Wilson zich in voor een duurzame vrede. Het moet een 'vrede zonder overwinning' worden. De vrede van Versailles stemt niet overeen met zijn ideeën. Wilsons betrokkenheid bij de oprichting van de Volkenbond wordt in 1919 beloond met de Nobelprijs voor de vrede.

Thomas Woodrow Wilson.

1860-1952

Vittorio Emanuele Orlando

De Italiaanse jurist en politicus Orlando is vanaf 1907 minister van Justitie en later minister van Binnenlandse Zaken. Tussen oktober 1917 en juni 1919 behoort hij als minister-president bij de raad van de vier grote mogendheden over het vredesverdrag. In 1925 keert Orlando zich tegen het fascisme, dat hij aanvankelijk gesteund had.

Vittorio Emanuele Orlando.

1863-1945

David Lloyd George

Als minister van Handel en minister van Financiën is de liberaal Lloyd George de motor achter de Britse economische hervormingspolitiek. Tijdens de Eerste Wereldoorlog organiseert hij de mobilisatie van het land. Met conservatieve steun wordt hij in 1916 eerste minister, tot 1922. Lloyd George heeft een verzachtende invloed op de vredeseisen van de geallieerden. In de binnenlandse politiek weet hij tijdens de demobilisatie sociale onrust tegen te gaan.

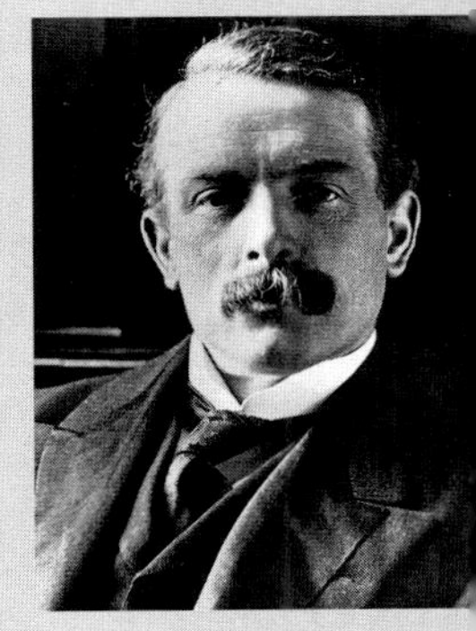

David Lloyd George.

Broze vrede in Europa

De vredesstichters stonden in 1918-1919 voor een onoplosbare opgave; het trekken van etnische grenzen was in Midden-Europa onmogelijk.

Behalve met Duitsland sloten de overwinnende mogendheden in de omgeving van Parijs ook verdragen met Duitstalig Oostenrijk (vrede van Saint-Germain, 1919), Hongarije (Trianon, 1920), Bulgarije, (Neuilly, 1919) en het Osmaanse rijk (Sèvres, 1920; in 1923 aangepast).

De Parijse vredesverdragen sloegen de veelvolkerenstaten Oostenrijk-Hongarije en het Osmaanse rijk aan gruzelementen. Veel tegenstrijdige nationale belangen moesten onder één noemer gebracht worden: het veiligheidsbelang van Frankrijk tegenover Duitsland, de gebiedseisen van Italië en ten slotte de wensen en historische herinneringen van de afzonderlijke volken, die elk voor zichzelf onafhankelijkheid eisten.

Voor Duitsland waren de afscheiding van Dantzig (Gdansk) en Opper-Silezië pijnlijk, evenals het verbod om met Oostenrijk in een gemeenschappelijke staat samen te gaan. Deze voorwaarden kwamen vooral voort uit internationale angst voor een wederopstanding van Duitsland. Ook het verlies (aan Frankrijk) van Elzas-Lotharingen – in 1870 uit veiligheidsoverwegingen geannexeerd – was een bittere pil.

België kreeg eveneens een deel van de 'Duitse buit': in het oosten het gebied rond Eupen, Malmédy en Sankt-Vith, en in Afrika de uitoefening van het mandaat over Rwanda en Oeroendi (later Boeroendi). Evenals Frankrijk had België zijn zinnen gezet op annexatie van grote Duitse gebieden. Zo ver wilden de onderhandelaars echter niet gaan. Tegen hun wil werden 3 miljoen Duitsers staatsburger van het nieuwe Tsjecho-Slowakije. Tegen zijn wil hoorde het Duitse Zuid-Tirol voortaan bij Italië. Tegen hun wil werden Serven, Kroaten en Slovenen in een nieuw koninkrijk (later Joegoslavië geheten) bijeengebracht. Miljoenen Hongaren kwamen onder vreemde heerschappij. Ook ontstonden het Grieks-Turkse en het Turks-Koerdische minderheidsconflict. Griekenland en Turkije voerden oorlog over de minderheden en over hun grenzen (1919-1920) en zetten de Turkse, respectievelijk Griekse minderheid het eigen land uit.

Bulgarije

Hoofdstad: **Sofia**
Oppervlakte: **103.146 km^2**
Inwonertal: **5,48 miljoen (1926), van wie 586.000 Turken en 65.000 Roemenen.**

Bulgarije had sinds 1915 meegevochten aan de kant van de Centrale mogendheden en deelgenomen aan de veldtochten tegen Servië en Roemenië. De aanwinst van het Roemeense Dobroedzja (1918) ging snel na de ineenstorting van de Centrale mogendheden weer verloren. Bij de vrede van Neuilly van 27 november 1919 leed Bulgarije verdere gebiedsverliezen die werden gevoeld als 'nationale catastrofe': het door Bulgaren bewoonde Macedonië kwam bijna helemaal bij Joegoslavië en Griekenland, Zuid-Thracië met de haven Alexandropolis – de Bulgaarse toegang tot de Egeïsche Zee – werd Grieks. Bijzonder hard voor het land waren de hoge herstelbetalingen.

Roemenië

Hoofdstad: **Boekarest**
Oppervlakte: **304.244 km^2**
Inwonertal: **16,3 miljoen (1920), van wie 1,5 miljoen Hongaren en 780.000 Duitsers**

Roemenië, dat aan de kant van de westerse mogendheden had gevochten en in 1919 had deelgenomen aan het verslaan van de Hongaarse radenrepubliek, hoorde bij de overwinnaars van de Eerste Wereldoorlog. Met instemming van de westerse mogendheden verdubbelde het zijn grondgebied. Het kreeg in 1918 de Boekowina, Zevenburgen en Bessarabië, en in 1919 de oostelijke Banaat en de Dobroedzja. Daarmee waren voor het eerst haast alle Roemenen in één staat verenigd. De sterke nationale minderheden voelden zich ondanks het beschermingsverdrag van 9 december 1919 benadeeld. Roemenië, nog steeds een bondgenoot van de westerse mogendheden, raakte in conflict met zijn buren. Een landbouwhervorming moest de sociale spanningen op het platteland verminderen.

Hongarije

Hoofdstad: **Boedapest**
Oppervlakte: **93.075 km^2**
Inwonertal: **7,8 miljoen (1920), van wie 538.000 Duitsers en 140.000 Slowaken**

Na het ineenstorten van het Habsburgse rijk riep een democratische nationale raad in Boedapest op 16 november 1918 de republiek uit. Van de sociale en etnische conflicten in het land maakten de buurstaten gebruik om gebied te veroveren. Onder Bela Kun ontstond er in 1919 een socialistische radenrepubliek, die met hulp van Tsjechische en Roemeense troepen omvergeworpen werd. Door de vrede van Trianon, gesloten op 4 juni 1920, verloor Hongarije ongeveer eenderde van zijn grondgebied; 3 miljoen Hongaren kwamen onder vreemde heerschappij. De Hongaarse politiek had voortaan herziening van het vredesverdrag als doel, en zocht daarbij toenadering tot Italië en Duitsland.

Joegoslavië

Hoofdstad: Belgrado
Oppervlakte: 248.656 km^2
Inwonertal: 11,9 miljoen (1921), van wie 6,2 miljoen Serven, 2,6 miljoen Kroaten, 1,1 miljoen Slovenen, 500.000 Duitsers, 428.000 Hongaren, 416.000 Albanezen

Het koninkrijk van Serven, Kroaten en Slovenen, het latere Joegoslavië, kwam tot stand op 1 december 1918. In de Parijse verdragen, gesloten in de voorsteden Saint-Germain (met Duitstalig Oostenrijk), Trianon (met Hongarije) en Neuilly (met Bulgarije), werden de grenzen ervan vastgelegd. Zuid-Karinthië bleef na een volksstemming bij Oostenrijk. De staat beleefde al bij haar oprichting de eerste etnische conflicten, toen de Kroaten zich verzetten tegen de onverholen Groot-Servische eisen. Uiteindelijk verscheurde de Servische dominantie de Zuid-Slavische banden.

Oostenrijk

Hoofdstad: Wenen
Oppervlakte: 83.857 km^2
Inwonertal: 6,4 miljoen (1920)

Duitstalig Oostenrijk zag zichzelf na het uitroepen van de republiek op 12 november 1918 als een deel van het Duitse rijk. Het door de Amerikaanse president Woodrow Wilson beloofde zelfbeschikkingsrecht werd echter in het vredesverdrag van Saint-Germain voor Oostenrijk in twee opzichten uitgesloten: ten eerste verbood het verdrag aansluiting bij Duitsland, ten tweede verloor Oostenrijk belangrijke Duitstalige gebieden. Zuid-Tirol met meer dan 230.000 Duitstalige inwoners kwam bij Italië, het zuiden van Stiermarken met Marburg en Cilli bij Joegoslavië; Tsjecho-Slowakije kreeg de Duitstalige randgebieden van Bohemen en Moravië. De meerderheid van de Oostenrijkers hield de nieuwe staat niet voor levensvatbaar.

Polen

Hoofdstad: Warschau
Oppervlakte: 388.000 km^2
Inwonertal: 27 miljoen (1923), van wie 19 miljoen Polen, 4 miljoen Oekraïeners, 2 miljoen joden, 1 miljoen Duitsers en 1 miljoen Wit-Russen

Polen bereikte door het verdrag van Versailles gebiedsuitbreiding ten koste van Duitsland: de Poolse corridor (naar zee) scheidde Duitsland van Oost-Pruisen, en met de vrijstad Dantzig (Gdansk) kreeg Polen toegang tot de Oostzee. Bovendien kwamen het gemengdtalige West-Pruisen en de overwegend Poolstalige provincie Posen (Poznan) bij Polen. In Opper-Silezië had 60 procent van de bevolking ervoor gestemd om bij Duitsland te blijven, maar de Volkenbond wees na Poolse opstanden onder meer het industriegebied rond Kattowitz (Katowice) aan Polen toe. Veel Poolse joden voelden zich nauw verbonden met de Duitse cultuur.

Tsjecho-Slowakije

Hoofdstad: Praag
Oppervlakte: 141.632 km^2
Inwonertal: 13,6 miljoen (1921), van wie 6,1 miljoen Tsjechen, 3 miljoen Slowaken, 3 miljoen Duitsers, 720.000 Hongaren, 400.000 Karpato-Oekraïeners, 350.000 joden en 100.000 Polen

De Tsjecho-Slowaakse staat kwam op 29 oktober 1918 tot stand met steun van de overwinnende mogendheden: een veelvolkerenstaat, waarbinnen in strijd met de realiteit de Tsjechen en Slowaken als één natie werden opgevat. Om de economische kracht van het land te versterken, hadden de overwinnaars er ook de Duitstalige gebieden van Bohemen en Moravië aan toebedeeld. De eerste botsingen met de Duitsers, die aansluiting bij Oostenrijk eisten, waarschuwden al in 1919 voor het explosiegevaar van de toekomstige minderheidsconflicten.

Europa na de Parijse vredesverdragen

Het Bauhaus – de leerschool van de 20e-eeuwse vormgeving

Er is nauwelijks een instelling die de artistieke expressievormen van de 20e eeuw zo beïnvloed heeft als het Duitse Bauhaus. Van deze school voor vormgeving gingen sterke impulsen uit voor de kunst, architectuur, grafische vormgeving en industriële vormgeving.

In april 1919 schreef de architect Walter Gropius in het pas opgerichte Bauhaus, waarvan hij de leiding op zich had genomen: 'Architecten, beeldhouwers, schilders, we moeten allemaal naar het ambacht terug! Er is geen wezenlijk verschil tussen de kunstenaar en de ambachtsman. De kunstenaar is de overtreffende trap van de ambachtsman.' Met deze formulering schetste Gropius het leidende principe achter een nieuw soort instelling.

De naam 'Bauhaus' was bewust georiënteerd op de middeleeuwse ateliers op de bouwplaatsen van de kathedralen, waar de architectuur de leidende rol had gespeeld. Gropius wilde kunst en kunstenaars uit hun isolement naar de moderne industriële wereld voeren. Daarom zag hij het Bauhaus niet als een kunstacademie, maar als een vormgevingsopleiding.

Oskar Schlemmer: *Bauhaus-trap* (1932). Deze Duitse schilder abstraheert in zijn schilderijen de menselijke gestalte tot de stereometrische basisvorm.

Het Bauhaus-gebouw in Dessau, in 1925 ontworpen door Walter Gropius.

Als docenten stelde Gropius een reeks schilders aan, omdat volgens hem de schilderkunst in de 20e eeuw de leidende rol over de kunsten had overgenomen en de meest radicale veranderingen in haar opvattingen had doorgemaakt. Hij deed vooral een beroep op de vertegenwoordigers van de abstracte en kubistische schilderkunst, die destijds slechts in een kleine kring bekend waren. Als eenvoudige 'meesters' gaven onder anderen de architecten Marcel Breuer en Hannes Meyer en de schilders Lyonel Feininger, Wassily Kandinsky, Paul Klee en Oskar Schlemmer les.

Behalve de kunstlessen, waarin kleur, vorm, licht, ruimte en vorm onderzocht werden, waren er educatieve werkplaatsen voor decorontwerp, fotografie, hout- en metaalbewerking, binnenhuisarchitectuur, keramiek, typografie, weefkunst en reclame-grafiek. Ieder atelier werd geleid door een kunstenaar, die terzijde werd gestaan door een ambachtsman. De grondslag van het onderwijs werd gevormd door de voorbereidende cursus. Die was erop gericht kijkgewoonten te veranderen en talenten te herkennen. Vanaf het begin spanden de docenten zich in om banden te houden met de industrie; in opdracht daarvan kwamen er op het Bauhaus modellen en voorbeelden voor voorwerpen tot stand die in massaproductie verwaardigd werden. Steeds weer raakten de kunstenaars in conflict tussen het artistieke verlangen naar expressie aan de ene kant en de functionaliteit van het voorwerp aan de andere kant. In 1926 namen de eerste op het Bauhaus opgeleide meesters de leiding van ateliers over. Voortaan bepaalde het functionalisme en het gebruik van constructivistische principes bij de vormgeving de stijl van het Bauhaus.

In 1924 stond het Bauhaus in Weimar bloot aan heftige politieke kritiek. Het jaar daarop verliet het instituut deze plaats en nam de stad Dessau de School voor Kunst, Vormgeving en Architectuur over. Een jaar later betrokken docenten en leerlingen het door Gropius ontworpen gebouw. Na meningsverschillen verliet Gropius het Bauhaus. Als zijn opvolger als hoofd van het instituut trad de architect Hannes Meyer op, die deze functie in 1930 opgaf. Hij werd opgevolgd door Ludwig Mies van der Rohe. De politieke veranderingen beïnvloedden ook het Bauhaus: enkele weken na de machtsovername door de nationaal-socialisten omsingelde de politie op 10 april 1933 de school en sloot het Bauhaus.

Belangrijke leden van Bauhaus

1871-1956

Lyonel Feininger

Feininger, die bekend wordt door zijn prismatisch aandoende schilderijen, is vanaf de oprichting van het Bauhaus hoofd van de drukkerij. Na sluiting van de vestiging in Weimar volgt hij weliswaar zijn collega's naar Dessau, maar hij geeft geen les meer. Feininger begint met zijn serie architectuurschilderijen. In 1937 keert Feininger, een Duitse Amerikaan die op 16-jarige leeftijd naar Duitsland was gekomen, terug naar de Verenigde Staten.

Lyonel Feininger.

1883-1969

Walter Gropius

Gropius is werkzaam als assistent van de Duitse architect en ontwerper Peter Behrens en begint in 1910 een eigen bureau. Als snel maakt hij naam met baanbrekende ontwerpen, zoals de Fagus-fabrieken in Ahlfeld. In 1919 sticht hij het Bauhaus in Weimar. In 1925 ontwerpt hij het gebouw van de school in Dessau. Vanaf 1928 is Gropius actief als onafhankelijk architect. In 1934 emigreert hij eerst naar Londen en drie jaar later naar de Verenigde Staten.

Walter Gropius.

1886-1969

Ludwig Mies van der Rohe

Mies van der Rohe, geboren in Aken, is vanaf 1912 actief als zelfstandig architect. In 1925 is hij betrokken bij de oprichting van de Deutsche Werkbund. Vier jaar later ontwerpt hij het Duitse paviljoen bij de wereldtentoonstelling in Barcelona. In 1930 neemt Mies van der Rohe de leiding van het Bauhaus over. Hij emigreert in 1938 naar de Verenigde Staten. Een van zijn belangrijkste naoorlogse gebouwen is het Seagram Building in New York.

1895-1946

Lásló Moholy-Nagy

Deze uit Hongarije afkomstige constructivistische schilder wordt benoemd tot hoofd van het metaalatelier van Bauhaus in Weimar. Hij geeft vorm aan de basis van de opleiding en is mede-uitgever en mede-auteur van de serie *Bauhausbücher*. In 1928 verlaat Moholy-Nagy de school en gaat naar Berlijn, waar hij zich bezighoudt met filmexperimenten en decorontwerp. Na zijn emigratie neemt hij in Chicago de leiding van het New Bauhaus op zich (1937). Een jaar later begint hij een eigen opleiding.

Lásló Moholy-Nagy (links).

De sterren brengen zelf hun films op de markt

Op 17 april richtten vier bekende Amerikaanse regisseurs en acteurs de filmmaatschappij United Artists op. Deze zou voortaan haar eigen films gaan produceren en verhuren.

De twee machtige Amerikaanse filmmaatschappijen First National en Famous Players besloten begin 1919 om de volgens hen oeverloos stijgende salarissen voor acteurs en regisseurs te reduceren. Ze besloten iets te doen aan de gewoonte dat filmsterren door van studio te wisselen hun vergoedingen behoorlijk konden opkrikken.
Vier supersterren van de Amerikaanse film reageerden op de op handen zijnde af-

Scene uit *The Kid* van Charlie Chaplin, een van de eerste producties van United Artists.

spraak van de beide filmmaatschappijen en richtten een eigen bedrijf op: de regisseurs Charlie Chaplin en David Wark Griffith, en de acteurs Douglas Fairbanks en Mary Pickford richtten United Artists op. Belangrijk doel van de onderneming was om kwalitatief goede films van onafhankelijke filmproducenten te financieren en te zorgen voor de verhuur daarvan. In de eerste plaats was het echter de bedoeling van de oprichters om zich te verzekeren van de winst uit de filmopbrengsten.
Chaplin, Fairbanks, Griffith en Pickford deden een gewaagde stap, want er bestonden nauwe banden tussen productie, verhuur en bioscopen, omdat de filmmaatschappijen hun eigen bioscoopketens hadden. Dankzij de grote namen van hun leden slaagde United Artists er echter in zich te handhaven op de Amerikaanse filmmarkt. Vanwege de te verwachten kassuccessen namen de bioscoopbeheerders de films van United Artists graag in hun programma op.
In tegenstelling tot de overige firma's beschikte United Artists niet over eigen studio's. In plaats daarvan gebruikte de maatschappij de werkplaatsen van haar leden. Ze zag bewust af van een duur contractsysteem met acteurs, regisseurs en technici.
Het eerste grote succes behaalde United Artists in 1920 met *The Sign of Zorro*. Onder regie van Fred Niblo belichaamde Fairbanks de gemaskerde voorvechter van degenen die onrecht was aangedaan. Terwijl Griffith zijn grote tijd al achter zich had toen hij voor zijn eigen bedrijf begon te filmen, maakte Charlie Chaplin voor United Artists enkele van zijn beste films, waaronder *Goldrush*

Ondertekening van het oprichtingscontract van United Artists: zittend Mary Pickford; achter haar Charles Chaplin. Links op de foto David Wark Griffith en Douglas Fairbanks.

(1925), *City Lights* (1931) en *Modern Times* (1936).

In de jaren twintig ontstonden uit verschillende voorlopers de grote studio's van Hollywood: Fox-Film (later Twentieth Century Fox), Metro-Goldwyn-Mayer (MGM), Paramount en Warner Brothers. United Artists beconcurreerde hen met succes. Het wist zich te verzekeren van de diensten van producenten als David O. Selznick en regisseurs als John Ford.

Het verval van United Artists begon in 1967, toen het bedrijf verkocht werd aan de firma Transamericana. In 1980 kondigde zich het einde aan: de sociaal-kritische western *Heaven's Gate* van Michael Cimino was een flop en bezorgde de maatschappij verliezen van meer dan 40 miljoen dollar. Weliswaar werd de film in het midden van de jaren tachtig een cultsucces onder cineasten, maar voor United Artists kwam dit succes te laat: het werd in 1981 overgenomen door Metro-Goldwyn-Mayer.

De oprichters van United Artists

1875-1948

David Wark Griffith

De Amerikaan Griffith, die in 1908 zijn eerste film maakt, behoort tot de pioniers van de film. Als een van de eersten gebruikt hij parallelmontage, fade-ins en fade-outs. Met deze technische middelen en als meester in de choreografie van massascènes drukt hij zijn stempel op de ontwikkeling van de film. Het grootste succes van Griffith wordt het drie uur durende epos *Birth of a Nation* (1915) over de Amerikaanse Burgeroorlog (1861-1865).

David Wark Griffith.

1883-1039

Douglas Fairbanks

Deze Amerikaanse acteur belichaamt op ironische wijze de klassieke waaghals. Hij wordt bekend met mantel-en-degenfilms als *The Three Musketeers* (1921), *Robin Hood* (1922) en *The Thief of Bagdad* (1924). In deze films blinkt Fairbanks, die in 1920 trouwt met Mary Pickford, uit met acrobatische vechtscènes.

Douglas Fairbanks.

1889-1977

Charlie Chaplin

De Britse acteur Chaplin komt in 1913 naar de Verenigde Staten, waar de slapstickproducent Mack Sennet hem in dienst neemt. Al snel vindt Chaplin de voor hem typerende figuur van de zwerver uit, compleet met borstelsnorretje, bolhoed en rottinkje. Als zijn eigen producent ziet hij in de jaren twintig af van de pure burleske stijl van zijn vroege korte films en ontwikkelt hij de zwerver tot een complex karakter. In 1940 maakt Chaplin voor United Artists zijn eerste geluidsfilm: *The Great Dictator,* een persiflage op Hitler.

Charlie Chaplin.

1893-1979

Mary Pickford

Deze Canadese belichaamt in meer dan 200 stomme films de belaagde onschuld. De jonge vrouw met de krullende lokken geldt al gauw als America's Darling. Aan het einde van de jaren twintig probeert Pickford, die geldt als uiterst deskundig op zakengebied, haar imago te veranderen. Maar het afscheid van de jonge meisjes-rollen wordt niet geaccepteerd door het publiek. In 1933 stopt Pickford met acteren en legt ze zich toe op het leiden van een aantal filmproductiemaatschappijen.

Mary Pickford.

Ook dat waren de jaren tien

Het decennium 1910-1919 neemt afscheid van de vrede. De Eerste Wereldoorlog vernietigt de oude orde. Overal op de wereld, zowel in de oorlog als in het leven van alledag, zoeken de mensen naar het kleine geluk.

Deze mengeling van beelden van het decennium toont de tegenstellingen, en toont hoe nauw het ineenstorten van het oude en het aanbreken van het nieuwe in elkaar grijpen. Terwijl in Duits Zuidwest-Afrika de kolonisatoren de autochtone bevolking voor zich laten werken op plantages en in grote ateliers, hebben de opstandige matrozen al de werven van Kiel in hun macht. De nieuwe grote mogendheid Japan toont haar vlijt en haar traditionele manier van leven. In Petrograd marcheren de revolutionaire massa's; 'Lang leve de volksopvoeding' staat er op hun spandoek. Turkse boeren in Erzerum slaan een Russische patrouille gade. Een Frans straattheater brengt amusement op een binnenplein.

De crisis van de oude waarden brengt nieuwe kansen voor de vrouwen. Zo geeft de mode signalen: het korset heeft definitief afgedaan. Het was te hinderlijk bij het hardlopen, te onaantrekkelijk bij een zomerse miss-verkiezing op het strand of bij de tango in de exclusieve badplaatsen. Met de opleiding tot automonteur dringen de eerste vrouwen binnen in een mannendomein. De oorlog maakt van iedereen een uniformdrager. De tramconductrice neemt de dienst over, terwijl de mannen aan het front staan. De Britse motorordonnans in het uniform van het Royal Flying Corps geniet van een klein taartrantsoen tijdens de grote slachtpartij.

Maar de vrolijkheid van een pauze aan het front is bedrieglijk, ook die van de soldaten bij de officiersmess. In het gifgas bij Ieper en in de loopgraven voor Verdun komt de moraal van het Avondland aan zijn einde. De beelden bedriegen waar de propaganda begint.

1 Komp. Arm. Batl. 67

народа

Soevereine Staten van de wereld

1919

Noord-Amerika
Canada
Verenigde Staten van Amerika

Midden- en Zuid-Amerika
Argentinië
Bolivia
Brazilië
Chili
Colombia
Costa Rica
Cuba
Dominicaanse Republiek
Ecuador
El Salvador
Guatemala
Haiti
Honduras
Mexico
Nicaragua
Panama
Paraguay
Peru
Uruguay
Venezuela

EUROPA
Albanië (Alb.)
Andorra (An.)
België (B)
Bulgarije (Bul.)
Denemarken
Danzig
Duitse rijk
Estland (Est.)
Finland
Frankrijk
Griekenland (Griekenl.)
Groot-Brittannië
Hongarije
IJsland

Italië
Joegoslavië (Joegosl.)
Letland (Let.)
Liechtenstein (L)
Litouwen (Lit.)
Luxemburg (Lux.)
Monaco (Mo.)
Nederland (NL)
Noorwegen
Oostenrijk (Oost.)
Polen
Portugal
Roemenie (Roem.)
Rusland
San Marino (S)
Spanje
Tsjecho-Slowakije (CSSR)
Zweden
Zwitserland

Azië/Nabije oosten

Afghanistan (Afgh.)
Bhoetan
China
Hedsja
Japan
Jemen
Nedjd
Nepal
Oman
Perzië
Siam
Tibet
Turkije

Australië/Oceanië

Australië
Nieuw-Zeeland

Afrika

Abessinië
Liberia
Unie van Zuid-Afrika

Personenregister

Cursief gedrukte paginacijfers verwijzen naar illustraties. Op de pagina's die in het register **vet** zijn gedrukt, vindt u uitgebreide informatie over de betreffende persoon.

Personenregister

Personenregister

Zaakregister

Cursief gedrukte paginacijfers verwijzen naar illustraties. Op de pagina's die in het register **vet** zijn gedrukt, vindt u uitgebreide informatie over het betreffende onderwerp.

Zaakregister

Zaakregister

Zaakregister

Fotoverantwoording

Archiv für Kunst und Geschichte, Berlin: 10/2, 26/1, 28/1-® VG Bild-Kunst Bonn 1997, 29/5, 46/2, 51/2, 51/3, 101/5, 115/3, 131/5, 133/4, 133/5, 133/6, 142/1-® C. Raman Schlemmer, Oggebbio, 176/1; Artothek, Peissenberg: 48/9-® VG Bild-Kunst Bonn 1997; Bauhaus-Archiv, Berlin: 143/2; Bertelsmann Lexikon Verlag, Gütersloh: 10/3, 11/8, 16/3, 17/8, 19/7, 40/1, 45/2-® VG Bild-Kunst Bonn 1997, 59/2, 59/3, 61/2, 67/1, 67/2-® VG Bild-Kunst Bonn 1997, 90/1, 101/3, 102/1-® VG Bild-Kunst Bonn 1997, 103/5, 109/5, 129/5, 132/1, 143/3; Bettmann-Corbis, New York: 10/1, 11/5, 11/7, 12/1, 13/5, 13/6, 14/1, 14/2, 15/5, 15/6, 15/7, 16/1, 16/2, 17/5, 17/6, 10/1, 18/3, 20/1, 20/2, 22/1, 23/2, 23/3, 24/2, 25/3, 26/2, 29/4, 32/1, 33/4, 34/1, 35/3, 36/1, 37/2, 37/3, 37/4, 37/5, 37/6, 38/1, 39/2, 39/3, 39/4, 39/6, 41/4, 42/1, 43/2, 43/3, 43/4, 43/5, 48/1, 49/13-® VG Bild-Kunst Bonn 1997, 49/6, 50/1-® VG Bild-Kunst Bonn 1997, 52/1, 52/2, 54/1, 55/2, 55/3, 55/4, 55/5, 56/1, 58/1, 59/4, 63/6, 64/1, 65/3, 65/4, 65/5, 66/1-® International Licensing Partners, Amsterdam, 67/5-® VG Bild-Kunst Bonn 1997, 68/1, 69/3, 69/4, 69/5, 70/1, 72/1, 73/3, 75/3, 75/6, 78/1, 78/2, 79/3, 79/4, 79/5, 82/1, 82/2, 83/3, 83/4, 83/5, 85/2, 86/1, 87/3, 87/4, 87/5, 88/2, 89/3, 91/3, 93/3, 93/4, 93/5, 95/4, 96/1, 97/3, 97/4, 98/1, 99/2, 99/3, 99/4, 99/5, 101/2-® VG Bild-Kunst Bonn 1997, 103/3, 103/4, 104/1, 104/2, 105/4, 105/6, 106/1, 107/2, 107/3, 107/4, 109/2, 109/3, 109/4, 110/1, 111/2, 111/3, 111/4, 112/1, 113/2, 113/3, 116/1, 118/1, 119/3, 119/5, 120/1, 121/3, 121/5, 122/2, 123/6, 130/2, 155/5, 126/1, 126/2, 128/1-® VG Bild-Kunst Bonn 1997, 135/3, 136/1, 138/1, 138/2, 139/6, 144/2, 145/4, 145/5, 145/6, 146/1, 146/4, 146/8, 147/2, 147/3 – Reuters: 21/5, 53/5, 57/5, 71/5, 81/6 – UPI: 10/4, 12/2, 12/4, 13/7, 14/3, 15/8, 16/4, 18/2, 18/4, 19/5, 19/6, 21/3, 21/4, 23/5, 24/1, 25/4, 25/5, 29/2, 29/3, 29/6, 30/1, 33/3, 33/5, 34/2, 35/4, 35/5, 39/5, 40/2, 41/3, 41/6, 43/6, 53/3, 53/4, 53/6, 56/2, 57/3, 57/4, 59/5, 60/1, 61/3, 61/4, 61/5, 61/6, 62/1, 63/2, 63/3, 63/4, 63/5, 69/2, 69/6, 71/2, 71/3, 71/4, 71/6, 73/4, 73/5, 74/2, 74/5, 80/1, 80/2, 81/3, 81/4, 81/5, 84/1, 85/3, 86/2, 89/5, 91/2, 92/1, 92/2, 94/1, 95/2, 95/3, 95/5, 97/2, 97/5, 100/1, 101/4, 105/3, 105/5, 107/5, 107/6, 108/1, 111/5, 114/1, 115/5, 117/2, 117/3, 117/4, 117/5, 117/6, 119/2, 119/4, 119/6, 121/2, 121/4, 122/1, 123/3, 155/4, 127/4, 127/5, 129/3, 130/1, 131/4, 133/2, 134/1, 135/2, 136/2, 137/3, 137/4, 137/5, 139/3, 139/4, 139/5, 145/3, 147/10, 147/5, 147/6, 147/7, 147/9; Bildarchiv Foto Marburg, Marburg: 103/2-® Ernst u. Hans Barlach Lizenzverwaltung, Ratzeburg; Bildarchiv Preußischer Kulturbesitz, Berlijn: 49/10-® VG Bild-Kunst Bonn 1997, 65/2; Cinetext, Frankfurt: 32/2, 35/6; dpa, Frankfurt: 47/4, 47/5; Giraudon, Parijs: 33/3, 46/1, 49/12-® Succession H. Matisse/VG Bild-Kunst Bonn 1997; Guggenheim Museum, New York: 27/3, 48/3-® VG Bild-Kunst Bonn 1997, 49/4-® L+M Services B.V. Amsterdam, 51/5; Hulton Getty Picture Coll. Ltd., London: 47/3; Interfoto, München: 27/6, 115/4, 115/2; Karl-May-Verlag, Bamberg: 12/3; Ingrid von Kruse, Wuppertal: 9; Museum Folkwang, Essen: 48/8-® VG Bild-Kunst Bonn 1997; Museum für Angewandte Kunst, Keulen: 129/2-® VG Bild-Kunst Bonn 1997; Museum of Modern Art, New York: 27/4-® VG Bild-Kunst Bonn 1997, 49/7, 49/11-® VG Bild-Kunst Bonn 1997; Billy Rose Theatre Collection, The New York Public Library for Performing Arts, Astor, Lenox und Tilden foundations: 51/4; Paul Klee-Stiftung, Bern: 143/4, 143/5; Roger Viollet, Paris: 19/8; Sipa Press, Parijs: 57/6, 65/6, 123/5 – Boulat: 123/4 – Chauvel: 127/3; Sprengel Museum, Hannover: 27/5; Städt. Galerie im Lenbachhaus, München: 33/2-® VG Bild-Kunst Bonn 1997, 48/2-® VG Bild-Kunst Bonn 1997, 49/5-® VG Bild-Kunst Bonn 1997; Stedelijk Museum, Amsterdam: 67/4; Süddeutscher Verlag, München: 44/1, 131/6, 133/3; Vista Point Verlag, Keulen: 129/4-® VG Bild-Kunst Bonn 1997.

Spaarnestad Fotoarchief: 11 (Kamerlingh Onnes), 12 (De Koning), 13 (Thys), 17 (Mondriaan), 18 (Troelstra), 77 (station Maastricht, Antwerpen, IJzer), 131 (Wilhelm II).

Uit: *L'Album de la guerre* (Parijs, 1922): 72-73 (Gare de l'Est), 74 (Joffre), 75 (ziekenzaal), 76, 76-77, 77 (Albert), 88 (Pétain).